国家社会科学基金西部项目
"中美新型大国关系中的海洋法律秩序"（14XGJ014）资助

中国建设海洋强国中的国际法问题

牟文富　著

知识产权出版社

全国百佳图书出版单位

—北 京—

图书在版编目（CIP）数据

中国建设海洋强国中的国际法问题/牟文富著. —北京：知识产权出版社，2021.8
ISBN 978-7-5130-7717-0

Ⅰ. ①中…　Ⅱ. ①牟…　Ⅲ. ①海洋法—研究　Ⅳ. ①D993.5

中国版本图书馆 CIP 数据核字（2021）第 187022 号

内容提要

本书考察了有利于中国建设海洋强国的国际法问题。本书所持的一个基本立场是，中国对一些国际法问题的思考应从海洋强国建设战略出发，以期获得一种能够满足中国海军在和平时期复杂的东亚地缘政治条件下开展海上军事活动所需要的法律框架。探讨了海权对海洋法律秩序的影响、中国海权观的习得过程、中国对专属经济区内军事活动政策选择的国家利益分析、地缘政治约束条件下的航行权问题以及美国对中国预谋的海上经济战问题。

责任编辑：张　荣　　　　　　　　责任校对：王　岩
封面设计：智兴设计室·任姗　　　　责任印制：孙婷婷

中国建设海洋强国中的国际法问题
牟文富　著

出版发行：	知识产权出版社 有限责任公司	网　　址：	http://www.ipph.cn
社　　址：	北京市海淀区气象路 50 号院	邮　　编：	100081
责编电话：	010-82000860 转 8109	责编邮箱：	caihong@cnipr.com
发行电话：	010-82000860 转 8101/8102	发行传真：	010-82000893/82005070/82000270
印　　刷：	北京建宏印刷有限公司	经　　销：	新华书店、各大网上书店及相关专业书店
开　　本：	787mm×1092mm　1/16	印　　张：	15.75
版　　次：	2021 年 8 月第 1 版	印　　次：	2021 年 8 月第 1 次印刷
字　　数：	264 千字	定　　价：	78.00 元

ISBN 978-7-5130-7717-0

前　言

从历史发展的角度看，海权国家给海洋法律秩序打上了深深的烙印。中国从近、现代历史际遇以及周遭地缘政治压力下获得了海权观念，而中国无疑也是一个发展中的海权大国，应高度重视海权与海洋法之间的互构关系。本书主要探讨与中国建设海洋强国相关的若干国际法问题。

笔者所持的一个基本立场是，中国海上力量的增长是一个从海上弱国变为海上强国的过程，角色的转变使中国对一些问题的思考应不再囿于弱国的视角。结合中国所处的地缘政治环境以及发展远洋力量的战略目标来看，中国无法回避对以下问题进行认真评估：专属经济区内军事活动，国际海峡、群岛水域和海道的通过和飞越，核动力船舶与航母舰队在国际海峡与群岛水域/海道中的航行等，这是中国发展远洋力量绕不开的问题。中国应当重视航行自由对中国日益强大海军的正面意义。此外，对军事活动内容和海军机动行为的思考也应该从建设海洋强国的角度出发，以期提供一种能够满足和平时期中国海军在复杂的东亚地缘政治条件下开展海上军事活动所需要的海上航行与飞越的法律框架。

本书为国家社会科学基金项目"中美新型大国关系中的海洋法律秩序"的部分前期及阶段性成果。立项之后，中美关系发生了巨大的变化，一是美国在特朗普执政后对中国采取了攻击性的外交政策；二是中国推进建设海洋强国，因此本书的研究重心转移到对中国海权建设与若干海洋法问题之间的联系上，同时也关注美国一些军方人士和智库对中国策划的海上经济战问题。

以下章节已经发表在学术刊物上，收入本书时内容做了一些调整：

1. 第一章"海权对海洋法律秩序的塑造"的主要内容以《海洋元叙事：海权对海洋法律秩序的塑造》为题发表在《世界经济与政治》2014年第7期；

2. 第三章"专属经济区内军事活动中的国家利益分析"的主要内容以《互动背景下中国对专属经济区内军事活动的政策选择》为题发表在《太平洋学报》2013 年第 11 期；

3. 第五章"海上经济战：地缘政治与国际法"以《美国针对中国策划的海上经济战及相关法律问题》为题发表在《中国海洋法年刊》2019年卷；

4. 附录二"《美国、澳大利亚、印度尼西亚关于行使群岛海道航行权的 19 条规则》及评注"以《〈美国、澳大利亚、印尼关于行使群岛海道航过权的 19 条规则〉分析及评注》为题发表在《南洋问题研究》2020 年第3 期。

本书参考文献、数据的收集止于 2019 年 10 月。

目　录

第一章　海权对海洋法律秩序的塑造

马汉的《海权对历史的影响》根据早期一些海洋大国的海战经验，总结了为何一些国家在竞争中脱颖而出的缘由。他认为海权起了决定性的作用，[1] 马汉的海权思想成为历史研究的一个经典范式。澳大利亚的国际法学家 D. P. 奥康奈尔（D. P. O'connell）于 1973 年出版了《法律对海权的影响》，他认为海洋法对海权的行使施加了限制和影响，[2] 但他更多的是从海洋法对海军战术影响的角度看待双方之间的关系。本章为海洋法律秩序的发展提供一种元理论，即海权催生了一种海上行为的合法性叙事，涉及海上权力—权利关系的相互构造过程。鉴于海权对海洋法发展所具有的根本特性，它实际上具有元叙事（meta‐narrative）的功能——合法化功能。本章所持的核心论点是，权力塑造了海洋法的基本主题、海洋法的面貌，而海洋法反过来持续强化了权力。

海权主导的合法化叙事依赖一种概念化工具。近代西班牙、葡萄牙、英国、荷兰等早期的海洋大国为了争夺海上统治地位，都提出了各种海洋主张，历史学家、国际公法学家用"所有权（dominion）""主权（sovereignty）""统治权（imperium）""制海权（commanding of the sea）""管辖权（jurisdiction）""支配权（control）""海洋自由论（mare liberum）""闭海论（mare clausum）"等概念来描述它们。例如，胡果·格劳秀斯（Hugo Grotius）为反驳葡萄牙在东南亚提出的垄断权主张时提出了"海洋自由"概念。[3] 英国的约翰·塞尔登（John Selden）也用海洋"所有权"来支持

---

[1] ［美］A. T. 马汉：《海权对历史的影响》，安常荣、成忠勤译，北京：解放军出版社，1998 年，第 1 - 2 页。

[2] D. P. O'connell, *The Influence of Law on Sea Power*, Navy Institute Press, 1973, p. 4.

[3] Hugo Grotius, *Mare Liberum*, 1609 - 2009, Leiden/Boston: Brill, 2009, pp. 31 - 49.

英国在海上的独占性主张，❶ 该概念后来被荷兰的国际法学家科利尼阿斯·凡·宾刻舒克（Cornelius Van Bynkershoek）用来指称沿海国家对海洋的权利主张——后世领海概念的起源。❷ 英国的托马斯·W. 富尔顿（Thomas W. Fulton）使用了"主权"这样的宽泛概念描述过英国对不列颠海提出的独占性权利要求以及后世领海主张。❸ 那些海洋大国不时地在其官方文书中使用这些术语，不过不能从今日严格的字面意义去解释。它们不过是对海洋权利、权力主张的一种概括性称呼。例如，富尔顿的海洋主权概念混合了多种概念，具有所有权、领土主权（与陆上主权的法律效果一样）、海权、领海、独占管辖权、独占性的渔业权、要求向英国行降旗礼的权力等含义。❹ 后来德国的威廉·G. 格鲁（Wilhelm G. Grewe）用了"海洋法与海洋所有权（law and dominion of the sea）"来总概近代伊始各时期海权国家的海洋主张，是主导国家塑造国际法律秩序不可缺少的组成部分。❺ "海洋法与海洋所有权"将从地理大发现到冷战之后的海洋主张置于国际法律秩序（international legal order）下考察。格鲁凝练的概括颇符合本章考察的海洋法律秩序发展过程的目的，但为了将重点放在海权对海洋秩序的塑造上，本章专注于海权国家提出的能够塑造海上权力—权利关系的那些法律主张。调整海上权力—权利关系就是海洋秩序，它最后被表达成法律规范的途径是国家实践被提炼为国际公法学家学说（doctrine），二者的结合构成了含有行为者、空间场所、具体行为的海洋秩序叙事。

本章的目的在于为海权与海洋法之间的关系提供一种历史与现实的背景分析，给中国建设海洋强国提供更符合战略目标的法律规则框架，❻ 是一种朝前看、面向未来的视角。但对未来的预测离不开过去的经验，尤其

---

❶ John Selden, *Of the Dominion, or, Ownership of the Sea*, Union: Lawbook Exchange, Ltd., 2004.

❷ Cornelius Van Bynkershoek, *De Dominio Maris Dissertatio*, New York: Oxford University Press, 1923, pp. 41 – 45.

❸ Thomas W. Fulton, *The Sovereignty of the Sea*, Union: Lawbook Exchange, Ltd., 2010.

❹ 同❸, p. viii, pp. 2 – 3.

❺ Wilhelm G. Grewe, *The Epochs of International Law*, Berlin/New York: Walter De Gruyter, 2000.

❻ 原则上，对海洋法尤其是涉及1982年《联合国海洋法公约》条款的解释，应当根据1969年《维也纳条约法公约》第31条的解释通则进行。然而，在航行自由、飞越自由问题上，第31条解释通则很难提供充分的工具。

是当前中国建设海洋强国的重大部署就需要融合历史情境才能有更好的理解。今天在谈论海洋强国、海权的定义和要素时无法避免重新审视、诠释历史事件，❶ 所以本章的立论基础仍然建立在对历史的解释上。

　　首先，笔者对历史上海权国家的海上活动产生的法律效果进行归纳，指出近代以来海权国家的一个根本特性就是它的海洋议题设置能力，以及国家行为塑造海洋习惯法的能力，这种能力与其海权之间呈正相关关系；其次，考察从地理大发现到第二次世界大战结束这四个多世纪的海洋秩序议题，经过谱系分析，分析当代海洋法的深层结构与历史中的海洋叙事之间的内在联系。

第一节　权力与海洋合法性叙事

一、海权的双面性：权力与合法性叙事

　　海权是以马汉为先驱的观察家们（包括军事战略家、历史学家）对历史上某类型国家的权力概念化处理，不存在先于历史经验的海权概念。要回答"什么是海权"这个问题，一个途径就是在这类国家的海上活动与该国在它所处的国际体系、世界秩序中的支配性权力之间建立某种可解释的因果关系，这正是马汉的方法。从古代到今日，有些国家一度在某些海域维持了具有支配地位的优势海上力量——以海军规模、战斗力、海战胜利的频率来衡量，成为那个时代世界体系区域的主宰国家，后世观察家以"海上帝国""海上强国""海权国家"一类的概念形容它们。这个名单上的古代民族和国家众多，❷ 地理大发现之后的海权国家则有西班牙、葡萄牙、荷兰、法国、英国、美国，不过将法国列入海权国家可能有些勉强。这个名单上无疑应

---

❶　杰弗里·蒂尔：《21世纪海权指南》（第3版），师小芹译，上海：上海人民出版社，2013年，第25–46、106–180页。

❷　Domenico. A. Azuni, *The Maritime Law of Europe*, Vol. I, Union：The Lawbook Exchange, Ltd., 2006, pp. 24–54；George Modelski and William R. Thompson, *Seapower in Global Politics*, 1988, pp. 8–11, 186–244；Pitman B. Potter, *The Freedom of the Seas in History, Law and Politics*, Buffalo：William S Hein & Co, 2002, pp. 11–55.

该有明代中期以前的中国。❶ 一个可观察到的现象是，某些历史时期、某些民族和国家的海上力量具有压倒性的优势，但多数是过眼云烟，只有极少数国家的行为和合法性叙事为今天的海洋法律秩序奠定了基础。

乔治·莫德尔斯基（George Modelski）、威廉·R. 汤普森（William R. Thompson）尝试以海上力量及其行动能力作为指标归纳了海权国家的一些明显特征：战时通过海上力量控制海洋、打击敌人的商业和交通线、保护自己与友方的贸易和联系，投放海上力量、保护与同盟国家的联系；在和平时期，利用海上力量的优势压制潜在的挑战者，对本土基地进行防御、威胁竞争对手的本土基地，保护海上贸易航线，限制竞争者的跨洲机动性、为调动海军支持盟军创造有利条件。❷ 莫德尔斯基、汤普森还将海权与世界历史的长周期（long cycle）联系起来，他们认为海军在世界性的争夺霸权战争中起到决定性作用，海权与"世界领袖（world leadership）"之间存在正相关关系，世界历史的长周期与世界领袖的海上力量兴衰极为吻合。❸ 从地理大发现开始，先后有葡萄牙、西班牙、荷兰、英国、美国这些全球性海权大国，在参与了争夺霸权的海战后才取得了"世界领袖"的身份。❹ 但是，莫德尔斯基、汤普森二人所总结的海权特征并不是全部。二人还有一个简单的总结："海权乃是世界秩序的根本组成部分，皆因海军能为所能为之事。"❺ 他们给出了一个结论，但没有具体的处理过程，即身为"世界领袖"的海权国家对于世界秩序的影响究竟是什么？这个过程涉及近代海权国家的一种转向。

海权的一个重要转变发生在地理大发现之后。历史上航海国家和地区，如地中海的埃及、腓尼基、波斯、雅典、罗马、迦太基，印度洋的印度，东方的中国，这些国家及其民族给世人留下最深刻印象的是海上活动本身，如航海、海上探险、旅行、贸易、海战、捕鱼等。有些国家及其民族长于贸易和旅行，如在印度洋上活动的阿拉伯人；有些长于海战，如处于地中海沿岸的雅典；或长于航海，如腓尼基人。地理大发现产生的一个

---

❶ George Modelski and William R. Thompson, *Seapower in Global Politics*, pp. 336 – 337.

❷ 同上，pp. 11 – 13.

❸ 同上，pp. 14 – 16.

❹ 同上，pp. 16, 19, 21, 106.

❺ 同上，p. 11.

革命性后果是"空间革命",它改变了海洋国家的海洋观。因为贸易的全球化,甚至一些在亚洲、美洲的殖民活动、洲际航线带来了丰厚的利润,这些因素使得后起的海洋国家产生了一种强烈的统治海洋(command of the sea)的意识。这主要体现在两个方面:一是通过海军力量、庞大的商船队来压制竞争对手,这就是莫德尔斯基和汤普森两人所归纳的主要的海权特征;二是海权国家生产了一套关于海洋秩序的叙事,以捍卫其海上活动(甚至垄断性诉求)的合法性,这就是格鲁所总结的每个时代的国际体系中必有一套关于"海洋法与海洋所有权"的规则。❶ 将古代海洋国家与近现代海洋国家区别开来的正是第二个特征。近现代海洋国家的海洋叙事对海洋秩序有长远的影响,是我们今日所理解的海洋法的源头。这可以部分地解释为什么当今海洋秩序是以欧洲海权国家的历史活动、权利主张为中心建立起来的。❷

二、关于海洋秩序的元叙事

1. 海洋叙事

莫德尔斯基、汤普森统计了"世界领袖"的海权兴衰规律,提出了世界历史的长周期概念。"长周期"与格鲁提出的国际法历史周期律(periodization)分类模型颇有耦合之处。格鲁认为国际法的历史纪元(epochs of international law)与近现代国家体系是一体的,国际法律秩序的深层结构是当时的国家体系。每一种国家体系都必须存在国家之间的互动规则和原则。他认为,近代以来:

> 每一种国家体系都产生了一种独一无二的、自足的国际法律秩序(self-contained international legal order),都受到当时主导大国(leading power)独特思想和政治风格的影响……这个大国的支配性地位越是强大,那么它就越能够给这个时代留下其思想特征;它的思想和观念越是强势,就越能使该国意识形态扩张所

---

❶ 这是德国国际法学家格鲁那部已经成为关于国际法历史的经典著作的主题。参见 Wilhelm G. Grewe, *The Epochs of International Law*, Berlin/New York: Walter De Gruyter, 2000.

❷ David Berdman, "The Sea," in Bardo Fassbender and Anne Peters, eds., *The Oxford Handbook of the History of International Law*, Oxford: Oxford University Press, 2012, p. 360.

表达的效果更加普遍化、绝对化。❶

格鲁认为，从地理大发现开始，国际法的周期律中先后出现了西班牙时代（1494—1648 年）、法国时代（1648—1815 年）、英国时代（1815—1919 年）、美国与苏联对抗以及第三世界兴起的时代、冷战结束后的超级大国支配的国际社会时代。不过格鲁没有看到他身后的 21 世纪初有一个比较明显的多极化趋势。

在莫德尔斯基和汤普森的世界历史长周期分析框架中，催生世界历史长周期的是"世界领袖"争霸战争的胜利，而且都是决定性的海洋战争。在格鲁的国际法历史周期律框架中，主导大国的思想和政治风格造就了该时期的国际秩序，为该时期烙上了深深的印记。这就是为什么格鲁以主导大国为国际体系命名的原因。世界历史长周期与国际法历史周期律两种概念可以相互补充。莫德尔斯基和汤普森表达了世界历史中"世界领袖"国家的兴衰与历史周期动态变化之间的关系，而格鲁考察的是两个周期之间静态的国际法律秩序，二者耦合之处在于：格鲁所说的各个分期中的"主导大国"基本上是海权国家（法国是例外，因为它从未在海上取得绝对性的主导地位），与世界历史长周期中的海洋霸权国家基本吻合。

格鲁认为，各个时代都有关于海洋秩序的原则和规则，是主导性大国塑造国际秩序时不可缺少的一项内容，是每个时代国际海洋秩序的主导动机（leitmotif）：在中世纪所适用的罗马法的观念中，海洋属于共有物（res communes omnium），不过已经有一些国家对沿海某一特定海域主张排他性权利；❷ 在西班牙时代则是荷兰格劳秀斯的"海洋自由论"与英国塞尔登的"闭海论"之间的对抗，❸ 当时西班牙已经丧失了海上优势，但这种争论是对西班牙统治海洋主张的延续和回应；法国时代的海洋秩序是关于战时中立权的原则，一个例外的情况是法国的优势并不在海上而是在欧洲大陆；❹ 英国时代则是英国占据绝对海上优势下的海洋自由原则；❺ 两次世界

❶ Wilhelm G. Grewe, *The Epochs of International Law*, Berlin/New York: Walter De Gruyter, 2000, p. 23.

❷ 同上，p. 129.

❸ 同上，pp. 257 – 274.

❹ 同上，pp. 403 – 412.

❺ 同上，pp. 551 – 572.

大战之间的海洋法体现了战时海上中立权利的衰落；❶ 美国和苏联对抗的冷战时代是"人类共同继承遗产"观念的兴起；❷ 后冷战时代的海洋秩序就是 1982 年《联合国海洋法公约》约定的秩序❸。在格鲁看来，海洋秩序的基本内容是"海洋属于谁？（to whom does the sea belong?）"❹ 如果将该问题用法律形式表达出来，就是任何一个国家是否可以按照取得陆地领土的方式那样取得某片海域或整片海洋的所有权？由此派生的问题包括：如果可以取得海洋所有权，如何取得？作为国家一方要采取什么步骤？其他国家要采取什么步骤才能使主张权利的国家获得这种效果？海洋是否可以作为一个整体而无差别地取得？海洋的取得在战时与和平时期有什么不同？抑或是与战争、和平无关？这些问题结论的基础是什么？是自然理性和正义？是国家实践还是协议？是罗马法还是别的？❺ 所谓的海洋自由，如航行自由、捕鱼自由、海上自由贸易，就是在这些背景下产生的。此外还有海上作战规则，几乎完全由海权国家的作战实践所塑造。近代欧洲公法学家的学说站在不同国家立场上展开争论，对"海洋属于谁？"这个基础问题的各种回答构成了近现代海洋秩序发展的核心，产生了多种海洋元叙事。例如，17 世纪初期，荷兰的格劳秀斯主张"海洋自由论"、英国的塞尔登主张"闭海论"，两人对"海洋属于谁？"给出了截然不同的回答。

2. 元叙事及其合法化功能

海洋叙事在本质上就是海权国家对下列事项提供的合法化叙述：国家存在与海洋之间的关系（许多国家将自己的命运与海洋联系起来，如中世纪的威尼斯与海洋结亲的仪式、英国的"海的女儿"这种比喻），海上行为的法律效果，国家之间在海上产生的权力—权利关系，国家对海洋本身提出的各种权利主张，因利用、开发海洋而形成的权利—义务关系，国家之间在海洋上的权利竞争如何处理——这些合法性叙事旨在发挥海权国家支

---

❶ Wilhelm G. Grewe, *The Epochs of International Law*, Berlin/New York: Walter De Gruyter, 2000, pp. 631 – 634.

❷ 同上，pp. 689 – 693.

❸ 同上，pp. 723 – 725.

❹ 同上，p. 689.

❺ Pitman B. Potter, *The Freedom of the Seas in History*, *Law and Politics*, New York and London: Longmans, Green and Company, 1924, pp. 65 – 66.

配海洋、在海上施展权力、以海洋为媒介向其他国家施展权力、对海洋提出权利要求的合法化功能。在这种意义上，海权国家所构造的关于海洋的权力—权利关系是一种海洋元叙事（meta - narrative），即法国哲学家让 - 弗朗索瓦·利奥塔尔（Jean - François Lyotard）所界定的元叙事——"具有合法化功能的叙事"。❶ 衡量海权国家身份的标准就是它们是否提出了这种有关海上权力—权利关系的元叙事，而非单纯的海洋活动本身，如航海、贸易、海战。尽管后者是海权国家身份的必要条件，但海权国家毕竟要有海洋活动作为支撑。

三、历史中的海权与海洋法

1. 古代希腊：支配海洋的萌芽

对历史上少数古希腊城邦国家支配海洋的行为进行概念化的是历史学家希罗多德，他用了"制海权"这个术语形容克里特岛的米诺斯（Minos）和后来的波律克拉铁斯人（Polycrates）对海洋的支配现象。❷ 修昔底德也提到"米诺斯是第一个组织海军的人。他控制了现在希腊海的大部分"。❸ 看来米诺斯对海洋的支配，给后世关心此事的作家留下了深刻的印象：塞尼卡（Seneca）将米诺斯形容为"浩瀚海洋的主人"，亚里士多德则形容米诺斯建立了"海上王国"。❹ 后世作家将他们那个时代的概念施加在早期的事件、实践之上，但原先或许并不存在那种概念。那些民族、城邦、国家的人民、统治者是否根据统治海洋（maritime dominion）的视角来看待自己的行为？或者仅仅是取得了我们所称呼的海洋统治，但他们自己并未认可的那种地位？这些问题的背后有一些疑问：其他国家、民族

---

❶ ［法］让 - 弗朗索瓦·利奥塔尔：《后现代状态——关于知识的报告》，车槿山译，北京：生活·读书·新知三联书店，1997 年，第 1 - 2 页。

❷ "因为波律克拉铁斯，据我所知，在希腊人中间是第一个想取得制海权的人；当然，这里是不把克诺索斯人米诺斯和在他之前掌握过制海权的任何人考虑在内的。"［古希腊］希罗多德：《历史》，王以铸译，北京：商务印书馆，1959 年，第 247 - 248 页。

❸ ［古希腊］修昔底德：《伯罗奔尼撒战争史》，谢德风译，北京：商务印书馆，1960 年，第 4 页。

❹ Pitman B. Potter, *The Freedom of the Seas in History, Law and Politics*, New York and London：Longmans, Green and Company, 1924, p. 13.

或统治者是否认为获取、维护海洋统治地位的企图是适当的、正当的乃至合法的呢？事实上，古代并不存在一种海洋统治的法律概念，虽然存在对海洋的支配，但是一种事实上的存在而非法律上的权利。❶ 有意识地支配海洋并以此作为国家政策的应该是雅典，对制海权有明确意识的是雅典政治家地米斯托克利、伯里克利。❷ 雅典也确实是在明确的海洋政策的驱动下维持了对海洋的支配权。希腊诸城邦已经承认海洋统治是一种已确立的制度，但它们关心的是爱琴海中有限水域的支配权，如希腊半岛沿海水域、海湾、港口及群岛中的水域，并没有言明海洋统治是否扩展到远海或整个地中海。仍然有一个问题：雅典在海上的优势、对海洋的支配在性质上究竟是法律上的所有权（proprietorship de jure）抑或仅仅是事实上的支配（dominion de facto）？没有证据表明当时希腊诸城邦已经承认海洋统治是一种法律上的权利。❸ 当时也没有确立关于法律权利的正式规则去尊重海洋统治，海洋统治主要是关于军事、商业方面的问题。❹ 雅典并没有主张对航海、贸易的独占，事实上，它欢迎所有的海上商业关系。❺

2. 罗马帝国的内外之别：自由海洋与海洋统治

罗马时代有关海洋的问题主要体现在国家实践与学说两个层次上，但表面上二者相冲突。首先，罗马征服了地中海周围的所有国家，地中海成为罗马的"内湖"，被罗马人称为"我们的海洋"。庞培于公元前67年消灭地中海东部的海盗之后，普林尼说庞培恢复了罗马人民对于海洋的主权；迪奥·卡西乌斯（Dio Cassius）则说庞培是整个海洋的主人；迪奥·哈利卡纳苏斯（Dio Halicarnassus）宣称罗马是整个海洋的统治者，不仅是直布罗

---

❶ Pitman B. Potter, *The Freedom of the Seas in History*, *Law and Politics*, New York and London: Longmans, Green and Company, 1924, p. 14 – 15.

❷ ［古希腊］修昔底德：《伯罗奔尼撒战争史》，谢德风译，北京：商务印书馆，1960年，第74 – 75、114 – 115页。

❸ Pitman B. Potter, *The Freedom of the Seas in History*, *Law and Politics*, New York and London: Longmans, Green and Company, 1924, pp. 19 – 20; Coleman Phillipson, *The International Law and Custom of Ancient Greece and Rome*, Vol. II, London: Macmillan and Co., Limited, 1911, reprinted by William S. Hein & Co., Inc., 2001, p. 376 – 377.

❹ 同❶, p. 25.

❺ Coleman Phillipson, *The International Law and Custom of Ancient Greece and Rome*, Vol. II, p. 377.

陀海峡以内，而且是整个可航行的大洋。❶ 因此无论当时还是后世作家将
罗马与海洋的关系理解为是罗马拥有排他性的统治权、主权、支配权。其
次，查士丁尼《法学总论》将海洋列为公众所有的对象，❷ 不能通过任何
方式来取得海洋的所有权（title to the sea）。更为广泛流传的格言是罗马皇
帝安东尼（Antoninus）所说的"我确实是世界的主人，但海洋的主人是法
律"❸。这句格言中的法律无疑是长期以来的罗马法实践。这里可以看出实际
的罗马海洋政策同罗马法之间在表面上存在冲突：罗马排他性地支配了海
洋，但海洋又是共有物。这种矛盾之处在于罗马法关于海洋的规定与罗马实
际的海洋政策针对的是不同的对象。罗马法规定海洋可以为所有人自由使
用，它涉及的是罗马内部个人之间的权利关系，并非罗马同其他国家之间的
关系，根本不涉及国家之间的规则。罗马皇帝安东尼所说的"法律"指的并
非是万民法，而是罗马公法❹。所以后世将罗马法中有关海洋的共有属性、
安东尼的法律格言理解为是罗马时代国家间关系的法律并不确切。❺ 罗马
吞并了地中海周围的所有国家，它依靠其海军力量而主张海洋统治，这些
与其他国家的意志无关。在查士丁尼时代，没有与罗马匹敌的对手能够质
疑罗马在地中海的优势地位。❻ 相比较伯里克利时代的希腊有许多独立的
城邦国家，虽然罗马对于海洋的统治更强大，但也更缺少法律性质。❼ 总
体上来说，古代希腊、罗马时代的海洋统治并非在法律上被承认是有效的。

3. 欧洲中世纪："海洋统治权"的喧嚣

　　进入中世纪，地中海周围产生了许多国家，之后从公元 500 年至公元

---

❶ Pitman B. Potter, *The Freedom of the Seas in History, Law and Politics*, New York and London：
Longmans, Green and Company, 1924, pp. 28 – 30.

❷ ［古罗马］查士丁尼：《法学总论》，张企泰译，北京：商务印书馆，1989 年，第 48、49
页。《查士丁尼学说汇编》也作同样的规定，参见 *Digest Of Justinian*, Vol. Ⅰ, London：Cambridge
University Press, 1904, pp. 39 – 40.

❸ *Digest of Justinian*, Vol. Ⅱ, London：Cambridge University Press, 1909, p. 389.

❹ Pitman B. Potter, *The Freedom of the Seas in History, Law and Politics*, New York and London：
Longmans, Green and Company, 2002, pp. 31 – 32.

❺ 尽管如此，后世公法学家在构建"海洋自由"学说的时候主要依赖罗马法中关于海洋对
公众开放的原则。

❻ Percy Thomas Fenn, Jr., "Justinian and the Freedom of the Sea", *The American Journal of In-
ternational Law*, 1925, Vol. 19, No. 4, p. 726.

❼ 同❹, p. 34.

1600 年的大约 11 个世纪中,地中海的政治状况恢复到罗马征服之前的状态,一些国家在不同时间重新取得了其领土附近某海域的控制,如比萨、托斯卡纳(Tuscany)控制了第勒尼安海(Tyrrhenian Sea),对进入该海域的船只征收通行费。热那亚控制了利古里亚湾(Ligurian Gulf)、威尼斯控制了亚得里亚海(Adriatic)。威尼斯被誉为是第二个雅典,它的海上权力曾经为西班牙、神圣罗马帝国所认可,这一点与古代不同。❶ 地理大发现后西班牙、葡萄牙的海上力量进入了历史视野。两国所主张的海上统治不仅及于西部地中海,而且及于大西洋、印度洋和太平洋。法国声称其为沿岸海域的最高主人,丹麦主张统治波罗的海。❷

这一时期,有关威尼斯对亚得里亚海的主权主张最具戏剧性的一幕,莫过于它举行的与海洋结亲的仪式。❸ 另外,威尼斯对亚得里亚海的统治主张明确而具体:城邦共和国总督打击海盗确保海上安全;保护威尼斯公民;按照适用于威尼斯沿海的法律去惩治在海上抓捕的罪犯;有权禁止航行;可以对所有船舶征收税费。❹

英国从 13 世纪的约翰王起到 16 世纪的伊丽莎白一世,都对不列颠岛周边若干海域提出了统治权。到 17 世纪的时候,英国孕育了国王为"英吉利海之主"(lords of the English sea)、"海洋主权"(sovereignty over the sea)的观念以及相应的国家实践。英国对海洋统治主张的表述更为明确、具体:英国国王为海洋的主权者,有权维护海洋的和平,其臣民有纳税、为此而战的义务。❺ 英国的海洋主张出现了一种新的倾向:通过武力寻求海洋统治,把这种特定的主张作为一种权利问题。这种倾向在以前是罕见的。❻ 这些主张有潜在的影响,暗示国家对海洋的统治在当时(中世纪的中、晚期)被承认、认可为国家间关系原则的一部分。国家实践与学者提

❶ Pitman B. Potter, *The Freedom of the Seas in History*, *Law and Politics*, New York and London: Longmans, Green and Company, 2002, p. 37.

❷ Pitman B. Potter, *The Freedom of the Seas in History*, *Law and Politics*, New York and London: Longmans, Green and Company, 1924, pp. 36 – 38.

❸ Fulton, *The Sovereignty of the Sea*, William Blackwood and Sons, 1911, p. 4, footnote 1.

❹ Wilhelm G. Grewe, *The Epochs of International Law*, Berlin/New York: Walter De Gruyter, 2000, p. 130.

❺ 同❷, pp. 40 – 41.

❻ 同❷, p. 41.

出的学说、对国家实践的观察相吻合。❶

中世纪晚期，法学家在处理海洋统治这个问题的时候面临这样的具体问题：海洋统治是否可以取得？行使这种海洋统治权的时候是否可以以此而排除他人使用海洋？或者征收通行费？如上所述，这些问题是海权在塑造海洋秩序时的出发点。根据西班牙、法国的国家实践（国内立法），对上述问题都倾向于给予肯定的回答，臣民个人对海洋的使用是建立在国家所有权基础上的特许状。❷英国在海战、打击海盗方面的法律实践还孕育了海上管辖权观念。❸

4. 近代的起点：海权的冲突与冲突的海洋叙事

中世纪的绝大部分时间里，不同海洋统治主张仅限于各国沿海一带那些范围有限的海域，还没有国家对整个大洋主张拥有排他性的统治。❹倘若只是对滨海一带有限的水域主张统治权还能够做到相安无事，可是，全球性的"海洋帝国"在地理大发现和征服殖民地的过程中诞生了，如西班牙、葡萄牙，英国（16 世纪后半叶）、荷兰（17 世纪初），它们的国家利益相互冲突，提出的海洋主张和合法性叙事也相互冲突。❺例如，西班牙试图将英国船舶排除在中美洲附近加勒比海的群岛时，英国女王伊丽莎白一世（Elizabeth Ⅰ）宣称，"所有人有权使用海洋、天空，海洋也不属于任何民族、任何私人所有，自然界和公众的使用及习惯都不允许任何个人拥有它"。❻可是到了詹姆斯一世（James Ⅰ）时期，荷兰与英国爆发了北海捕鱼权之争，英国的立场转向"闭海论"，塞尔登是英国最雄辩的代言人之一，❼

---

❶ Pitman B. Potter, *The Freedom of the Seas in History*, *Law and Politics*, New York and London: Longmans, Green and Company, 1924, p. 41.

❷ 同上，p. 44.

❸ 同上，pp. 45 – 49.

❹ Wilhelm G. Grewe, *The Epochs of International Law*, Berlin/New York: Walter De Gruyter, 2000, p. 131.

❺ Thomas W. Fulton, *The Sovereignty of the Sea*, Union: Lawbook Exchange, Ltd. , 2010, pp. 4 – 5.

❻ 同❶, p. 55.

❼ 同❹, p. 263.

与略早提出"海洋自由"的格劳秀斯针锋相对。❶ 二人展开了一场"书册之战"（battle of books），❷ 冲突的背后是这样一些事实：西班牙挟 1493 年教皇亚历山大六世（Alexander Ⅵ）圣谕的权威主张对美洲新发现大陆及海洋拥有独占权，时间长达一个世纪之久，其海上力量也雄踞欧洲，而到了 16 世纪末，英国、荷兰的海上力量兴起，随之爆发了英国与西班牙的海上争霸战，接着是荷兰与葡萄牙两个老牌殖民帝国在东印度群岛相争、荷兰与英国在北海爆发了捕鱼权之争，这些事件构成了早期海洋秩序发展的国际政治背景。

　　影响近代、当代的海洋叙事的起点是格劳秀斯与塞尔登之间的"书册之战"。二者不仅展开了精彩的智识上的对话，更重要的是二人所表达的是两个海权国家的冲突，是两种不同的海洋元叙事之间的冲突。当然，背后是不同海权国家利益的冲突。❸ 格劳秀斯的出发点是为荷兰在东南亚（东印度）的航行和贸易权利辩护，他的委托人就是荷兰的东印度公司❹，他一度被视为是东印度公司的说客。❺ 后来荷兰企图将英国排除在东南亚的航线和贸易之外，格劳秀斯还作为荷兰的谈判代表和发言人参与了英、荷两国的谈判，他以荷兰东印度公司与当地王公签订的条约为荷兰的独占权而开展辩护。❻ 不过在北海，英国则排挤荷兰，否认后者享有捕鱼权。英王詹姆斯一世下令出版的塞尔登的《闭海论》就应运而出，其立场与格

---

❶　"海洋自由"并非格劳秀斯首次提出，而是在中世纪中晚期，公法学家就承袭罗马法中的关于海洋的论述，进而发展出海洋自由的观念。参见 Pitman B. Potter, *The Freedom of the Seas in History, Law and Politics*, New York and London: Longmans, Green and Company, 1924, pp. 51 – 54.

❷　Pitman B. Potter, *The Freedom of the Seas in History, Law and Politics*, New York and London: Longmans, Green and Company, 1924, pp. 57 – 78; Wilhelm G. Grewe, *The Epochs of International Law*, Berlin/New York: Walter De Gruyter, 2000, pp. 257 – 274; Daniel P. O'Connell, *International Law of the Sea*, Vol. 1, Oxford: Oxford University Press, 1982, pp. 2 – 3; Thomas W. Fulton, *The Sovereignty of the Sea*, Union: Lawbook Exchange, Ltd. , 2010, pp. 338 – 377; Ram P. Anand, *Origin and Development of the Law of the Sea: History of International Law Revisited*, Hague: Martinus Nijhoff Publishers, 1983, pp. 77 – 107; M. B. Vieira, Mare Liberum vs. Mare Clausum: Grotius, Freitas, and Selden's Debate on Dominion over the Seas, *Journal of the History of Ideas*, 2003, Vol. 64 (3), pp. 361 – 377.

❸　Pitman B. Potter, *The Freedom of the Seas in History, Law and Politics*, New York and London: Longmans, Green and Company, 1924, p. 54.

❹　Hugo Grotius, *Mare Liberum*, 1609 – 2009, Leiden/Boston: Brill, 2009, p. x – xiii.

❺　同上，p. xix.

❻　同上，p. xx.

13

劳秀斯的"海洋自由"针锋相对。

这一切可以这样解读：后起的荷兰、英国、法国反对老牌的西班牙、葡萄牙对海洋的独占企图，英国反对后来居上的荷兰对东南亚的独占要求，荷兰则对抗英国独占北海渔业资源的企图。❶ 在这个过程中，各海权国家就自身与海洋之间的权力—权利关系所提供的叙事都反映了它们按照自己的国家利益来塑造海洋秩序的企图。

（1）西班牙、葡萄牙。两国主张它们对新发现之陆地、海洋享有主权，其主张的基础是欧洲中世纪的法律秩序——教皇对所谓的某些无人居住地区及异教徒地区的处置权力。❷ 为了解决西班牙、葡萄牙两国对新发现的大陆的争执，1493 年 5 月教皇亚历山大六世圣谕敕令，以大西洋的亚速尔群岛（Azores）、佛得角群岛（Cape Verde Islands）以西 100 里格（1 里格大约为现在的 3 海里）的经线为界，将该经线以西已经发现和未发现的所有领地、城市、营垒、村庄、岛屿以及大陆相关权利、管辖权授予西班牙，同时禁止任何人到这些地方从事贸易等任何活动，而以东的相关权利和管辖权授予葡萄牙。❸ 1494 年西班牙、葡萄牙两国的《托德西利亚斯条约》（*Treaty of Tordesillas*）确认了教皇圣谕的内容。❹ 后来西班牙、葡萄牙两国都十分依赖教皇亚历山大六世的圣谕。尽管该圣谕的政治、法律地位从其诞生之初就遭到质疑，但西班牙尽可能从最宽泛的意义上去解释教皇圣谕，希望能从中推导出最充分的主权。❺ 在整个西班牙时代，❻ 西班牙、葡萄牙两国从来没有成功地说服其他国家承认教皇圣谕赋予它们对世界海洋享有法

---

❶ Wilhelm G. Grewe, *The Epochs of International Law*, Berlin/New York：Walter De Gruyter, 2000，pp. 262 –263.

❷ 同上，p. 230.

❸ 该圣谕的拉丁文及英文翻译，参见 F. G. Davenport, *European Treaties Bearing on the History of the United States and Its Dependencies*, Vol 1, Carnegie Institution of Washington, 1917, reprinted by Lawbook Exchange, Ltd.，2012，pp. 71 –78.

❹ 同上，pp. 84 –100.

❺ 同❶，p. 236.

❻ 德国已故国际法学家威廉·格鲁在其《国际法的纪元》一书中给近现代国际法史作了一个分期：西班牙时代、法国时代、英国时代、美苏两极时代、单一霸权时代。这种分期的标准是各个时代主导国家的理念对国际法的影响。这种分期并非以海洋霸权国家为核心，例如在法国时代，法国的海上力量并不具有明显的优势。格鲁总结了每个国际法分期的简明时代特色。本章出于历史叙述方便，采用了格鲁的分期。参见 Wilhelm G. Grewe, *The Epochs of International Law*, Berlin/New York：Walter De Gruyter, 2000，p. 24。

律上的所有权。17 世纪中叶以后，两国海上力量衰落了，其政策完全不足以影响海洋秩序。尽管它们仍然坚持自己的权利来源于教皇的馈赠，但实际上它们缺乏手段去实施其主张。在法国时代，教皇圣谕再也不能在解决领土问题中起到什么权威作用，1750 年西班牙、葡萄牙签署的《马特里条约》第一条正式废除了 1493 年的教皇圣谕："整个美洲、亚洲领地的划分、边界问题上唯一遵循的基础就是本条约；经本条约，两王国因教皇亚历山大六世圣谕、《托德西利亚斯条约》……而产生的任何权利及由此而采取的任何行动，业已废除"。● 只在西班牙、葡萄牙处理双边关系时还具有一定意义，特别是在 19 世纪中叶以前涉及其南美大陆领地的边界的时候。●

（2）法国。法国最先对抗西班牙、葡萄牙独占海洋的企图，它质疑西班牙没有履行 1493 年圣谕规定的传播基督教教义的义务。另外，法国从来没有将 1493 年教皇圣谕理解为是将法国排除在外去瓜分世界。法国认为，圣谕规定西班牙发现的陆地和岛屿应当属于西班牙，但其他国家的发现不属于此列，如法国在北美大陆东部沿海一带的发现。在法国激进的法律意识形态中，居住在法国海滨一带胡格诺新教徒发展了三种核心观点：海洋自由、● 与原著居民的贸易与交往自由、土著部落生活在有公共组织状态中而非"法外之徒"（hors - la - loi）。在 16 世纪前半叶，法国首先组织了对抗西班牙、葡萄牙独占殖民地的阵线，但并没有打破西班牙、葡萄牙两国的殖民地垄断。●

17 世纪后半叶，路易十四统治下的法国成为欧洲大陆上的强国，开始了格鲁所说的"法国时代"。法国海军力量壮大了，一边在欧洲大陆同哈布斯堡王朝竞争，一边同英国角逐海上霸权，加强法国与殖民地之间的贸易联系、保护贸易航线。● 然而，从 18 世纪到 19 世纪拿破仑时代，法国

● 1750 年的《马德里条约》，参见 F. G. Davenport, *European Treaties Bearing on the History of the United States and Its Dependencies*, Vol. 4, p. 78.

● Wilhelm G. Grewe, *The Epochs of International Law*, Berlin/New York：Walter De Gruyter, 2000, p. 396.

● "海洋自由"这个观念是在法国的加尔文教义的土壤中发展起来，如果这是真的话，那么英国"海洋自由"观念可能是从法国传过去的。参见 Wilhelm G. Grewe, *The Epochs of International Law*, Berlin/New York：Walter De Gruyter, 2000, p. 260.

● 同●, pp. 244 - 245.

● 同上，p. 280, 296.

在海上与英国的竞争多数以法国的败落而告终，其海军力量不时被英国摧毁，西班牙王位继承战、英法争夺殖民战争、拿破仑发动战争的结果是英国海上力量不断壮大，最后成为强大的海权国家。法国时代海洋秩序的特点是维护殖民地贸易的垄断。西班牙、英国两国曾经主张的独占性海洋主权被放弃了，取而代之的是对贸易的有效控制政策，因此，17 世纪海权冲突中意义宽泛的"海洋自由论""闭海论"不再是争论的中心，而是对公海的有效支配权利（effective rights of control on the high seas）。[1] 总的来说，法国在本质上是一个大陆国家，即使在其海军力量的高峰时期，它也从未主张独占性的海洋主权。

（3）荷兰。荷兰迈入瓜分海洋进程的契机是它与葡萄牙在东南亚的冲突，格劳秀斯的"海洋自由论"成了荷兰版海洋叙事的标签。英、荷之间涉及北海渔业权的争论延续了 17 世纪的大部分时间，双方不惜兵戈相见，最后以荷兰惨败收场，丧失了角逐海洋霸权的资格。[2]

（4）英国。从对抗西班牙、葡萄牙的海上力量开始起，英国有两条主要的战线：[3] 一是针对西班牙、葡萄牙对世界海洋的独占性主张，为此英国站在前沿从政治与思想上与西班牙对抗，伊丽莎白一世所奉行的"海洋自由"政策一直没有消失；二是针对荷兰在北海的捕鱼权主张，英国则以"闭海论"相抗衡。[4] 在后一方面，塞尔登在《闭海论》中使用的术语和表达的观点主导了当时英国意识形态和外交语言。最初由格劳秀斯针对葡萄牙所撰写的小册子，后来最激烈的论战却发生在荷兰与英国人之间，似乎由荷兰扛起了"海洋自由"的大旗。

到 17 世纪中叶以后，英国的海上霸权基本确立，大约同一时期，西班牙、荷兰的海上力量衰落了。1676 年，英国人查尔斯·莫洛伊（Charles Molloy）将此前由威尔伍德、塞尔登等人的学说转换成一种意识形态，赋予英国海上统治权合法地位。莫洛伊提出了一种英国应当统治海洋的观

---

[1] Wilhelm G. Grewe, *The Epochs of International Law*, Berlin/New York：Walter De Gruyter, 2000，p. 297.

[2] 同上，p. 271 – 272.

[3] ［德］卡尔·施米特：《陆地与海洋——古今之"法"变》，林国基、周敏译，上海：华东师范大学出版社，2006 年，第 82 页。

[4] 与"闭海论"相关的概念起源甚古，可追溯至 13 世纪北海周边的北欧国家的实践。参见 Johnson Theutenber, "Mare Clausum et Mare Liberum", *Arctic*, 1984, Vol. 37, No. 4, pp. 481 – 492.

点，他认为，同陆地一样，海洋也可以在国家之间进行分割，但并非平等地进行分割，也非根据国家的大小来决定分配的多寡，而是根据国家的统治、治理、防御能力进行。莫洛伊认为海洋自由并非不需要君王的保护，也不是要排除这种保护。自由的象征正是在于君王们提供、维持了这种保护。莫洛伊实际上暗示英国的海洋统治提供了这种保护，海洋自由的真谛正是这样。❶

　　从表面上看，英国在大约同一时期奉行两种相矛盾的海洋政策。其实英国一直有"海洋自由"政策，从伊丽莎白一世到克伦威尔都存在，❷ 但被它主张的"不列颠海"主权所掩盖了。❸ "闭海论"是一种来源于苏格兰的思想，斯图亚特王朝的詹姆斯一世将其引进英格兰，但也随着该王朝的覆灭而消失。❹ 但即便是英国"闭海论"的鼓吹者在"不列颠海"与远洋之间做了明确的区分，就远洋而言，英国一直以"海洋自由"挑战西班牙、葡萄牙对海洋的独占性主张。英国对抗西班牙的战斗决定了此后几个世纪里英国政策的特点。在欧洲历史的下一个阶段，英国的威望完全建立在其海权上，"海洋自由"成为英国版海洋叙事的标签。❺

四、海上力量与海洋叙事能力：一种正相关关系

　　按照莫德尔斯基和汤普森所提出的海权标准，一个合格的全球性大国在全球海军军费中必须占50%，或者拥有全球大国军舰总数的50%。根据他们的统计，在一定年代拥有海军力量最集中的国家大致为：1502—1544年的葡萄牙；1594—1597年的西班牙；1608—1642年的荷兰（中间若干年份除外）；1719—1890年的英国（中间若干年份除外）；1944年以后的美国。❻ 另外，在1670—1701年间，法国军舰数量曾一度超过英国，居全球

---

❶ Wilhelm G. Grewe, *The Epochs of International Law*, Berlin/New York：Walter De Gruyter, 2000, pp. 272 – 273.

❷ 英国早期，尤其是伊丽莎白一世时期的"海洋自由"政策，可参见：Thomas W. Fulton, *The Sovereignty of the Sea*, Union：Lawbook Exchange, Ltd., 2010, pp. 105 – 110.

❸ 同❶, p. 403.

❹ Thomas W. Fulton, *The Sovereignty of the Sea*, Union：Lawbook Exchange, Ltd., 2010, pp. 9, 75 – 77.

❺ 同❶, p. 274.

❻ George Modelski and William R. Thompson, *Seapower in Global Politics*, p. 105.

之首，而这一时期荷兰海军逐渐衰落，完全被英国、法国超过，而法国军舰数量在 1702 年被英国超越，❶ 此后的英国军舰数量一直雄踞世界之首，直到被美国超越。

按照军舰数量来评估海权的实力，从地理大发现开始，先后有葡萄牙、西班牙、荷兰、法国、英国这些强大的海权国家。这些国家的海洋力量都曾经处于巅峰，也是它们最努力塑造海洋法律秩序的时期。海上力量的大小决定了海洋叙事能力。格鲁对法国时代（1648—1818 年）的西班牙和葡萄牙的海上政策有一个有趣的评论，他说"……伊比利亚国家仍然抓住传统的法律权利，尤其是教皇授权不放，不过就此而论，对于将其付诸行动的手段，它们付之阙如"。❷ 海洋秩序首要解决的是"海洋属于谁"的问题，倘若西班牙和葡萄牙对新发现的大陆、岛屿、海洋试图主张独占性权利，无论它们所依据的法律基础是什么，如果没有充分强大的海军力量去维护自己的主张、保护自己的权利，同时胁迫其他国家尊重自己的权利，那么它们的那套海洋秩序主张就不具有合法性力量。在这件事情上，西班牙和葡萄牙的权利其实与教皇圣谕无关，而是与实力有关。两国海上力量不足以支持它们去倡导它们所主张的元叙事。

再以荷兰为例。格劳秀斯代表荷兰高举"海洋自由"的大旗，此时也正是荷兰海军力量处于巅峰的时期，在海洋大国中独占鳌头。荷兰的海军力量再加上以"海洋自由"为核心的海洋元叙事相互支持，为荷兰在海外的殖民扩张奠定了基础。后世有学者评论荷兰在海外的扩张时说到，"近代初期的荷兰如果没有格劳秀斯的自然法和自然法理论，它在海外的扩张是不可想象的"。❸

相似的情形发生于 1635 年，当时荷兰与英国两国正就北海渔业争端进行谈判。英国一面与荷兰进行谈判，同时其海军也准备作战。英国国务大臣约翰·科克（John Coke）执笔替英国国王查理一世（Charles Ⅰ）起草了一封信，给驻海牙大使提供这样的指示：

---

❶ George Modelski and William R. Thompson, *Seapower in Global Politics*, pp. 67 – 68.

❷ Wilhelm G. Grewe, *The Epochs of International Law*, Berlin/New York: Walter De Gruyter, 2000, p. 404.

❸ Martine Julia Van Ittersum, *Profit and Principle: Hugo Grotius, Natural Rights Theories and the Rise of Dutch Power in the East Indies 1595 – 1615*, Leiden: Brill, 2006, p. xxxvii.

首先，我们坚持下述不容置疑的原则：大不列颠国王是其统治之下陆地、海洋的君主；事情关系到君主维护其对不列颠海的主权，犹如对其三个王国（英伦三部分）之主权一样，倘无对那片海洋的统治，王国安危不保，君主也无法维系其他国家对其应有的尊敬。然而，统治海洋可能致使邻国每逢其时就捍卫它们自己的海洋。出于这样的考虑，"海洋自由论"必须回之以"闭海论"；与其动之以口舌，不如动之以人人都能理解的强大海军的豪言壮语。过度的克制并无希望通过其他方式来捍卫权利。●

西班牙、葡萄牙衰败之后，英国和荷兰都是新兴的海权国家，都有一套使自己行动合法化的海洋叙事。所以查理一世提出要用"闭海论"回击"海洋自由论"。同样，英国也明白，没有海上实力支撑的话，自己所倚重的"闭海论"并无维护自己权利的可能性，因此同时也强调不能单凭言辞，而是要诉诸海军的语言。后续的历史发展也确实如此。17 世纪中叶，几次海战中荷兰被英国击败，荷兰的海上力量再也没有恢复元气，后来甚至严重地陆地化了。

海上力量对海洋叙事的决定性影响在法国呈现了另一幕。17 世纪最后 20～30 年中，法国海军军舰数量曾一度超过英国，这可能是法国在历史上较为辉煌的时期，但法国当时并没有对海洋提出独占的主张。从 1694 年的拉乌格（La Hougue）海战到 1805 年的特拉法尔加（Trafalgar）海战，法国海军基本都是英国海军的手下败将，法国从来没有在海上取得支配性的地位。一个值得注意的现象是，在 18 世纪，法国海军一直未能在英国的海上优势地位之下提炼出一套独特的海洋法。● 这可能意味着法国没有自己的海洋叙事，● 也就未能凭实力塑造自己的海洋秩序。

● Jan Hendrik Willem Verzijl, *International Law in Historical Perspective*, Vol. 4, Dordrecht: Martinus Nijhoff Publishers, pp. 10 – 11, footnote No. 10; Thomas W. Fulton, *The Sovereignty of the Sea*, Union: Lawbook Exchange, Ltd. , 2010, p. 257.

● Wilhelm G. Grewe, *The Epochs of International Law*, Berlin/New York: Walter De Gruyter, 2000, p. 403.

● 18 世纪末、19 世纪初的法国外交家杰拉德·德·瑞恩瓦尔（Gérard De Rayneval）在其 1811 年出版的《论海洋自由》(*De la Liberte des Mers*) 中就埋怨法国人没有阐明有关海洋自由的国际法，有影响的著作都是外国人写的。参见 Gérard De Rayneva, *On the Freedom of the Sea*, Clark: Talbot Publishing, 2013, p. lxi.

现在可以做出一个简明的结论：海洋叙事能力与海上力量之间存在着正相关关系。英国的亚历山大·P. 希金斯（Alexander P. Higgins）和康斯坦丁·J. 哥仑伯斯（Constantine J. Colombos）两位国际法学家在其有长期影响的《海上国际法》中评论说，英国和美国是两个超级海洋大国，它们对海洋法的形成有最主要的影响。海洋法规则经过这两个国家的承认才具有权威性，如果这两个国家不承认新规则，则很难具备普适性原则的地位。❶ 在海洋秩序发展的早期，情况大致就是如此。即使到了 20 世纪中后期，全球国家都参与海洋立法进程，不再是个别国家唱独角戏，但海权仍然保持着对海洋秩序的塑造。

<h2 style="text-align:center">第二节　海洋秩序的核心：
空间、资源与战场叙事</h2>

对海洋秩序演化的历史做一个谱系考察，可以发现各时期的海权国家设定了海洋秩序的议题，相关叙事决定了今日海洋法律秩序的结构。"海洋属于谁"是海洋秩序的首要问题，其他议题是围绕这个重大问题展开的，这反映了海洋秩序的第一要素是海洋空间的分配；其次才是相关空间中的资源所有权问题；再次，海洋作为战场的叙事似乎是一个独立的维度，"海洋自由"叙事在某种程度上将"海洋属于谁"与作为战场的海洋叙事联系在一起。联合国成立之前，是海洋叙事的"古典时代"，是海权国家的"战国"时代。那些国家的权力决定了海洋秩序的轮廓，其合法性叙事的主题具有持久的影响。当代海洋法律秩序的结构和现状就是由古典战国时代的议题所决定的。

一、海洋属于谁

人类学家观察到，灵长类动物（包括人类）是一种领地性的物种（territorial species）。当然人类"领地特性（territoriality）"确实构造了人类

---

❶ ［英］希金斯、哥仑伯斯：《海上国际法》，王强生译，北京：法律出版社，1957 年，第25 页。

行为中关键的绝对律令（imperative）之一。❶ 特定的地域与特定人群的认同总是联系在一起的，领土主张将自我与他者区分开来。❷ 所以，卡尔·施米特将人类"陆地占取（land‑appropriations）"的活动作为人类秩序和法律的源头，也是国际法的本质。在卡尔·施米特的眼中，陆地占取是一种国际法的构建过程（constitutive process）。❸ "自《威斯特伐利亚和约》以来，国际法的历史在相当程度上就是关于领土性诱惑的记录。"❹ 但大海全然是自由的，没有自己的品性（character）、没有法律/秩序，直到人类所掌握的力量手段与空间意识有充分的发展之后，才开始了海洋占取/瓜分海洋（sea‑appropriations）的进程，这与海洋帝国的兴起是同步的。❺ 如前所述，从地理大发现开始，在瓜分海洋的视角下，西班牙、葡萄牙、荷兰、英国、法国等诸大国之间的海洋主张、法律论战、争夺海上霸权战争就是一种塑造海洋秩序的过程。"海洋自由论""闭海论"背后的本质问题是"海洋属于谁"——瓜分海洋的问题。海洋是否如陆地那样可被占有的问题只不过是瓜分海洋问题的法律形式化。

　　古老罗马法中的"先占（occupation）""持有（possession）"概念成为论证瓜分海洋过程的主要法律工具。作为荷兰的代表，格劳秀斯立足于海洋元素中水的自然特性，认为海洋处于流动状态，不能被占有。而英国的塞尔登则立足于海洋的自然地理特征，他认为河流的水体也是变动不居，其实只需要一支舰队就能占有海洋（take possession of the sea）和控制（control）海洋。他认为，当谈到占有海洋，并不是真的要对水这种元素进行控制，而是支配无法变化的地理范围（geographic sphere），它的界限

　　❶ Daniel‑Erasmus Khan, "Territory and Boundaries," in Bardo Fassbender and Anne Peters, ed., *The Oxford Handbook of The History of International Law*, Oxford: Oxford University Press, 2012, p. 226.

　　❷ 同上，pp. 234 – 236.

　　❸ Carl Schmitt, *The Nomos of the Earth in the International Law of the Jus Publicum Europaeum*, pp. 80 – 83.

　　❹ Bernard H. Oxman, "The Territorial Temptation: A Siren Song at Sea," *The American Journal of International Law*, 2006, Vol. 100, No. 4, p. 830.

　　❺ 同❸, pp. 42 – 43.

（limits）是固定的。● 18 世纪荷兰的宾刻舒克将海洋分为"沿海一带（maritime belt）"和公海两部分，二者在原则上是可以占有的，但他对海洋占有设立的条件是必须持续、有效的才能构成有效占有。他将占有的意图和国家权力作为基础，占有的意图需要有占有的实际行为支持，对海洋的占有就是以武力对其进行控制/支配（control），这个过程是从陆地开始，陆上武力所及之处就是陆上力量终止的地方，因此大炮就是占有海洋的有效工具。❷ 大炮射程之内就是在陆地上所能占有的海洋范围。❸ 沿海国家就以这种方式取得了对沿海一带的所有权和主权，当然大炮射程学说更多地体现了一种观念上的占有。不能从陆地上予以支配的那部分海洋就是公海，宾刻舒克认为，原则上公海所有权其实是可以通过先占方式取得，关键是要维持持续的占有很困难。军舰不能作为占有的工具，原因在于军舰不会一直停留在意图占有的海域上，离开之后占有就不复存在。●

宾刻舒克所处的时代恰好是海洋大国的海洋主张发生了重大转向的时期，即海洋主权论对整个远海或局部海域主张的主权逐渐沉寂下去，"海洋自由论"获胜，"闭海论"退出，海洋作为一个整体或大面积的局部海域不再被认为属于某个国家，也无国家对其主张所有权。然而，在"海洋主权论"的灰烬中又产生了领海、领水观念。❺ 宾刻舒克的前述论证为领海制度的兴起提供了一种法律基础。他对占有的法律构建集中在有形控制和支配上，❻ 他据此否认威尼斯、英国在历史上曾经有效地占有过海洋，❼ 但这些国家对沿海一带海域的占有在法律上是有效的。如果一个国家的占有意图与实际占有行为构成了对沿海一带海域的"先占"，则该海域的法

---

❶ Wilhelm G. Grewe, *The Epochs of International Law*, Berlin/New York: Walter De Gruyter, 2000, p. 268. 塞尔登在其《闭海论》附录中收集了神圣罗马帝国皇帝费迪南（Ferdinand）与威尼斯共和国之间关于亚得里亚海统治权争论的一份文件，作为塞尔登主张的额外证据，其中的措辞如下："谈到对海洋或河流的统治，并非将其理解为对海洋、河流元素的支配，而是它们所处的位置。"参见 "The Dominion of the Sea", in John Selden, *of the Dominion*, *or*, *Ownership of the Sea*, p. 17。

❷ Cornelius Van Bynkershoek, *De Dominio Maris Dissertatio*, pp. 41 – 44.

❸ 17 世纪大炮射程为 3 海里，一般认为这就是领海宽度为 3 海里的由来。

❹ 同❷, pp. 46 – 47.

❺ Thomas W. Fulton, *The Sovereignty of the Sea*, Union: Lawbook Exchange, Ltd. , 2010, pp. 537 – 538.

❻ 同❷, pp. 54 – 55.

❼ 同❷, p. 55, pp. 60 – 68, pp. 69 – 74.

律地位与陆地所有权一样，权利人有权禁止他人在那片海域航行，有权禁止他人捕鱼、通行，甚至无害通过。❶ 鉴于使用了大炮射程概念，宾刻舒克对领海的法律构造无疑也是建立在权力基础上的。

"世界历史就是一部争夺土地的历史。"❷ 陆地占取完成之后，海洋占取的浪潮接踵而至，海洋对各国显现出一种领土性诱惑。❸ 这可以解释为何"海洋主权论"主张衰退之后，随之又兴起了沿海国对其沿海一带海域主张排他性的权利。在第二次世界大战之后，海洋主张的一个趋势是沿海国尽量扩大领海的范围。❹ 从海洋法的发展轨迹来看，领海宽度从普遍性的 3 海里变为不超过 12 海里，又产生了毗连区、专属经济区、大陆架制度，所有这些都是对海洋提出主权要求的产物，都属于"海洋属于谁"这个范畴。"专属经济区"制度的产生过程最能说明问题。在第二次世界大战之后，一些国家受到美国关于大陆架宣告的刺激，极力要扩大领海范围，一些拉美国家甚至主张 200 海里的领海宽度，这引发了第三次联合国海洋法会议中的多边博弈，一个妥协的产物就是专属经济区。❺ 同样，第三次联合国海洋法会议还对公海、国际海底（即区域）做了法律上的规定。"人类共同继承遗产"概念被用来处理国际海底（即区域）的法律地位，是一种非领土、非主权化的方案——任何国家不得对公海海底提出主权要求。在 1982 年的《联合国海洋法公约》中，沿海国的权利从海岸到公海依次递减，这算是对"海洋属于谁"这个问题做出的整体性解决方法。

二、海洋资源归属

近世海洋法律秩序很大部分内容是始于捕鱼权、航行权、海上贸易权之

---

❶ Cornelius Van Bynkershoek, *De Dominio Maris Dissertatio*, pp. 56 – 57.

❷ ［德］卡尔·施米特：《陆地与海洋——古今之"法"变》，林国基、周敏译，上海：华东师范大学出版社，2006 年，第 45 页。

❸ Bernard H. Oxman, "The Territorial Temptation: A Siren Song at Sea," *The American Journal of International Law*, 2006, Vol. 100, No. 4, p. 832.

❹ Myres Smith MacDougal and William Thomas Burke, *The Public Order of the Oceans: A Contemporary International Law of the Sea*, Dordrecht: Martinus Nijhoff Publishers, 1987, p. 450; ［美］路易·亨金：《国际法：政治与价值》，张乃根，等译，北京：中国政法大学出版社，2005 年，第 118 – 121 页。

❺ René – Jean Dupuy and Daniel Vignes, eds., *A Handbook on the New Law of the Sea*, Vol. 1, Hague: Martinus Nijhoff Publishers, 1991, pp. 275 – 307; David Attard, *The Exclusive Economic Zone in International Law*, Oxford: Clarendon Press, 1987, pp. 13 – 27.

争，不过这些权利之争只是边缘性问题，是"海洋属于谁"这个根本问题的派生产物。❶ 早在英国爱德华一世在位的 13 世纪末期，英国主张对周边海域渔业资源拥有排他性权利——禁止法国人、荷兰人、北欧的瑞典人捕鱼，其法律基础是英国将那片海域称为"我们的海洋"，这是一种排他性海洋主权主张。❷ 塞尔登正是在这种前提下认为外国人必须在英国的许可之下才能捕鱼。❸ 施米特认为陆地占取的首要功能是确定内部、外部关系，外部关系的确定先于内部所有权的划分，❹ 海洋瓜分也是如此。中世纪英国法学家布拉克顿（Bracton）等人承袭罗马法，主张海洋和滨海属于所有人，然而他们并不是在后来国际法的意义上谈论国际关系中的海洋自由，即施米特所说的外部关系中的海洋地位问题，而是在国内法意义上谈论英国的习惯法，是大地占取完成之后所产生的内部秩序意义上的海洋地位。❺ 这一点类似于古罗马法规定的海洋属于"共有物"，但只是在市民法的意义上适用。在 15 世纪大部分时期，英国与欧陆国家签订了条约，解决了捕鱼之争，其中的一些条款体现了捕鱼自由原则。在英国国王詹姆斯一世在位期间，这位来自苏格兰的国王带来了一种起源于苏格兰的思想，主张对近海渔业资源拥有排他性权利，正是他开启了 17 世纪初期英国的"闭海论"。❻ 在随后长达一个多世纪的时间里，英国对英吉利海主张主权，直到 1806 年才正式放弃了向英国国旗致敬的要求——一种象征承认英国主权主张的仪式。❼

同样，贸易权、航行权之争在"海洋属于谁"这个问题之下才能够得以充分地理解。格劳秀斯提出，"每个民族可自由航行至其他民族之处，与之进行贸易"，❽ 其论证就是建立在"海洋属于谁"这个问题的答案上。

---

❶ Francis Piggott, *The Free Seas in War*, London: P. S. King & Son Lt., 1918, p. 8.

❷ Thomas W. Fulton, *The Sovereignty of the Sea*, Union: Lawbook Exchange, Ltd., 2010, p. 60.

❸ 同上，pp. 62 – 63.

❹ Carl Schmitt, *The Nomos of the Earth in the International Law of the Jus Publicum Europaeum*, p. 46.

❺ 同❷, p. 66.

❻ Thomas W. Fulton, *The Sovereignty of the Sea*, Union: Lawbook Exchange, Ltd., 2010, pp. 75 – 76, p. 82, 85; Daniel P. O'Connell, *The International Law of the Sea*, Vol. I , p. 3.

❼ Daniel. P. O'Connell, *The International Law of the Sea*, Vol. I , p. 9.

❽ Hugo Grotius, *Mare Liberum*, 1609 – 2009, Leiden/Boston: Brill, 2009, p. 27.

倘若海洋属于某国家或某几个国家所有，从事航行、海上贸易、捕鱼的权利都不是问题，所以格劳秀斯竭力证明葡萄牙不能以发现、先占、教皇馈赠、通过战争取得、时效和习俗等这些理由取得海洋所有权。❶ 他得出的结论是海洋不属于任何国家专有。❷

在第二次世界大战之前，少数海洋大国的国家实践主导了海洋法的发展。在第二次世界大战后，海洋法的立法过程发生了十分重大的变化，参与国家众多，它们之间进行了十分复杂的多边博弈，这种情况在很大程度上改变了此前几个世纪的海洋法立法状况。❸ 在第三次联合国海洋法会议中，发展中国家抱着极大的希望，期待从开发和利用海洋中丰富的自然资源发展自己的经济，改善在国际经济体系中的地位，因此竭尽全力将建立"国际经济新秩序"作为第三次联合国海洋法大会的重要议题。不过这种重大的世界政治问题最终还是要通过回答"海洋属于谁"来解决。例如，在涉及国际海底资源归属的时候，一个类似的问题产生了："海床属于谁?"❹ 假设海洋属于特定国家所有，或者任何国家都不能拥有它，那么"海洋资源属于谁"这个派生性问题的答案截然相反，开发自然资源的权利分配就全然不同。第三次联合国海洋法大会上，"公海"与"人类共同继承财产"概念提供了一个崭新思路，即将空间归属与资源归属二者分离开来。公海是一种非主权化的空间，各国可以自由地开发和利用生物资源和非生物资源。公海海底资源则属于"人类共同继承财产"，《联合国海洋法公约》建立了一种关于"人类共同继承财产"开发的特别制度。

三、海洋自由

"海洋自由"是在抵抗对海洋的垄断、独占性叙事中产生的。海洋自由与格劳秀斯的名字联系在一起，正是他将海洋自由建立在海洋的不可占

---

❶ 格劳秀斯的《海洋自由论》的相关章节分别说明了这些问题。参见 Hugo Grotius, *Mare Liberum*, 1609 - 2009, Leiden/Boston：Brill, 2009。

❷ Hugo Grotius, *Mare Liberum*, 1609 - 2009, Leiden/Boston：Brill, 2009, p. 9, 63.

❸ Daniel P. O'Connell, *The International Law of the Sea*, Vol. I, pp. 31 - 37; Douglas M. Johnston, *The International Law of Fisheries: A Framework for Policy - Oriented Inquiries*, New Haven：New Haven Press, 1987, p. xxv.

❹ [美] 路易·亨金：《国际法：政治与价值》，张乃根，等译，北京：中国政法大学出版社，2005 年，第116 页。

有、不可瓜分的特性上。卡尔·施米特则提出了海洋自由的另一种维度。海洋自由是陆地秩序的对立面：海洋与陆地全然不同，前者没有地理上的边界，所有国家可以在海上从事捕鱼、贸易活动，甚至自由地在海上从事战争活动，拿捕敌方商船、货物作为战利品。❶ 施米特还重点在英国海上霸权的背景中考察了海洋自由的意义。他认为，在古代，海洋自由就是指海洋不受特定法律支配的状态；❷ 但 16—17 世纪，英国在社会力量的推动下转向海洋，通过自下而上的方式完成了海洋性存在的转向；❸ 到 19 世纪初，英国成为海上霸主，它倡导的海洋自由实际上帮助英国完成了对海洋的瓜分。❹ 英国主张和倡导的海洋自由远远超越了格劳秀斯所论证、维护的那种海洋自由，这就是格鲁对英国主导下海洋自由的评论——"为海上战争自由地选择战场"。❺

　　作为海洋秩序的一项核心内容，海洋自由的发展有两个方向：一是航行和贸易自由，即格劳秀斯所主张的海洋自由。经过 17—18 世纪的发展，海洋不属于任何国家专有的观念在 19 世纪获得了胜利。领海兴起之后，"公海自由"延续了格劳秀斯的主张，构成了 1982 年《联合国海洋法公约》"公海"制度的基础；二是施米特所说的海洋与陆地两种秩序差异下的海洋自由。在 18—19 世纪的历史情境中，实质就是英国对海洋的垄断，此时海洋自由具有双重意义：一方面它既具有格劳秀斯的海洋自由的特性；另一方面海洋被作为自由的战场。❻ 在今天看来，航行自由、公海自由仅仅是海洋秩序的一个狭小范围，而美国更强调的是另一个方面的自由，体现在美国的"航行自由计划"中，专门为其超级海军力量服务，也是为了自由地选择战场。美国是 19 世纪英国海洋思想的继承人。

---

　　❶ ［德］卡尔·施米特：《陆地与海洋——古今之"法"变》，林国基、周敏译，上海：华东师范大学出版社，2006 年，第 74 - 76 页。

　　❷ Carl Schmitt, *The Nomos of the Earth in the International Law of the Jus Publicum Europaeum*, pp. 43 - 44.

　　❸ 同❷，p. 172，pp. 177 - 178；同❶，第 84 - 88 页。

　　❹ 同❶，第 50 页；Carl Schmitt, *The Nomos of the Earth in the International Law of the Jus Publicum Europaeum*, p. 183.

　　❺ Wilhelm G. Grewe, *The Epochs of International Law*, Berlin/New York：Walter De Gruyter, 2000, p. 551.

　　❻ 同❶，第 52 页。

四、作为战场的海洋

另有一种海洋叙事，即作为战场的海洋，在和平时代很少引人注意，陆地国家、海军力量微不足道的小型沿海国家，对这个领域都比较陌生。在第三次联合国海洋法会议上，所有国家不分大小都可以提出和平利用海洋方面的各色政治、法律主张，但是在海战领域，只有超级海军大国、有悠久海战传统和经验的国家才有真正的发言权。这个领域的规则属于寡头垄断。

海战的核心之一是自由地选择战场，除了范围狭小的中立水域，海战的空间范围几无限制，整个海洋都是战场。❶ 这可以解释为什么美国高度重视在和平时期的航行自由和飞越自由，主要是为了其海军在海洋中的任何地方都享有存在、通过、军事演习、军事调查、军事侦察的自由和权利，这一切都是为自由地选择战场做准备。这也可以解释美国为什么没有加入《联合国海洋法公约》，因为美国国内相当多的人担心公约会限制美国海军的行动自由，因此反对加入公约。❷

第三节　国际立法时代：海权在 "海洋公共秩序" 叙事中的影响

在第二次世界大战之后，进入了一个主权国家数量爆发的时代，地球空间被压缩得越来越小。该世纪也是集体瓜分海洋的世纪，单方行为、分散性的国际立法、双边或多边协议构成了塑造海洋秩序的复调。对海洋秩序影响最大的是多边性的海洋法会议，古典时代进入了国际立法时代，❸海洋叙事的主题也过渡到 "海洋公共秩序" 叙事，即海洋法律秩序，其所支配的法律关系涉及国际交通、海洋资源的利用、海洋生物资源的养护及

---

❶　Louise Doswald - Beck, ed., *San Remo Manual on International Law Applicable to Armed Conflict at the Sea*, Cambridge: Cambridge University Press, 1995, pp. 11 - 14.

❷　Scott G. Borgerson, "The National Interest and the Law of the Sea," The Council on Foreign Relations, Special Report No. 46, May 2009, p. 18.

❸　Edward Miles, *Global Ocean Politics: The Decision Process at the Third United Nations Conference on the Law of the Sea* 1973 - 1982, Hague: Martinus Nifhoff Publishers, 1997, pp. 13 - 15; Douglas M. Johnston, *The International Law of Fisheries: A Framework for Policy - Oriented Inquiries*, p. xxv.

研究、海洋环境的保护和保全等。❶ 古典时代海洋国家凭借海上实力主张海上权利、塑造海洋秩序的努力在海洋法会议这种立法机制下发生作用。该过程充满异常复杂的海洋议题，多种国家利益集团之间也发生复杂的博弈。❷ 这一阶段的特点是海洋大国的叙事能力被置于一种全球性的立法过程（如第三次联合国海洋法会议）之中并受到制约，但它们的叙事能力并未减弱，而是在相互依存中通过"联系战略"取得非对称性的权力继续发挥作用。❸

一、国际立法时代的"兼容性利益"叙事

"政策取向学派"的迈尔斯·S. 麦克杜戈尔（Myres S. McDougal）和威廉·T. 伯克（William T. Burke）等人提出了一个解释海洋法之历史功能的模型，即保护和平衡独占性利益（exclusive interest）与兼容性利益（inclusive interest）的关系，前者主要体现为沿海国尽可能地对远离海岸的海域提出独占性权利主张（exclusive claim），后者体现为一个国家提出的对某海域的利用、对某特定行为的管辖权并不妨碍其他国家同样拥有这些权利、权力的兼容性主张（inclusive claim）。提出"独占性主张"的国家通常要求对位于某海域的人及其从事的活动进行规范，或对其行使权力，无论国籍如何。例如，沿海国主张对内水、领海拥有完全的支配权。提出"兼容性主张"的国家通常仅仅要求对其国民进行规范或行使管辖权，同时也让其他国家对位于某海域的国民或其活动拥有相同权力，但也仅限于针对其国民，这是一种对等的让步，例如主张公海的航行、捕鱼自由等。❹ 独占性主张和兼容性主张被用来解释 1982 年《联合国海洋法公约》背后

---

❶ 1982 年《联合国海洋法公约》"序言"第 2 段的宗旨表明为"海洋建立一种法律秩序"，涵盖了这些法律问题。

❷ Edward Miles, *Global Ocean Politics: The Decision Process at the Third United Nations Conference on the Law of the Sea* 1973 – 1982, pp. 20 – 33.

❸ 关于在复合相互依存的国际关系中，属于非敏感、非脆弱的国家会获得非对称性的权力。参见［美］罗伯特·基欧汉、约瑟夫·奈：《权力与相互依赖》（第 3 版），门洪华译，北京：北京大学出版社，2002 年，第 12 页。

❹ Myres S. McDougal and William T. Burke, *Public Order of the Oceans: A Contemporary International Law of the Sea*, pp. 1 – 2.

的发展动力。❶ 这种解释的缺陷在于很难精准地界定符合整个国际社会普遍性利益的兼容性主张的实质内容，对于一些规则的性质是兼容性主张还是独占性主张产生了解释上的争议。尽管如此，这种解释模型在西方还是获得了一些拥趸，例如在解释和构造海上安全制度问题上，一些学者仍然借助兼容性主张与独占性主张之间的平衡概念，同时通过解释策略增加兼容性主张的分量。❷

二、海权对"兼容性利益"叙事的隐秘影响

"独占性利益/主张"并非负面的、贬义的概念，它与"兼容性利益/主张"具有同等的价值，关键在于对"兼容性利益/主张"内容的识别和解释，正是这样，海洋大国的海洋叙事能力具有隐秘性。首先，海洋自由被认为是兼容性主张的内容。❸ 作为一项一般性原则，海洋自由处于一种很难被反驳的地位。如在上所述的两个层面的海洋自由中，涉及单纯的航行、捕鱼、铺设海底电缆等方面的海洋自由无疑是一种"正确的"叙事，但如果像美国那样，把军事调查、军事侦察、军事演习作为海洋自由的核心，它是否还属于兼容性利益？海洋大国和陆地国家之间、强国与弱国之间的立场出现了巨大的差异，各国对领海内军舰的无害通过、专属经济区内军事活动的法律地位等问题的立场明确地体现了这种差异。其次，与人类共同财产概念相关的海底制度无疑属于兼容性利益的范畴，但在 1982 年《联合国海洋法公约》开放供签署之后的十余年中，在西方发达国家的坚持下，对海底开发制度做了有利于它们经济制度、技术力量等方面的变更。最后，由于至少临海的国家对海洋安全都有需求，在此意义上，海洋安全也属于兼容性利益。但各国的安全政策、对安全的感受绝无共同点，因此同样是追求海上安全，其政策取向明显不同，以至于产生了一种"公地悲剧"的结果。❹ 面临此种困境，建设海洋强国的过程中需克服的问题

❶ Myres S. McDougal and William T. Burke, *Public Order of the Oceans: A Contemporary International Law of the Sea*, pp. lvi – lviii, p. xlxxii.

❷ Michael A. Becker, "The Shifting Public Order of the Oceans: Freedom of Navigation and the Interdiction of Ships at Sea," *Harvard International Law Journal*, 2005, Vol. 46, No. 1, pp. 131 – 230; Natalie Klein, *Maritime Security and the Law of the Sea*, Oxford: Oxford University Press, 2011, p. 3.

❸ Natalie Klein, *Maritime Security and the Law of the Sea*, p. 3.

❹ 同上, p. 5.

明显多于弱国。

当然，这并不意味着基于《联合国海洋法公约》的海洋公共秩序是空虚无物，就它被国际社会所接受的范围而言，它确实建立了一种海洋公共秩序，正是在这种秩序下，古典时代的那些问题和海洋叙事有了一个它们得以继续存在的新背景。例如，对兼容性利益进行初步的概念性识别与对它们做在政策上的细化二者之间存在不小差距，无论是在国际立法层面还是单个国家实践层面上，某些古老的海洋叙事又回到了政策制定或实施的现场。有两个典型的例子：一是美国在自己所理解的海洋自由叙事中实施航行自由计划；二是美国等西方国家在人类共同继承财产叙事中成功修改了海底开发制度。在海洋公共秩序的国际立法过程中又见证了海权对立法的影响。

小 结

本章考察表明权力因素对海洋法律秩序的影响，今后这种状况也不会发生根本性的变化，这个结论主要是从海洋法发展的角度得出的。国际法从权力到规则的过程并非粗暴的命令直接变身为规则、权力直接变身为权利。权力决定政策方向，权力主导利益的分配，权力提出合法性叙述，政策因素决定了规则的内容，然而，仍然需要某种机制使这些政策、利益的分配、合法性叙事转换成规则。根据哈特（H. L. A. Hart）的法律要素学说，一个法律体系必然含有承认规则，即一种鉴别初级义务规则的决定性规则，他认为在国际法中也一样。❶ 当然，这涉及一个国际法何以是法的理论问题，在此不便展开讨论。这里只需指出，国际法渊源的概念充当了国际法体系中的承认规则。国际法渊源涉及国际法如何制定、如何识别的问题。❷ 该概念可以让我们理解国际法表现的形式。《国际法院规约》第

---

❶ ［英］H. L. A. 哈特：《法律的概念》（第3版），许家馨、李冠宜译，北京：法律出版社，2018年，第152－153、304－305页。

❷ Samantha Besson and Jean d'Aspremont, "The Sources of International Law: An Introduction", in Samantha Besson and Jean d'Aspremont, ed., *The Oxford Handbook of the Sources of International Law*, 2017, p. 3.

38 条代表了一种广为接受的识别国际法的渊源概念。美国的《第三次对外关系法重述》将《国际法院规约》第 38 条的国际法渊源重新表述为，国际法规则必须以这些形式表现出来：习惯法、国际条约、一般法律原则（须由世界主要法系普遍接受）。❶《国际法院规约》第 38 条还规定了司法判例、公法学家的学说可以作为辅助渊源。这样，我们可以得出一个海洋合法性叙事表现为法律规则的途径：条约、习惯、一般法律原则，而公法学家的学说和司法判例可以查明前三种形式。不过在早期，公法学家的学说在国际争端解决中被多次引用，如格劳秀斯的著作。

在缔结多边条约之前，海洋法更主要通过习惯国际法规则表现出来，而习惯国际法是国家实践的产物，在这方面英国的海上实践尤其丰富，其中整理出来的政府官方文件汇编、战争手册、国内法院判例报告给后来国际法编纂提供了丰富的参考资料，对海洋法的发展起了巨大的作用。例如，海战中的捕获规则主要是由近代英国的国家实践塑造的。在拿破仑战争时期、第一次世界大战时期有关捕获法实践的作战手册、捕获法院判例成了后来整理有关海洋法、战争法的习惯国际法的重要资源。❷ 在海战实践上，美国是继英国之后实践经验最为丰富的国家，美国法院的捕获法审判实践也是除英国之外非常丰富的国家。❸ 值得一提的是，英国、美国有长期整理出版其国际法实践汇编的传统，例如美国从 19 世纪中叶就开始系统整理出版《国际法汇编》系列，到目前仍保持每年出版一辑的频率。在权力转变为权利的过程中，英美这些海权国家编纂的作战手册、国内法院判决、官方文告等起到了一种相当于规则化的功能，尤其是其国内法院判决，将它们的海洋政策、利益转化为国际法的规则形式起到决定性作用。

从习惯国际法到缔结条约还有一个中间过程，即官方或非官方性质的

---

❶ The American Institute of Law, *Restatement, the Third, Restatement of The Foreign Relations Law of The United States*, St. Paul: American Law Institute Publishers, 1987, Vol. 1, p. 24.

❷ 这些判决汇编的整理结果，参见 Christopher Robinson, ed., *Reports of Cases Argued and Determined in the High Court of Admiralty: Commencing with the Judgements of the Right Hon. Sir William Scott*, 6 vols., London: A. Strahan, 1799－1808; Edward S. Roscoe, ed., *Reports of Prize Cases Determined in the High Court of Admiralty*, 2 Vols, London: Stevens and Sons, Ltd., 1904; Ernest. C. M. Trehern, ed., *Prize Cases Heard and Decided in the Prize Court during the Great War by The Right Hon, Sir Samuel Evans*, London: Stevens & Sons, Ltd., 1916.

❸ James B. Scott, ed., *Prize Cases Decided in the United States Supreme Court*, 1789－1918, 3 Vols, Oxford: The Clarendon Press, 1923.

条约草案起草。第一次世界大战之后，国际联盟曾经尝试起草过海洋法条约，但不了了之。美国哈佛大学法学院在 20 世纪 20—30 年代组织了一些国际法专题研究，目的是起草条约草案。其中在海洋法和海战方面，1929年完成了《领水法》、1932 年完成了《哈佛海盗行为研究草案》、1939 年完成了《海战及空战中中立国权利和义务》这三个条约草案。❶ 这些条约草案的部分内容是对主要国家的国家实践的整理。虽然当时并没有条约被成功缔结，但其草案对第二次世界大战之后一些国际条约的起草有巨大的影响。在这种意义上，"哈佛国际法研究"项目可谓非常成功。❷ 从 20 世纪 20 年代到第二次世界大战爆发这段时间，整个"哈佛国际法研究"项目共完成了 17 个条约草案工作，这个时间段是美国变成超级大国的前夜，这项工作也显示美国塑造世界秩序的雄心。

　　一些国际性法院在使国家实践表现为国际法规则的过程中起到的作用不可低估。这表面上似乎与国家的权力无关，但是当国际性法院在识别、确认某项习惯国际法规则的时候，国家实践是一个最重要的基础。联合国国际审判法院在 1949 年的"科佛海峡案"中对军舰在海峡中的航行权的判决完全是一个将海权国家的行为转化为权利规则的经典例子。"科佛海峡案"涉及军舰在海峡的航行、和平时期军事活动、无害通过、自卫权等。该案的背景是英国军舰在阿尔巴尼亚的领海中航行。再考虑到英国海军在地中海有长达两百多年的海洋支配地位，在海洋法中主要体现为有海权国家发展的习惯国际法、大多数国家并未参与这些规则制定过程的情况下，很难想象国际法院会做相反的判决，剥夺英国在海峡中的航行权。

---

❶ *Harvard Research in International law*: *Original Materials*, 3 Vol, Complied by John P. Grant and G. Craig Barker, William S. Hein & Co., Inc., 2008.

❷ G. Craig Barker and John P. Grant, *Harvard Research in International Law*: *Contemporary Analysis and Appraisal*, William S. Hein & Co., Inc., 2007.

第二章　中国海权观的
习得与海洋强国建设

本章考察中国海洋强国建设的历史脉络，也是考察中国海上行为的根源以及与中国政策目标相适应的海洋法律秩序的内容。2019年《新时代的中国国防》白皮书指出，"中国拥有2.2万多千米陆地边界、1.8万多千米大陆海岸线，是世界上邻国最多、陆地边界最长、海上安全环境十分复杂的国家之一，维护领土主权、海洋权益和国家统一的任务艰巨繁重。"这描述了中国所面临的地缘政治大背景和由此而产生的国家安全利益。因此白皮书强调，"海外利益是中国国家利益的重要组成部分。有效维护海外中国公民、组织和机构的安全和正当权益，是中国军队担负的任务。"海外利益需要海上力量来保护是必然的选择，"中国军队积极推动国际安全和军事合作，完善海外利益保护机制。着眼弥补海外行动和保障能力差距，发展远洋力量，建设海外补给点，增强遂行多样化军事任务能力。实施海上护航，维护海上战略通道安全，遂行海外撤侨、海上维权等行动。"新时代军队的使命要"为维护国家海外利益提供战略支撑"。❶ 白皮书强调海洋对中国的重要性，要发展远洋海上力量保护中国海外利益，而且中国已经在进行远海作战训练。白皮书没有特别指明的是，中国海军力量增长迅速，有望建设一支仅次于美国的大洋舰队，这是中国能够"弥补海外行动和保障能力差距、发展远洋力量"的物质基础。因此上述政策是中国作为海洋国家兴起的产物，在此过程中建设海洋强国战略的出台贡献无疑甚大，它提供了一种全局性的战略，资源配置有效且重点突出，是中国海上力量增长一个重要的嫁接点。

---

❶ 中华人民共和国国防部网站：《新时代的中国国防》，http：//www.mod.gov.cn/regulatory/ 2019-07/24/content_4846424_3.htm，2019年7月30日访问。

　　海洋中国兴起的序幕其实很长，而且其过程充满战略选择的争议，❶即在给定资源的条件下如何将资源配置于最优先的领域。然而，如何确认什么是最优先的领域却殊为不易。这和中国近代和当代所遭遇的威胁来源有关。自古代开始，中原王朝面临的威胁主要来自北方游牧部落的入侵，到清代则有沙俄帝国横亘于中国北方。但 19 世纪中叶，中国的外部威胁发生了巨大的变化，即西方列强从海上对中国造成了前所未有的安全挑战，随即日本崛起后走上帝国主义征服者的道路，发动了试图吞并中国的侵略战争。❷中华人民共和国成立后，美国阻挠我们祖国统一，一直对中国进行战略遏制、威胁。20 世纪 60 年代中苏关系恶化后，苏联在中国边境部署重兵，1969 年两国还爆发边境冲突，情势危急。苏美两国分别带来了来自陆上的威胁与来自海上的威胁，同时面临两个超级大国的威胁，这种情况与 19 世纪中叶中国同时面临来自北方、西北方向与来自海上西方列强入侵的威胁极为相似。因此，中国在选择防御战略主要方向时陆地与海洋之争是一个持久性的话题，可追溯到 19 世纪中叶清政府内部的海防与塞防争议。❸建设海洋强国是一个范围相对宽泛的概念，它涉及海上力量建设、海洋资源开发利用、航行安全，还有一个范围更加富有弹性的海外利益概念，更重要的是还包括国家安全层面的内容。❹这些因素同时具有政治、经济、军事等方面的属性，也与海洋法律秩序高度相关，在某种程度上，中国选择的建设海洋强国是在某种给定的海洋法律秩序的背景中展开的。❺

　　当然，中国选择以海权为导向的海洋强国战略，可以放在国家利益的

---

　　❶ 最近的争议可参见倪乐雄：《从陆权到海权的历史必然——兼与叶自成教授商榷》，《世界经济与政治》，2007 年第 11 期，第 22 - 32 页；叶自成：《中国的和平发展：陆权的回归与发展》，《世界经济与政治》，2007 年第 2 期，第 23 - 31 页。

　　❷ 杨文鹤、陈伯镛：《海洋与近代中国》，北京：海洋出版社，2014 年，第 132 - 218 页；侯昂妤：《海风吹来：中国近代海洋观念研究》，北京：军事科学出版社，2014 年，第 124 - 126 页；[美] 安德鲁·S. 埃里克森、[美] 莱尔·J. 戈尔茨坦、[美] 卡恩斯·洛德：《中国走向海洋》，北京：海洋出版社，2015 年，第 278 - 286 页。

　　❸ 叶自成：《中国的和平发展：陆权的回归与发展》，《世界经济与政治》，2007 年第 2 期，第 23 - 31 页；倪乐雄：《从陆权到海权的历史必然——兼与叶自成教授商榷》，《世界经济与政治》，2007 年第 11 期，第 22 - 32 页。

　　❹ 左立平：《21 世纪海权：论海军在国家安全和发展中的战略地位与作用》，见朱锋主编：《21 世纪的海权：历史经验与中国课题》，北京：世界知识出版社，2015 年，第 260 - 275 页。

　　❺ 李聆群：《全球海洋治理与中国角色》，见朱锋主编：《21 世纪的海权：历史经验与中国课题》，北京：世界知识出版社，2015 年，第 276 - 311 页。

范式中分析。不过在国家利益如何界定这一点上，现实主义、制度学派、建构主义理论有很大的分歧。涉及中国如何面对现有海洋法律秩序的框架时的政策选项——尤其是有关《联合国海洋法公约》下充满弹性的航行自由、其他海洋大国（特别是美国）所主张的航行自由，中国应当采取什么立场？这又取决于如何界定中国的国家利益。

　　本章主张，中国对海洋战略的选择是在一系列外部事件的刺激下做出的国家安全选择，同样，所选择的政策（海权之路、建设海洋强国）在某种程度上也是外部提供的，尤其是来源于外部的历史经验的启示。决定国家利益的决策者的选择是在这种框架中习得的。海洋法中的一些争议问题，如航行自由，在这种框架中来看，如何根据国家选择来确定中国的立场？本章引入一种分析中国海权观念习得的理论框架，即确定国家利益的偏好在何种程度上与外部国际关系有关，利用建构主义流派的玛莎·芬尼莫尔（Martha Finnemore）提出的"国家的偏好来自国家之外"这个观点来考察历史上若干国家海洋利益偏好的产生、海权观念的习得过程。

第一节　理论框架：外部影响与学习

一、外部提供的问题及偏好的获得：学习

　　无论是提倡陆权还是海权作为中国的战略定位，国家利益是一个出发点。尽管国家利益概念作为一种国际关系理论的基石，但它引起的争议太多，问题在于它太过正确又太过一般和抽象，很难为决策提供一个简洁的指南——在面临机会成本时、在多种选择中识别国家利益太难。根据经典现实主义，国家利益是由权力本身来界定的。从摩根索的国家权力的组成因素来看，[1] 它们可以静态地适用于所有国家，难以反映国家权力的动态变化过程。而国家之间的权力比较似乎是算术作业，而追求权力就是一种量的增加，但这并不能解释从陆权到海权的选择的背后原因。根据摩根索

---

[1]　[美] 汉斯·J. 摩根索：《国家间的政治——为权力与和平而斗争》，杨岐鸣，等译，北京：商务印书馆，1993 年，第 151 - 203 页。

国家权力的组成因素，国家选择发展海上力量能够增加国家权力，但这并不是必然的。这种静态权力要素概念很难解释 19 世纪中叶的决策困难，但 21 世纪初中国却以前所未有的规模建设海上力量。

　　不过，无论哪种国际关系理论实际上都存在一种国家利益分析框架，但对国家利益的界定、内容、谁确定、如何产生和识别等方面，各理论流派均有所不同。除古典现实主义理论外，新自由主义、英国学派、制度主义都高度重视决策者偏好对于界定国际利益的重要性。"国家利益就是有关结果的偏好。"❶《国际社会百科全书》第二版对"偏好"的定义是"对选择的相对可取性（relative desirability）所做的价值估算"。"在决策理论中，决策者偏好被用于对可供选择方案进行比较的标准。然而偏好并不必须与选择关联在一起：它们也可能代表了某一实体如何对结果、世界状态进行评估，但不涉及选择。根据具体情景，偏好可能是客观的，也可能是主观的。"❷ 新自由主义国家关系理论认为国家镶嵌在由个人、社会团体、次国家官员组成的跨国社会之中，他们有着五花八门的价值、理念，对国家政策有不同的影响。解释政治的第一步就是识别和解释这些社会、次国家行为体的偏好。❸ 决策者偏好决定国家利益这个理论可以解释国家利益的变化，因为决策者本身的偏好会受到外部的影响。属于新自由主义阵营的安德鲁·莫拉维斯基（Andrew Moravcsik）有一个设定，即国家间偏好相互依存的模式塑造了国家行为。❹

　　❶ Jack L. Goldsmith and Eric A. Posner, *The Limits of International Law*, Oxford University Press, 2005, p. 6.

　　❷ Andrés Carvajal, "Preference", in William A. Darity Jr., ed., *International Encyclopedia of Social Science*, 2nd edition, Vol. 6, The Gale Group, 2008, p. 435.

　　❸ Andrew Moravcsik, "Taking Preferences Seriously: A Liberal Theory of International Politics," *International Organization*, 1997, Vol. 51, No. 4, pp. 513 – 53; Andrew Moravcsik, "Liberal Theories of International Law", in Jeffrey L. Dunoff and Mark A. Pollack, *Interdisciplinary Perspectives on International Law and International Relations: The State of the Art*, Cambridge University Press, 2013, p. 83.

　　❹ Andrew Moravcsik, "The New Liberalism", p. 239; Andrew Moravcsik, "Taking Preferences Seriously: A Liberal Theory of International Politics," *International Organization*, 1997, Vol. 51, No. 4, p. 520.

　　建构主义进一步给出了偏好如何被构造的解释。❶ 建构主义主张，在世界政治中，国家行为体的利益和身份是可塑的；国家行为体的利益和身份依赖于它们所理解并居于其中的环境且随着环境和时间而变化；行为体能够通过学习而改变自己的欲求。❷ 建构主义认为国家利益属于一种社会建构（social construction）而非物质性的现实（material reality）。❸ 这种主张将国家利益概念作为一种解释外交政策的工具。❹ 属于建构主义流派的玛莎·芬尼莫尔认为，"国际体系能够改变国家意欲得到的东西。国际体系是构建性的、生成的，为行为体创造新的利益和价值。国际体系通过改变国家的行为偏好本身来改变国家行为，而不是约束已有既定偏好的国家的具体行动。"❺ 芬尼莫尔所针对的是将国家偏好视为行为者固有的、源于国家内部的这种看法，她认为，"在某种程度上，国家的偏好来自国家之外，并非根植于国内需要和国内条件。"❻ "偏好可能不是国家固有的，可能并不限于物质状况；相反，国家偏好具有延展性。国家可能并不总是知道自己需要什么，而乐于学习采取什么行动是合适有益的。"❼ 芬尼莫尔提出偏好并非国家固有，而是习得的："在不确定环境中的有限理性行为体经常从其他的明显成功的行为体所尝试的解决办法中寻找解决问题的办法。在一个不确定的环境中，模仿常常是一个理性的战略选择。"❽ 不过，芬尼莫尔所说的外部主要是与建构主义、英国国际关系学派、制度主义有密切关系的国际社会、国际社会的结构概念，更具体而言，指的是国际规范、共同信仰、话语、文化和其他社会结构，但就芬尼莫尔研究的对象而

---

　　❶　摩根索的国家利益概念与建构主义的国家利益概念在功能上有所不同。前者更多地为决策者提供政策指南，具有规范性意义，而建构主义关心偏好如何被构造，它更多的是一个解释性概念。参见［美］亚历山大·温特：《国际政治的社会理论》，秦亚青译，上海：上海世纪出版集团，2014年，第118页；Scott Burchill, *The National Interest in International Relations Theory*, p. 207, 210.

　　❷　Eric K. Leonard, *Building Your IR Theory Toolbox – An Introduction to Understanding World Politics*, Rowman & Littlefield Publishers, 2018, p. 85.

　　❸　Scott Burchill, *The National Interest in International Relations Theory*, p. 186, 210.

　　❹　同上，p. 210.

　　❺　［美］玛莎·芬尼莫尔：《国际社会中的国家利益》，袁正清译，上海：上海世纪出版集团，2012年。

　　❻　同上，第7页。

　　❼　同上，第8页。

　　❽　同上。

言，她认为"国际组织影响了国家的偏好方式"。❶ 她给出的经验分析包括联合国教科文组织对国内科学科层组织的创立的影响、国际红十字会对国内接受国际人道主义法的推动、世界银行促使对发展概念的接受。但要解释外部因素影响一个国家在安全战略方面的偏好，尚有许多悬而未决的问题：塑造国家在安全领域的偏好的外部因素究竟指什么？学习过程究竟如何描述？考虑到在一般的认知中，国家安全决策者面对的威胁来源涉及若干具体的国家，芬尼莫尔个案研究中国际组织在塑造国家偏好的功能很难适用于国家安全偏好的形成。即使如联合国安理会在维和行动中深度介入一国安全事务，但很难说该国的安全偏好是由安理会所能影响的，相反，更多的深受造成维和事件发生的具体情形影响——涉及当时的国家间关系。而且许多维和事件是由于内战造成的，此时国家安全方面的偏好可能更多的与国内政治进程相关。不过，在绝大多数情况下，国家安全战略确实受外部其他国家战略的影响，芬尼莫尔"问题……是由外部行为体提供给国家的"这种论断基本存立，但更主要的与国家之间的互动过程有关。在中国选择建设海洋强国这个问题上，外部影响更多的是体现在中国与其他国家之间的互动关系上（尤其是近代中国所经历的海上入侵、当代中国在海上面临的安全压力），与国际组织全然无关。

二、个案考察

下面尝试从近代史中主要大国的海上安全战略来验证这种外部提供问题与办法。建构主义、英国国际关系学派、制度主义诸理论的一个前提是全球化组成的网络，无论各流派所使用的术语是否如此。远期而论，这个全球化进程起源于地理大发现，加速进程则始于第二次世界大战之后。这个前提是否可以适用于近代初期？考虑到在安全、军事战略这个领域中，网络更多的与国家互动过程相关，因此这种网络更多的是区域内相关国家之间的互动关系。下面的例子也表明在选择海权之路、发展海上力量上主要是受区域内特定国家之间的关系决定的，近代初期的地中海、西欧，19世纪的欧洲，21世纪的太平洋，都是如此。在下面的个案中，每个国家的

---

❶ ［美］玛莎·芬尼莫尔：《国际社会中的国家利益》，袁正清译，上海：上海世纪出版集团，2012年，第16页。

经验可能对某一方面最具有解释力，如西班牙、葡萄牙所处的外部环境是迫使其选择海洋战略的主要因素；德国、日本、美国则是从外部其他国家历史经验获得国家利益偏好的典型，其中德国、日本的经验反映了芬尼莫尔所说的学习、模仿的典型过程；英国成为海权国家的早期经验反映了自由主义国际关系理论中个人、次国家行为体塑造了英国的国家利益观。在不那么严格的意义上，这些个案都反映了"问题……是由外部行为体提供给国家的"这种陈述。

1. 葡萄牙、西班牙

现代意义上的海洋战略、海权国家的谱系可以追溯到近代之初最早作为海洋大国崛起的西班牙和葡萄牙。不过当时主权概念尚未成型，主权国家体系也就无从谈起，但可以放在更为广阔的地中海世界中的竞争考察。西班牙和葡萄牙优先发展海上力量，但这种选择很难说是单一的内因或外因。❶ 作为外部因素，15 世纪奥斯曼帝国的兴起阻断了地中海通往中东、印度洋、亚洲的商路，迫使作为地中海国家的西班牙、葡萄牙另寻他路，或者说奥斯曼帝国崛起推动了空间竞争，两国崛起的这种背景可以视为外部行为体提供问题的一种解释。❷ 值得注意的是，15 世纪中叶伊始，西班牙与奥斯曼帝国在地中海争夺主导权，先后进行了长达一个世纪的战争。另一种因素是西班牙、葡萄牙两国在大西洋方向扩展而展开竞争，教皇尼古拉斯五世于 1455—1456 年、亚历山大六世（Alexander Ⅵ）于 1494 年在

---

❶ 论者认为西欧在地理上有一种大西洋导向（geographically oriented toward the Atlantic），这不过是地理决定论的表现。如果这种地理决定因素是固定不变、不受外部影响的，那么可以视为一种内部因素，但只能初步认为它将西欧国家引入大西洋的航行之中。参见 Anna Suranyi, *The Atlantic Connection: A History of the Atlantic World*, 1450 – 1900, Routledge, 2017, p. 10。就葡萄牙而论，14 世纪、15 世纪，整个葡萄牙社会都有一种向大西洋方向的海外扩张的动力，而非仅仅是王室的决定。其原因在于，"像葡萄牙这样一个既穷又小的国家，在欧洲强邻的欺凌之下根本不可能在欧洲大陆进行领土扩张，所以海外扩张对它在政治上和经济上具有重要影响……由此，葡萄牙面向大西洋的地理位置转化为了商业上的优势……"顾卫民：《"以天主和利益的名义"：早期葡萄牙海洋扩张的历史》，北京：社会科学文献出版社，2013 年，第 32 页。

❷ [英] G. R. 波特：《新编剑桥世界近代史·文艺复兴（1493—1520 年）》，第一卷，中国社会科学院世界历史研究所组译，北京：中国社会科学出版社，2018 年，第 483 页；[法] 费尔南·布罗代尔：《15 世纪至 18 世纪的物质文明、经济和资本主义》，第三卷，施康强，等译，北京：生活·读书·新知三联书店，1993 年，第 142 页；Anna Suranyi, *The Atlantic Connection: A History of the Atlantic World*, 1450 – 1900, p. 10, 17.

西班牙和葡萄牙两国之间分配新发现世界，而两国也于 1479 年、1494 年、1495 年达成协议瓜分新发现的土地。❶ 这塑造了西班牙、葡萄牙两国在地中海世界以外空间寻求机会的偏好。两国只有发展海上力量才能完成扩张过程，包括建造军舰、商船队，需要的核心技术是造船及周边技术和工业。

2. 英国

英国在 17 世纪崛起为一个海权国家，其中一个背景就是西班牙、葡萄牙两国主张对全球大洋的所有权。❷ 16 世纪后期英国实际上处于海洋帝国西班牙的压制之下，17 世纪则有欧陆大国法国在大陆称雄。16 世纪英国的海上力量在与西班牙展开激烈竞争的过程中初步成气候。此外，英国作为海权国家的崛起与荷兰的兴起几乎在同一时间。从 16 世纪末期到 18 世纪中期，英国先后在海上击败西班牙、荷兰，在争夺殖民地战争中击败法国，最终获得压倒性的海上优势。英国在 16 世纪向外拓展的时候，选择美洲作为扩张的对象可能是最具有吸引力的，因为西班牙在美洲殖民地攫取的巨额财富具有极大的吸引力，这是一种巨大的激励，❸ 这也意味着注定要与西班牙在海上摊牌。17 世纪前半叶，荷兰海上力量崛起，英国、荷兰争夺海上贸易权，18 世纪英国与法国争夺海外殖民地，这些战争构成了提升英国海上力量的"锦标赛"。❹

德国的卡尔·施米特提出了一种英国选择海洋存在（maritime existence）的解释。他觉得英国崛起为超级海权国家是一种独一无二的历史现象：

> 如此一来，英国成了继承者，欧洲民族的大觉醒的唯一继承
> 人。这是怎么发生的呢？这一问题无法借助与早先历史上的海权

---

❶ Frances Gardiner Davenport, ed., *European Treaties Bearing on the History of the United States and Its Dependencies*, Vol. 1, The Carnegie Institution of Washington, 1917, p. 7.

❷ Thomas Weymss Fulton, *The Sovereignty of the Sea*, William Blackwood and Sons, 1911, pp. 105 – 107.

❸ ［英］G. R. 波特：《新编剑桥世界近代史·文艺复兴（1493—1520 年）》，第一卷，中国社会科学院世界历史研究所译编，北京：中国社会科学出版社，2018 年，第 495、500 页。

❹ 美国加州理工学院的菲利普·霍夫曼提出了一种"锦标赛"模型来解释欧洲为何取得对世界其他地区的军事优势，该模型认为高水平的竞争是军事能力升的关键，而欧洲近代国家之间的竞争激烈的程度远胜于其他地区，这是欧洲地区超越其他地区的原因。参见［美］菲利普·霍夫曼：《欧洲何以征服世界?》，赖希倩译，北京：中信出版集团，2017 年，第 16 – 19 页。

个案进行笼统的比较予以解释，也无法与雅典、迦太基、罗马、拜占庭相类比。归根到底，这里存在着独一无二的事件。其独特性和不可比性在于，英国在一个完全不同的历史时刻，且以完全不同的方式进行了一场根本的变革，即将自己的存在真正地从陆地转向海洋这一元素……❶

对于英国选择海洋存在的这个过程，施米特认为英国的政界精英、思想界的精英的角色似乎无足轻重，相反，处于英国底层的海盗在 16 世纪、17 世纪参与到对抗西班牙天主教的势力中，但他们是拥有法律身份的私掠船主（privateer），而非仅仅是法外之徒的海盗（pirate）。施米特认为，"从这种'个体户'出发，英国的世界图景才能予以最好的理解…… 不是某种国家组织，而是这些'个体户'，才是选择海洋而不是陆地这一决断的历史承担者。"❷施米特的解释放在地理大发现之后产生的空间革命这样的背景中，也是在欧洲公法（Jus Publicum Europaeum）中的海洋—陆地对抗背景中的一种解释，颇具形而上学味道。然而，他提出的英国政界精英、思想界的精英对英国海洋大国的兴起不起决定性作用，而是英国底层的海上冒险家起作用。他这种解释符合新自由主义国际关系理论的路径，即个人、次国家层次的行为体影响国家层面的政策。

3. 美国

美国的海洋雄心可追溯到独立之初。亚历山大·汉密尔顿在为说服通过联邦宪法而撰写的文章中就意识到，"美国有建立一支强大海军所必需的一切，而且拥有一切手段"。为了使美国在欧洲国际关系中有一定的影响力，汉密尔顿认为美国"有能力建立一支海军，这支海军即使不能同海上列强竞争，至少在放到敌对双方中任何一方的天平上时也有相当的分量"。❸"如果我们要想成为一个商业民族，或者要保持大西洋这边的安全，我们必须尽快地为有一支海军而努力…… 当一个国家在海洋方面变得非常

---

❶　［德］卡尔·施米特：《陆地与海洋——古今之"法"变》，林国基、周敏译，上海：华东师范大学出版社，2006 年，第 31 页。

❷　同上，第 88 页。

❸　［美］汉密尔顿，等：《联邦党人文集》，程逢如，等译，北京：商务印书馆，1980 年，第 52、54 页。

强大，以致能用舰队来保卫自己的造船厂时，这就不必为此目的而设置守备部队了。"❶ 不过19世纪绝大部分时间美国海上力量与欧洲列强相比相对弱小。1890年之前，美国并不认为自己是一个安全与繁荣需要依赖航路、需要进攻性舰队的海洋国家。19世纪80年代开始，欧洲均势失衡，帝国竞争加剧，欧洲列强开始装备蒸汽推动的重型装甲战列舰，美国本土安全开始受到威胁。❷ 到19世纪末期，美国的综合国力超越欧洲大国，追求海上霸权成为美国发展战略的重要转向，马汉在这个关头起到了最为重要的理论建设作用。

马汉对于美国海上战略的贡献主要在两个方面。首先，他提出了为其建立不朽名声的海权思想，尤其是关于海权的要素、从历史中寻找海权影响历史走向的证据，这是他的海权对历史的影响系列作品的主题。其次，他发表一系列论文，鼓动美国向太平洋扩张，占领夏威夷、关岛、菲律宾、中国的舟山群岛，控制巴拿马地峡。❸ 除了中国的舟山群岛，这些控制太平洋的关键战略要冲在20世纪初都落入美国之手，成为美国支配太平洋的地理基础。

另一个略早于马汉开启美国海权意识的人是西奥多·罗斯福，他也是从历史中得出结论，认为美国要在世界强国中有一席之地必须有要一支强大的海军。❹ 两人的思想吻合，也有密切的交流。1897年西奥多·罗斯福任海军部副部长，就尝试推动建设他和马汉所设想的海军舰队。他就任总统之后，全力以赴，成功建造了与欧洲媲美的大洋舰队。❺ 此后，美国重视海军建设的势头一直持续下去。第一次世界大战之后，经过1922年的《限制海军军备力量条约》的限制，美国实际上取代了英国在海上的角色。此后在长达一个世纪的时间中，美国在海上几无可与之匹敌的对手。

---

❶ [美]汉密尔顿，等：《联邦党人文集》，程逢如，等译，北京：商务印书馆，1980年，第122页。

❷ [美]乔治·贝尔：《美国海权百年：1890—1990年的美国海军》，吴征宇译，北京：人民出版社，2014年，第3－4页。

❸ [美]罗伯特·西格：《马汉》，刘学成，等译，北京：解放军出版社，1989年，第215、380－381页。

❹ [美]亨利·J. 亨德里克斯：《西奥多·罗斯福的海军外交——美国海军与美国世纪的诞生》，王小可，等译，北京：海洋出版社，2015年，第23页。

❺ 同上，第34－38、208页。

美国发展海权的两个推动者——马汉、西奥多·罗斯福都是从历史中的海战经验得出结论，是一个从历史中学习的典型。马汉研究海权对历史的影响的系列书籍都是对历史上的典型战例进行分析，西奥多·罗斯福的成名作《1812 年的海战》同样如此。❶

4. 德国

德国明确追求海上力量始于 1888 年继位的德国皇帝威廉二世。他野心勃勃地打算将德国建立成一个海洋帝国，与英国、法国这些帝国一决高下，使德国成为一个全球性帝国。德国建设海上力量的激励来自英国、法国这些庞大的殖民帝国的国际地位。这些殖民帝国成为德国未来之路的参照，正如《克劳备忘录》所注意到的一个现象，德国在崛起的过程中将德国的世界地位与其未来是否有殖民地捆绑在一起。❷ 当时德国基本没有什么海外殖民地，因而也没有海外利益受到严重威胁。然而，在 19 世纪晚期帝国竞争产生的复杂国际关系中，英国、法国殖民地帝国的地位重新塑造了德国统治者的国家利益观，尤其是大英帝国以海权支撑的殖民帝国为威廉二世提供了一个仿效和追赶的目标。❸ 在 19 世纪末期，马汉关于海权的论述给威廉二世提供了一种激励，❹ 不过有批评者认为德国热心于马汉海权理论，但德国并不具备马汉关于海权的构成要素。❺ 德国发展海军影响了陆上力量的建设，而且也不能全力以赴发展海军，使得第一次世界大战

❶ Kenneth C. Wenzer, "Theodore Roosevelt and the United States Battleship Maine", *Federal History*, 2017, Vol. 9, pp. 111 – 130.

❷ ［英］艾尔·克劳：《关于英国与法德两国关系现状的备忘录》，吴征宇编译：《〈克劳备忘录〉与英德对抗》，桂林：广西师范大学出版社，2014 年，第 46 – 47 页；［美］霍尔格·H. 赫尔维格：《德意志帝国：大陆巨头，全球梦想》，见［美］安德鲁·S. 埃里克森，等：《中国走向海洋》，董绍峰、姜代超译，北京：海洋出版社，2015 年，第 173 – 174 页。

❸ 曹强：《再论德意志第二帝国后期的"世界政策"——以"海权论"为中心的考察》，《外国问题研究》，2019 年第 1 期，第 49 – 57 页。

❹ ［美］詹姆斯·R. 霍尔姆斯、吉原俊井：《21 世纪中国海军战略》，闫峰译，上海：上海交通大学出版社，2015 年，第 28 – 29 页。

❺ 曹强：《再论德意志第二帝国后期的"世界政策"——以"海权论"为中心的考察》，《外国问题研究》，2019 年，第 1 期，第 53 – 54 页；宋大振：《英德海权竞争及其对德国发展的影响》，《理论界》，2015 年第 7 期，第 102 – 107 页；［美］霍尔格·赫维希：《德国追求海权的失败（1914—1945）》，吴征宇编译：《〈克劳备忘录〉与英德对抗》，桂林：广西师范大学出版社，2014 年，第 233 – 258 页。

中德国没有力量在陆上和海上同时完成战略目标。❶ 德国发展海权由威廉二世全力推动，他的个人偏好主要受英国的世界地位以及英国、德国关系的影响，❷ 同时也严重地影响了德国战略发展方向。德国选择发展海权国家的道路以及与英国之间的关系成为一种相互影响的过程，塑造了对方国家的偏好，成为一种相互刺激的过程。

5. 日本

日本选择发展海上力量的背景与 19 世纪的中国相似，即受到来自海上的西方列强的压力。明治维新后的日本选择了既发展陆上力量，也建设海军。1890 年马汉的《海权对历史的影响（1660—1783 年）》出版，正值日本倾力发展海军之际，日本海军的精英人物成为马汉的拥趸，最后却是日本走上偷袭美国珍珠港的道路。美籍学者麻田贞雄的研究得出了一个结论："恰恰是因为日美海军共享了同一种马汉的战略思想——迷信于大舰巨炮和舰队决战——他们走上了一条终点是珍珠港的不归路。"❸

马汉的海权思想成为日本海上战略指南，同时日本的海上战略与美国互为镜像，二者都抱着注定要与对方冲突的预期来制定海上战略。21 世纪 20 年代，美国和日本两国陷入了一种安全困境："日本认为，一支强大到足以保护菲律宾和'门户开放'的海军是对他们的一种威胁；相反，美国认为日本有一支足够保卫自己并推行其国策的海军是对菲律宾和远东其他国家利益的威胁。"❹ 日本明治维新后的国家军事战略都有一个目标国家，都是抱着与之进行决战的目的而准备的，而且最后实际上也将这些战争准备付诸行动。

6. 法国、俄罗斯

法国、俄罗斯这两个国家的海上力量在历史上产生的影响有限，都不

---

❶ 曹强：《再论德意志第二帝国后期的"世界政策"——以"海权论"为中心的考察》，《外国问题研究》，2019 年第 1 期，第 53 页；［美］安德鲁·S. 埃里克森，等：《中国走向海洋》，董绍峰、姜代超译，北京：海洋出版社，2015 年，第 185 页。

❷ ［美］保罗·肯尼迪：《德国的世界政策与英德结盟谈判（1897—1900）》，吴征宇编译：《〈克劳备忘录〉与英德对抗》，桂林：广西师范大学出版社，2014 年，第 206 – 214 页。

❸ ［美］麻田贞雄：《宿命对决：马汉的幽灵与日美海军大碰撞》，朱任东译，北京：新华出版社，2018 年，第 51 页。

❹ 同上，第 73 页。

曾被视为海权大国。法国是一个两面临海（地中海、大西洋），同时邻接欧洲大陆其他国家。尽管法国海上力量也有不俗的表现，但是，"法国海军从未对法国防御负责，也未对法国繁荣负责……法国海军从未是政府关注或国家政策的中心。""法国从未成为一个世界海洋大国，而且也未能吸引帝国主义者所渴望的支持。"法国可能代表了海陆难以兼顾的最好例子："法国面临敌对的陆地和海上力量"，❶ "无力同时支持两个军种"。❷ 法国可能是所谓海陆兼备国家遇到资源限制的典型。

沙皇俄国的彼得大帝对于沙俄追求海洋大国地位具有决定性的推动作用，很大程度上是彼得大帝个人的偏好所致，彼得之后沙俄海军竟然消失。无论是俄罗斯还是苏联，其建设海军受地理因素的限制是公认的，最大的问题是海军无法作为一个整体而只能存在于难以协同行动的各个海域。❸ 苏联对海军有庞大的投入，所建成的海军规模也相当庞大，苏联海军司令戈尔什科夫（Gorshkov）也受马汉的影响。此外，苏联的经济状况阻碍了其海军的发展，苏联解体意味着它的海军建设之路并没有支持它成为一个持久的海洋强国。❹

在上面的个案中，每个国家的经验可能对某一方面最具有解释力，如西班牙、葡萄牙所处的外部环境是迫使其选择海洋战略的主要因素；德国、日本、美国则是从外部其他国家历史经验获得国家利益偏好的典型，其中德国、日本的经验反映了芬尼莫尔所说的学习、模仿的典型过程；英国成为海权国家的早期动力反映了西班牙这类早期殖民帝国的海外财富塑造了英国的国家利益。这些个案都反映了"问题……是由外部行为体提供给国家的"这种陈述。

现代国际关系理论中国家利益概念的隐含前提是主权国家的互动所构

---

❶　［加拿大］詹姆斯·普里查德：《法国：海洋帝国，大陆承诺》，见［美］安德鲁·S. 埃里克森，等：《中国走向海洋》，董绍峰、姜代超译，北京：海洋出版社，2015 年，第 144 页。

❷　同上，第 136 页。

❸　陆俊元：《海权论与俄罗斯海权地理不利性评析》，《世界地理研究》，1998 年第 1 期，第40－44 页；［美］雅各布·W. 基普：《俄罗斯帝国：两种海洋变革模式》，见［美］安德鲁·S. 埃里克森，等：《中国走向海洋》，董绍峰、姜代超译，北京：海洋出版社，2015 年，第 150－166 页。

❹　［苏］谢·格·戈尔什科夫：《国家的海上威力》，济司二部译，北京：生活·读书·新知三联书店，1977 年；高云、方晓志：《海洋战略视野下的苏联海权兴衰研究》，《东北亚论坛》，2014 年第 23 卷第 6 期，第 58－70 页；杨震、杜彬伟：《论戈尔什科夫的国家海上威力论及其现实意义——以海权理论为视角》，《东北亚论坛》，2013 年第 22 卷第 1 期，第 59－70 页。

成的国际体系，从建构主义来看，正是在这个相互依存的体系中的互动塑造了国家利益偏好。但在塑造国家偏好上，互动既可能在全球展开，也可能是行为体在特定区域中展开，这取决于行为体所处的时代及国家行为体的规模。近代初期，国家之间的互动更多的是区域性的，或集中在特定区域中，如16世纪西班牙与土耳其在地中海的争霸赛就是区域性的，17世纪的英国与荷兰、18世纪的英国与法国、19世纪末20世纪初英国与德国之间的竞争，同样是区域性的，20世纪苏联与美国的竞争是在全球范围内展开的。无论是区域性互动还是全球性互动，国家行为体的利益偏好会受到影响。例如，奥斯曼土耳其阻断了地中海东部通往世界其他地区商路，迫使西班牙、葡萄牙面向大西洋寻找出路，这个判断可以证明外部压力对一国战略决策的影响。西班牙在殖民地的财富深深吸引了英国，这个例子可以视为外部赋予国家行为体对未来利益的预期。20世纪后半叶的深度全球化使各国的各种利益镶嵌在这种全球化的网络中，这种网络产生了价值，尤其是经济贸易方面的利益内容与参与跨国经济交往的深度和广度相关，但这是否一定在安全领域中产生共同的利益，换言之，经济上的互利是否一定带来更安全的领域，历史经验很难验证或否定，因为正反两方面的例子都有。国家间经济贸易的相互依存度越高，脆弱性、敏感性可能越高，而需要克服脆弱性、敏感性就成为国家利益的内容，此时加强军事建设成为一个政策选项，这极可能导致军备竞赛。

三、模仿与学习

芬尼莫尔提出获得偏好是一个学习和模仿过程。❶ 这在19世纪后半叶、20世纪初最为明显：美国实际上在英国的历史经验中学习——马汉的海权理论主要建立在近代英国的海战经验基础上；德国则以英、法两国为榜样；日本明治维新的初期以英国为榜样发展海军、以德国为榜样发展陆军，后来德国、日本决策者成为马汉的门徒；苏联海军司令戈尔什科夫对海权的看法也是在马汉海权理论的背景下所做的修正。❷ 20世纪的海

---

❶ ［美］玛莎·芬尼莫尔：《国际社会中的国家利益》，袁正清译，上海：上海世纪出版集团，2012年，第8页。

❷ George Modelski and William R. Thompson, *Seapower in Global Politics*, 1494－1993, Palgrave Macmillan, 1988, pp. 10－11.

权思想基本上都是受马汉的影响，或在马汉的思想框架中进行调整，或者认为自己的经验被马汉的分析所证明为正确，即使如英国也用马汉的理论证实自己传统政策的胜利。❶

还存在着另一种学习过程。国际关系的长周期理论家乔治·莫德尔斯基（George Modelski）和威廉·R. 汤姆逊（William R. Thompson）在研究海权的兴衰与霸权战争之间的关联时提出，海权与创新有密切联系，长周期事实上就是一个学习过程，两次争霸战争之间的长时段是一个知识和技术的创新、巩固、吸收过程。这个学习过程由领先大国主导，同时将其推向世界大国地位。例如，葡萄牙开发使用的卡拉维尔轻快帆船、舰炮、远洋航行知识，荷兰使用的铜炮技术、墨卡托投影地图，英国制造的战列舰、天文钟、作战指令的使用，美国开发的海军航空学、建立海战学院、马汉的海军战略概念，等等，都是创新。❷ 知识和技术扩散会同样促发学习与模仿，芬尼莫尔的学习与模仿完全可以容纳对海洋、海军知识和技术的学习与模仿。这个过程同样可以塑造决策者的偏好。中国晚清时期的魏源在其《海国图志》中提出"师夷长技以制夷"，可以视为是一种模仿与学习。"洋务运动"就是这样一种过程，该过程事实上重塑了当时中国决策者的偏好，海上安全利益成为国家利益的组成部分，这也是为什么当时中国存在海防与塞防之争。倘若决策者的偏好中没有海洋利益，那么海防与塞防之争就不会出现。

上述分析旨在解释一些国家如何获得界定其国家利益的偏好，结论基本支持外部提供了问题与答案这个陈述。然而，这些分析并没有涉及发展道路选择的成败及其背后原因。德国、日本追求海权地位的结局是失败——各自与其最大的竞争对手进行海上决战时失败了。苏联在冷战高峰时期建设了一支仅次于美国的海军力量，尚未经过战火的洗礼苏联就解体了。"战争中的胜败通常是海洋变革成功与否的试金石，但是苏联情况不同。"❸ 虽然不能说军事上失败，但毕竟国家解体，很难说这种道路是成

---

❶　George Modelski and William R. Thompson, *Seapower in Global Politics*, 1494–1993, Palgrave Macmillan, 1988, pp. 10–11.

❷　同上，pp. 23–24.

❸　[美] 雅各布·W. 基普：《俄罗斯帝国：两种海洋变革模式》，见 [美] 安德鲁·S. 埃里克森，等：《中国走向海洋》，董绍峰、姜代超译，北京：海洋出版社，2015年，第151页。

功的。德国、日本、苏联这三个国家的失败经验表明，外部虽然提供了问题，但学习与模仿其他国家并非必然得到正确的答案。这里涉及如何理解苏联、德国、法国、日本的历史，叶自成提出了相应的解释。苏联的失败在于过度的大陆扩张超过了其国力所能承受的程度。❶ 法国犯了陆权强国与海权强国对决的错误。❷ 德国犯下的错误更多，一是作为陆地大国偏离发展陆权路线去追求海权，结果削弱了陆上力量；二是德国同时在欧陆和海外过度扩张，导致其四面树敌。❸ 日本作为一个海洋国家，其发展海权却是为了追求陆权，试图成为"海陆权超级强国"，属于道路选择混乱。❹ 这些解释很有说服力。这也说明，在互动程度极高的军事安全领域做出决策其实是一件困难的事情。本书的关注点并不是成败的分析，而是海权战略选择获得的背景。不过下一节在论述中国历史经验时将会对此做一个简要的回应。

第二节　中国海权意识的习得

一、历史事件所显示的困境：外部提供的问题

1. 鸦片战争之后的一个世纪：海陆双重威胁的困境

鸦片战争后中国遭受外敌入侵使中国面临从未有的变局，这方面的评估数不胜数。就中国安全而言，晚清中国面临的困局也一改古代中国多数面临北方游牧民族威胁的情况，而是面临北方陆地、南方—东南方海上的双重威胁。北方俄国给中国的威胁远非此前游牧民族可比，前者攫取了中国大片土地，而且时时有入侵中国的危险，这种情况一直持续到苏联解体。相比而言，来自东面海上西方列强的威胁是全新的，它们在当时的国

---

❶ 叶自成：《陆权发展与大国兴衰：地缘政治环境与中国和平发展的地缘战略选择》，北京：新星出版社，2007年，第67—68页。
❷ 同上，第70—71页。
❸ 同上，第71—75页。
❹ 同上，第77—81页。

际舞台上处于强势地位。这种来自陆地、海上的双重威胁在许多方面改变了中国，其中一点就是中国作为典型陆地大国有了海洋意识，开始重视海洋对中国的意义。但在中国摆脱迫在眉睫的军事威胁、科学技术与经济发展和军事建设之间形成良性循环之前，中国的选项并不多，而且有限的资源需要配置到最紧迫的领域。这就是19世纪的塞防、海防之争的原因。20世纪前半叶中国一直为救亡图存而疲于奔命，60年代中苏关系恶化后，需要同时面对苏美两个超级大国的威胁，因此整个20世纪绝大部分时间中国采取的安全措施就是一个典型的大陆性国家的战略，即建设陆上力量、在陆地上防御。不过21世纪初的陆权、海权道路讨论则使中国有较大选择余地，这是中国发展良好产生的红利。这种讨论限于学术界的学术分歧，中国的决策者制定了建设海洋强国的战略，争论似乎平息了。

中国海洋意识的获得与来自海上的安全威胁程度相关。在1949年中华人民共和国成立之前，中国经历两次鸦片战争、中法战争、中日甲午战争、八国联军入侵、抗日战争，给中国带来的危机一次比一次严重。19世纪中叶对海洋的重视主要是从海洋防御、建设适合海上作战的水师（与内河水师相比）为开端，林则徐、魏源、李鸿章、左宗棠等人的推动起了很大作用。❶ 这一时期，在新疆遭受英国支持的中亚阿古柏势力入侵之后，海防与塞防之争是一个影响久远的话题。两派人士都必须面对一个危局：中国的整个边疆都面临异常严重的威胁，任何一个国家在此种情形下要做出决策也是非常困难的。无论海防派还是塞防派，都必须在一个机会成本非常庞大的条件下做出决策。例如，海防派的丁日昌在"蚕食"和"鲸吞"之间做了区分，他认为陆上邻国对中国领土的侵略"志在蚕食，而不在鲸吞"，而海上来犯之敌则"志在鲸吞，而不在蚕食"。海防派的李鸿章也从类似的角度出发，认为对中国的威胁在地理方向上已经发生了变化，最大的威胁已经从西北转移到东南，而"海防西征，力难兼顾"。在新疆与海疆的重要性对比上，李鸿章等人更偏重海疆的安全。❷ 支持重视塞防的丁宝桢将来自北方的威胁与帝都北京的安危联系在一起，认为俄罗斯的威胁最大。持此类似立场的尚有湖南巡抚王文韶、江苏巡抚吴元炳。左宗

---

❶ 杨文鹤，陈伯镛：《海洋与近代中国》，北京：海洋出版社，2014年，第133－201页。

❷ 同上，第157页。

棠等人则持一种兼顾塞防和海防的立场。❶ 最后左宗棠成功收复新疆，同时也尽力发展海军，这表明清政府还是支持兼顾塞防和海防的选择。

塞防和海防两派的立场都值得思考。两派其实是各自计算外来威胁的大小，其选择也是两害相权取其轻。从长时段的历史来看，19世纪中叶的争论反映了中国面临的一种深层困境：海陆复合型国家在给定资源条件下的战略选择很难兼顾两方面的需求，类似的情况有法国。这意味着在一定数量的资源基础上选择发展陆军还是海军，这种情况往往造成两者都难以获得足够的资源。例如，中国在中日甲午战争中毕竟失败了，朝野的反思千奇百怪，有观点认为"失败的原因是由于发展海军造成的"，对此，严复则认为是"海军发展不足导致的"，❷ 这表明了同时发展陆军、海军会有资源限制的问题。不过中国在近代处于衰落时期，这种选择是救亡图存，是一种被动的选择。就海防来说，中国主要的目标还是建设海军、增强军事力量以抵御来自海上入侵之敌，这是一个相当现实的目标。甲午战争的失败标志着中国海军建设没有实现抵御海上来犯之敌的目标，紧接着中国又遭受八国联军入侵，这种失败的影响是长期的。此后，中国基本没有财力和意志建设海上力量，国内环境也无法支持，到了中国抗日战争时期，日本可以在中国沿海任何一点入侵中国。❸

这种以强军为核心的目标还是存在很大的局限性。一个陆权国家初次建设海上力量时，很容易将目标瞄准在有形的军事建设上，目的是抵御来犯之敌，或者与敌决战，德国和日本属于后一种情况。当然，中国在19世纪后半叶的目标极为有限——为了在近海抵御海上入侵者。总体来看，中国晚清建设海军缺乏一个概念性框架，这就是体系化的海权意识。只有在这种概念化的框架中，下列问题才能有一个清晰的答案：一个国家海上力量的组成要素、它们之间的关系、海上力量的使用条件以及所要达到的战略目标等问题。不过这要等到马汉的海权思想传播到中国来以后才产生。马汉的《海权对历史的影响（1660—1783年）》出版后，在日本旋即广为传播，在日本的中国留日学生群体内部也酝酿海权观念，用马汉的海权理

---

❶ 杨文鹤，陈伯镛：《海洋与近代中国》，北京：海洋出版社，2014年，第157页。

❷ 侯昂妤：《海风吹来：中国近代海洋观念研究》，北京：军事科学出版社，2014年，第32页。

❸ 同上，第33−37页。

论分析中日甲午战争失败的缘由。❶ 1904 年中国知识分子创立的《东方杂志》发表了许多有关海权的文章，对世界海洋大国的经验进行了总结，对当时美国总统西奥多·罗斯福推动建设大洋海军给予关注，对海权与商业之间的关系有了初步的认识。❷

鸦片战争之后的一个世纪，中国经历了亘古未有的巨变，这段历史可证实，当近代远洋航行技术使地理距离障碍消失后，没有一个国家能够孤立于世，越来越多的国家被纳入一个密切互动的国际体系，给该体系的成员带来了诸多影响，其中安全威胁是最严峻的。鸦片战争同样给中国提出了严峻的安全问题，但中国随后的反应和应对措施也证实芬尼莫尔所说的"在一个不确定的环境中里，模仿常常是一个理性的战略选择"。鸦片战争之后，魏源提出的"师夷长技以制夷"、洋务派推动的"洋务运动"、清政府建设北洋海军、晚清至民国时代开始重视马汉提出的海权思想，这些其实可以视为外部提供了问题的答案。然而，这个答案是否真的解决了问题，这取决于在多长的历史时段来评估。如果将时间限制在中日甲午战争之前，可以断定 19 世纪中叶中国通过模仿西方建立海军应对西方威胁这种选择失败了。即使放在更长历史时段，如延续至抗日战争时期，仍是如此。当然，问题还可以进一步追问：晚清中国的海军建设，是否就是西方列强战略思想中的海军建设？是否像德国、日本那样追求海权呢？实情并非如此。后来的反思也表明，与海军建设同样重要的是海洋观念、海军战略的概念化工作，然而洋务派、海防派省去了这些必要的工作。事后要批评他们比较容易，但应当注意，传统大陆性国家的决策者偏好朝海洋国家方向发生转变是很难的。❸ 虽然从自由主义国际关系理论出发可以预测决策者偏好的转变可能会发生，但所需要的时间则充满不确定性。当然，将晚清中国的遭遇放在汤因比的"挑战—回应"这个宏观历史框架中来看，当时中国遭遇的挑战太过严峻，这需要等到中国复兴进程顺利展开之后，才有机会重新思考海权或陆权方向的战略选择。

---

❶ 侯昂妤：《海风吹来：中国近代海洋观念研究》，北京：海洋出版社，2014 年，第 75 - 76 页；周益锋：《海权论的传入和晚清海权思想》，《唐都学刊》，2005 年第 4 期，第 141 - 146 页。
❷ 侯昂妤：《海风吹来：中国近代海洋观念研究》，北京：海洋出版社，2014 年，第 79 - 89 页。
❸ 侯昂妤提供了一种解释，认为中国的文化、地理结构的统一体限制了观念的转变。参见其著作《海风吹来：中国近代海洋观念研究》第 40 - 42 页所述。

2. 中华人民共和国成立后：海上安全的持久性因素

从 1949 年中华人民共和国成立到改革开放时的大约 30 年时间里，中国的战略环境经历了一些重大的变化。中华人民共和国成立初期，中国与苏联的关系使得中国来自北方的威胁缓解了，但美国对中国的敌视、封锁等，均使中国需要应对来自海上的安全威胁。鉴于美国超级大国地位，它在 20 世纪五六十年代给中国造成的威胁远非 19 世纪中叶西方列强入侵可比。60 年代初中苏关系恶化后，中国面临类似 19 世纪中叶那样的战略处境，海陆两个方向都面临异常严峻的安全危机，直到 70 年代中美关系、80 年代中苏关系改善，中国的安全压力才缓解。90 年代苏联解体后，来自中国北方的安全压力前所未有地减轻。在这些关键时刻，中国也抓住了机遇，将注意力集中在发展经济上，为中国复兴奠定了基础。

改革开放 30 年后，中国国民生产总值位居世界第二，工业化水平大大提升，在一些尖端科学和技术领域，中国的发展也充满后劲。关于中国的安全战略方向，中国的选择被认为是海权优先。

中国建设海洋强国有三个背景。第一，与领土完整、与国家安全相关。从中华人民共和国成立时起，台湾地区问题是中美关系中最核心的问题，即使中美建交之后，美国仍然频繁地向台湾出售武器，在地缘政治上利用台湾制约中国。不但中国有这样的认知，事实上也是美国长期的战略思路。❶ 1996 年台海危机时美国航母舰队出现在台湾海峡附近海域，特朗普政府内的"鹰派"人物如国家安全事务助理博尔顿甚至鼓吹美国应该重估一个中国政策、鼓吹美国在台湾地区驻军。❷ 虽然博尔顿最后以被解职告终，但这些都强化了美国是妨碍中国统一的最大阻碍。这种情况很容易将中国在海上面临的安全威胁与 19 世纪后半叶的局势进行类比，也会得出中国面临的海上威胁是持久性的结论。

第二，美国借"航行自由计划"压缩中国安全空间、挑战中国正当的安全利益、挑战中国对南沙群岛的领土主权及合法的海洋权益。表面上，

---

❶ ［美］詹姆斯·R. 霍尔姆斯、吉原俊井：《21 世纪中国海军战略》，闫峰译，上海：上海交通大学出版社，2016 年，第 94－106 页。

❷ "美鹰派人物博尔顿鼓吹美国在台湾驻军"，环球网，2017－01－19，https：//world. huanqiu. com/article/9CaKrnJZT6t，2019 年 10 月 25 日访问。

"航行自由计划"的目的是挑战一些沿海国过度的海洋主张，确保美国的航行自由与飞越自由，但美国将所有与军事活动有关的行为（包括水文测量）都纳入海洋自由的范畴，其真实目的无疑为了前沿部署，危及中国安全。❶ 21 世纪伊始，美国在东海、南海频繁地对中国进行抵近侦察，在南海无端挑战中国对南沙群岛部分岛礁的领土主权。菲律宾发起的"南海仲裁"裁决出台之后，美国在南海实施的"航行自由计划"已经不顾及中国合法的领土主权，一些行为已经与航行无关。❷ 奥巴马政府的"重返亚太""再平衡"政策明显地针对中国日益增强的海上力量。特朗普政府从 2017 年开始不断出台国家安全战略，将中国定位为战略竞争对手。❸ 近年来，一些具有美国政府背景的智库在详细策划如何通过海空一体战击败中国，❹ 或者对中国策划海上经济战。❺

第三，需要保护的海外利益、海洋利益存量增加。中华人民共和国成

---

❶ 《中美两国之间关于这方面的法律争议》，参见 Raul（Pete）Pedrozo, Preserving Navigational Rights and Freedoms: The Right to Conduct Military Activities in China's Exclusive Economic Zone, *Chinese Journal of International Law*, 9（2010），9 – 29；ZHANG, H.（2010）. Is It Safeguarding the Freedom of Navigation or Maritime Hegemony of the United States? —Comments on Raul（Pete）Pedrozo's Article on Military Activities in the EEZ. *Chinese Journal of International Law*, 9（1），31 – 47；Sienho Yee, Sketching the Debate on Military Activities in the EEZ: An Editorial Comment, *Chinese Journal of International Law*, Vol. 9, Issue 1, March 2010, pp. 1 – 7。

❷ 参见"这些年，美军在南海海域都干了些什么?"，网易网，https://war. 163. com/19/0829/12/ENOELQ1D000181KT. html，访问时间：2019 年 9 月 18 日。

❸ 参见 *National Security Strategy of the United States*, December 2017, https://www. whitehouse. gov/wp – content/uploads/2017/12/NSS – Final – 12 – 18 – 2017 – 0905. pdf, 2019 年 9 月 20 日访；*Summary of the 2018 National Defense Strategy*, https://dod. defense. gov/Portals/1/Documents/pubs/2018 – National – Defense – Strategy – Summary. pdf, 访问时间：2019 年 9 月 20 日。

❹ 参见 Mark Gunzinger, et al, "An Air Force for an Era of Great Power Competition", https://csbaonline. org/research/publications/an – air – force – for – an – era – of – great – power – competition/publication/1, 访问时间：2019 年 9 月 20 日；Thomas G. Mahnken, et al, "Tightening the Chain – Implementing A Strategy of Maritime Pressure in the Western Pacific", https://csbaonline. org/research/publications/implementing – a – strategy – of – maritime – pressure – in – the – western – pacific/publication/1, 访问时间：2019 年 9 月 20 日。

❺ 参见 Gabriel B. Collins, and William S. Murray, "No Oil for the Lamps of China?", *Naval War College Review*, Vol. 61, No. 2, 2008, p. 79 – 95；Douglas C. Peifer, "China, the German Analogy, and the New Air Sea Operational Concept", *Orbis*, Vol. 55, Issue 1, 2011, pp. 114 – 131；Gabriel Collins, "A Maritime Oil Blockade Against China: Tactically Tempting but Strategically Flawed", *Naval War College Review*: Spring 2018, Vol. 71, No. 2, p. 61 – 62；David C. Gompert, et al. , *War with China: Thinking Through the Unthinkable*, p. 71 – 72, http://www. rand. org/pubs/research_reports/RR1140. html, 访问时间：2019 年 9 月 20 日。

立后中国通过海洋同外部的联系一直存在，而且越来越频繁，但中国对海洋的关注主要集中在领土完整。这一时期国际上认为海军被视为陆军的支援部队。❶ 从改革开放后到 21 世纪初，情况发生了巨大的变化。尽管维护领土完整仍然是关键的任务，但同一时期中国的海洋利益存量猛增，表现在中国的经济发展对国际贸易和海上运输依存度高（尤其是能源运输航线）、规模越来越大的海外投资、❷ 依据国际法（包括《联合国海洋法公约》）所享有的开发和利用海洋资源的权利等。利益存量的增加显然是中国经济发展、科学技术进步的结果。有些权益在国际法上属于应享权利（entitlements），不取决于权利人是否实际行使权利，如开发海上自然资源，但如果没有经济、科学和技术实力开发、利用，那么这种权利的存在只能是法律上的，当中国有能力开发时，这就变成真实的权利和利益，此时保护这种权利无疑影响决策者的选择，成为国家利益的重要组成部分。"后冷战时期中国发展海军的努力由于中国经济的飞速发展而得以实现，在此意义上，中国建设海军的努力是马汉式的——与国家经济的发展密切相关。"❸

党的十八大报告明确指出建设海洋强国之后，中国领导人多次强调并一以贯之地坚持推进。❹ 虽然中国建设海洋强国进程中最吸引注意力的是海军力量的增长，但中国实施海洋强国的政策内容是广泛的、综合性的。除了建设海上军事力量之外，中国同样重视海洋环境保护、航运、海洋资源开发、海洋科学研究。此外，海上贸易和商业活动、航运、海洋科学研究与海上军事力量也是互补的，后者的重要宗旨之一就是保护这些利益。

二、历史反思：问题与答案

在论及中国陆权、海权选择的时候，无论是中国反思历史经验，抑或

---

❶ ［美］伯纳德·D. 科尔：《政治挂帅而非内行当家：冷战时期的中国海上力量》，见［美］安德鲁·S. 埃里克森，等：《中国走向海洋》，董绍峰、姜代超译，北京：海洋出版社，2015 年，第 303 – 304 页。

❷ 梁亚滨：《海权视角下的"海洋强国"——21 世纪中国的海洋利益与安全》，见朱锋：《21 世纪的海权：历史经验与中国课题》，北京：世界知识出版社，2015 年，第 57 – 60 页。

❸ 同❶，第 303 页。

❹ 《习近平谈建设海洋强国》，中国工商网，http：//news. workercn. cn/32841/201808/13/180813125543795. shtml，访问时间：2019 年 9 月 20 日。

是分析中国未来的战略选择，都不可避免地触及古代中国与海洋的关系。❶
历史研究指出，中国宋代有发达的海外贸易，中国商船频繁往来于东南
亚、印度洋。❷ 一个历史事件是明代郑和出使西洋结束不久，西方就开始
了地理大发现。葡萄牙人最早到印度洋沿岸时，尚有人提起中国庞大的船
队。另一个历史事件是明末的郑芝龙、郑成功父子为首的海商集团在 17 世
纪凭借其强悍的海上力量影响了当时东亚的国际关系。论者谈及郑氏集团
的命运，未免唏嘘不已，也试图从中找到有益的经验。❸

　　尽管郑和出使西洋一事是 15 世纪中国海上力量的体现，然而它并未使
明代中国成为一个海权国家，也不能给当代中国的海权之路提供积极的经
验，但在为何郑和时代的中国未能走上海权之路的问题上，一些反思很有
价值。对于 15 世纪的明代为何突然放弃海洋事业，一种解释是文化因素造
成，而文化因素则与中国高度统一的陆地地理单元这种特征高度相关，缺
乏重视海洋的激励。已故美国华裔学者罗荣邦则提供了另一种心理学解
释，他认为中国人民的心理构成复杂多样，既有积极进取的一面，所以能
支持海洋活动；又有遁世避让的一面，满足于现状、恋家，热衷于文学、
哲学研究，向往宁静生活，这些都妨碍了中国人积极向海外进取。❹ 上述
几种解释不是竞争性的，更大程度上是互补的，因为地理因素造就的生活
方式极有可能塑造了文化和心理因素。

　　美国海军军事学院的历史学家安德鲁·R. 威尔逊提出了一种国家主导
的航海事业的不确定性的解释。他认为：

　　　　大明朝的航海历史不是一个由弱变强的过程，而是大陆国家

　　❶　Q. Jinliang, "The Chinese Fleets in the Indian Ocean (13th – 15th Centuries)", in C. Buchet &
M. Balard (Eds.), *The Sea in History – The Medieval World*, Boydell & Brewer. 2017, pp. 822 – 836;
L. Levathes, "Chinese Supremacy in the Indian Ocean in the Early 15th Century", in C. Buchet & M.
Balard (Eds.), *The Sea in History – The Medieval World*, Boydell & Brewer, 2017, pp. 837 – 848.

　　❷　Jung – pang Lo and Bruce A. Elleman, *China as a Sea Power*, 1127 – 1368 – A Preliminary
Survey of the Maritime Expansion and Naval Exploits of the Chinese People During the Southern Song and
Yuan Periods, Hong Kong University Press, 2012, pp. 182 – 185, 186 – 208.

　　❸　张培忠：《海权战略：郑芝龙、郑成功海商集团纪事》，北京：生活·读书·新知三联书
店，2013 年。

　　❹　Jung – pang Lo and Bruce A. Elleman, *China as a Sea Power*, 1127 – 1368 – A Preliminary Sur-
vey of the Maritime Expansion and Naval Exploits of the Chinese People During the Southern Song and Yuan
Periods, p. 341.

的一个特例，其得天独厚的财力、物力、技术和创造力，使其在建立伊始便迅速成为航海强国。这个特例也说明，不同国家在各自的资源限制、体制机制和思想观念影响下，其战略与经济优先任务选择也会不同。明王朝在物力、人力或战略资源上，当时无可与之争锋者，但由于存在制度缺陷以及思想和体制上的根本矛盾，明王朝的航海领先地位未能长期保持。❶

安德鲁·R. 威尔逊指出，郑和航海受永乐皇帝个人及其偏好驱动，与其他活动有竞争资源的关系，而且明朝的财政制度、政府体制、思想对此行为都有障碍，因此这种海洋活动是不可持续的。❷ 不过，威尔逊提出了一种观点，认为明朝前期以及此前的各个朝代在陆上力量与海上力量其实比较平衡，只是最近的两个世纪才反常。他认为，21 世纪的中国与明朝前期面临的情况很相似：

> 中国明朝与邻居和全球经济相互作用的方式，特别在 16 世纪晚期，跟中国当前的海上嬗变高度相关，并且意味着 21 世纪的海上中国将更加与明朝时代的海上中国相似，而不是与晚清或者中华人民共和国早期相似。……当代中国仍保留明朝所享有的海上强国的基础。在过去的 30 年内，中国逐渐放开了对这种活力进行审查的限制，也获得了海上贸易的利益和责任。中国是否能够避免体制缺陷和思想障碍，这两点曾经阻止明朝合法而持久地利用中国的海上潜力去确保海上安全和繁荣，问题是怎样定义 21 世纪的亚洲历史。❸

安德鲁·R. 威尔逊指出了明朝前期海上成功的经验，同时也指出了其不可持续的原因，这就是体制、财政支持、思想这些因素无法兼容海洋扩张。他的潜台词就是，如果中国以其庞大的体量，通过政府的全力支持去发展海洋事业，是能够成功的。当今的中国处于明朝早期的类似情况，只要中国通过与明朝类似的政策手段去推动海洋活动，同样会取得成就。问

---

❶ ［美］安德鲁·R. 威尔逊：《中国明朝之航海历史变迁》，见［美］安德鲁·S. 埃里克森，等：《中国走向海洋》，董绍峰、姜代超译，北京：海洋出版社，2015 年，第 232 页。

❷ 同上，第 237－238、254－255 页。

❸ 同上，第 255 页。

题在于如何"合法而持久地利用中国的海上潜力去确保海上安全和繁荣",安德鲁·R. 威尔逊提出了问题,没有给出明确的答案,但他的问题中预示了答案——"避免体制缺陷和思想障碍",而这个答案太过简略。威尔逊所说的"体制缺陷和思想障碍",大概是通过与近代西方海洋大国开拓海洋经验进行比较得出的这个结论,他实际所指的估计是那种有利于海外进取的社会机制、政体、民情、个人冒险精神、拓殖精神,而这些要素绝非简单模仿可以获得。正如德国的卡尔·施米特对英国变成海洋大国所总结的那样,是社会力量而非政界精英、思想界精英推动英国选择海洋,而精英们则鼓励、放任那种社会力量。❶ 从明朝到清朝,中国缺乏这种社会力量和释放社会力量的机制。

当代中国虽然基于统一的大陆地理单元这个特性不变,但中国毕竟早就被纳入了国际体系,中国成为贸易大国、海运大国,对外开放深入人心,贸易已非单纯的政府事务而是社会及个人所必需,这些根本性地改变了中国的世界观,改变了中国的决策者偏好。更主要的是,海上贸易、航海的重要性已经为中国民众普遍接受,而且有广泛的参与。这种情况与古代中国任何时候都不同。

三、马汉：学习过程与中国海上力量建设的概念化之源

如果说 21 世纪相互依存的国际关系、深度的全球化改变了中国在国家利益方面的偏好,那么马汉则是中国建设海洋强国的一个知识上的源泉,这体现在中国各界对马汉研究倾注了大量的心血。❷ 这是芬尼莫尔所说的学习过程。

马汉是一个绕不过去的人物。马汉及其海权理论成为一种分析范式和规范性范式的复合体。作为一种分析性范式,马汉本人主要分析古代雅典、迦太基、罗马,近代的西班牙、荷兰、英国、法国的海战经验,总结出海权国家之所以在国家竞争中脱颖而出的缘由。马汉对于今日中国的意义,同样体现在历史分析中。中国认真总结近代西方大国崛起的经验,其

---

❶ ［德］卡尔·施米特：《陆地与海洋——古今之"法"变》,林国基、周敏译,上海：华东师范大学出版社,2006 年,第 84-88 页。

❷ 通过检索"知网"学术数据库,截至 2019 年 10 月 24 日,标题含有马汉的论文为 240 篇,以马汉作为关键词的论文为 365 篇,这其中含有重复部分。

是否重视海权、是否能够谨慎地运用自己的海上力量。分析中国在 19 世纪后半叶的战略选择时，尤其是甲午战争中日胜败缘由，马汉的海权观念同样是一个参照。❶

规范意义上的海权理论，则是将马汉的海权理论运用到国家战略方向的确定上。这种运用将马汉对历史上海权国家的经验总结理解为某种规律性经验，一国的成功可以移植到另一个国家。比较恰当的例子是德国、日本所走的海上强军道路。当然，也没有人认为历史经验可以完整地复制，因为每个国家发展海上力量的约束条件完全不同。

在中国对甲午战争失败后的反思过程中，马汉的思想通过日本传播到中国，很快成为一个反思历史的强有力的概念化工具。1928 年介绍马汉的海权论专著在中国出版。❷ 到目前，马汉的个人传记、他著名的《海权对历史的影响（1660—1783 年）》以及《论亚洲问题》翻译出版，成为中国理解马汉思想的基础文本。1949 年之后，马汉在中国有一个从批判到接受的过程。美国海战学院的詹姆斯·R. 霍尔姆斯、吉原俊井两位专家在《21 世纪中国海军战略》中对中国海军如何受马汉的影响做了有趣的分析。他们指出，在相当长一段时间内马汉的海权学说在中国被视为帝国主义推行殖民主义的工具。❸ 但 20 世纪 80 年代开始，马汉成为中国理解海权的基础范式。《21 世纪中国海军战略》特别分析了马汉的思想通过刘华清影响了中国海军战略的方向。通过对《刘华清回忆录》及其他文献的分析，霍尔姆斯、吉原俊井两位指出，"在海军建设理论方面，刘华清的分析框架毫无疑问受到马汉思想的影响"，"最重要的是，刘华清与马汉都相信，

---

❶ 侯昂妤：《海风吹来：中国近代海洋观念研究》，北京：海洋出版社，2014 年，第 96 – 113 页。

❷ 陆烨：《清末民初，朝野内外怎样讨论海权》，中国社会科学网，http：// www. cssn. cn/ zgs/ zgs_zgjds/ 201708/ t20170808_3604717. shtml，2019 年 10 月 24 日访问。

❸ 当然，考虑到马汉鼓动美国控制加勒比海地区、巴拿马地峡，占领夏威夷，从西班牙手中夺取关岛和菲律宾，说马汉的思想是帝国主义也毫无问题。在思想史的谱系上，马汉被归类为帝国主义、社会达尔文主义。参见袁建军、陈洁：《论社会达尔文主义及其在马汉海权思想中的彰显》，《太平洋学报》，2014 年第 6 期，第 81 – 88 页；Thomas F. X. Varacalli, "National Interest and Moral Responsibility in the Political Thought of Admiral Alfred Thayer Mahan", *Naval War College Review*, 2016, Vol. 69, No. 2, p. 120; Ronald B. St. John, "European Naval Expansion And Mahan, 1889 – 1906", *Naval War College Review*, 1971, Vol. 23, No. 7, p. 82; Jack E. Godfrey, "Mahan: The Man, His Writings and Philosophy", *Naval War College Review*, 1969, Vol. 21, No. 7, p. 65.

发展海权一本万利"。❶ 正如霍尔姆斯、吉原俊井两位所说，当代中国军界人士、知识圈在引用马汉增强说服力的时候，丝毫没有觉得不妥，马汉仍然是各界人士的一个灵感。❷ 从 1949 年后中国的防御战略经历了诱敌深入、沿岸防御到近海防御的转变，无疑海军在其中具有不同的功能。❸ 在诱敌深入、沿岸防御政策中，海军处于陆军的辅助军种；在近海防御中，海军无疑是作为一个独立的作战单位，这自然有一套独立的理念和原则。在 21 世纪，有呼吁"中国放弃近岸防御的做法，转而采取马汉所推崇的进攻型海上控制战略"的声音出现，❹ 这种呼吁在 2010 年后不再仅仅是一种愿望。控制海洋是马汉思想中的一个关键概念，体现了马汉海权思想是一种冲突理论的一面。在军事建设中，具体的战略规划必定是理论、概念化框架先行。

当然，中国的战略指导原则不可能只有某种单一的思想来源，中国的传统思想、中国的世界观等因素都会发挥其应有的作用。21 世纪思想开放的学术氛围、热烈的讨论也给决策者提供了某种塑造其偏好的知识和信息。

第三节　海洋强国：内涵评估

一、海权与海洋存在

中国为什么要成为一个海权国家？答案是一种符合现实需求逻辑的结论：中国与世界紧密地联系在一起，中国所取得的成就依赖海洋，这需要海上力量来保护。这个判断的理论前提是，相互依存塑造了中国的国家利益偏好。

---

❶ ［美］詹姆斯·R. 霍尔姆斯、吉原俊井：《21 世纪中国海军战略》，闫峰译，上海：上海交通大学出版社，2016 年，第 59 - 60 页。

❷ ［美］詹姆斯·R. 霍尔姆斯、吉原俊井：《21 世纪中国海军战略》，闫峰译，上海：上海交通大学出版社，2016 年，第 70 - 76 页；WU Zhengyu, "Rimland Powers, Maritime Transformation, and Policy Implications for China", in Peter A. Dutton and Ryan D. Martinson, *Beyond the Wall: Chinese Far Seas Operations*, U. S. Naval War College, 2015, p. 20.

❸ 刘华清：《刘华清回忆录》，北京：解放出版社，2004 年，第 437 - 438 页。

❹ 同❶，第 71 页。

我们常常使用海洋强国、海权、海陆兼备这类概念，而这些概念是什么意思？苏联海军司令戈尔什科夫就苏联的情况得出了一个结论："俄国无疑是世界上最大的陆地强国，然而俄国始终是一个海上强国，它的海岸线比美国海岸线长一倍，比法国海岸线长 14 倍。"❶ 戈尔什科夫将地理构造与海上力量轻易地等同，当然他的目的在于为苏联发展海上力量提供一种理由。同样，海陆兼备大国的概念也需要具体的内容，毫无疑问，濒临海洋的大陆性国家并不必然就是海陆兼备的大国，否则法国就不应该在海权历史上处于如此低的地位。这里取决于海上强国的概念是什么。海洋强国概念必然含有某种与海洋活动有关的相当水平的物质力量（physical power），如海军、支持它的经济基础和海上商业活动以及科学技术，还包括海洋的开发与利用。物质力量的规模需要放在特定时空的国际体系中来衡量。何种规模的海上物质力量才构成海洋强国，这取决于该国的海上力量所拟定发挥功能的具体国际关系背景。

海权又是什么？马汉通过海军对历史的影响的分析暗示，海权必然与海军所显示的权力有关，然而，"海权并不等同于海军"。❷ 根据马汉的海权要素，一国的工业生产、航运（为交换产品所必需）、殖民地、保护这些资产的海军构成海权的支柱。经济因素与强大的海军是相互促进的。然而，马汉也说到海洋国家是受自然因素决定的，如地理位置、面积、地形、人口数量、民情、政府特征。❸ 除政府特征之外，其他因素都是相对固定的，这似乎暗示海权与某类型国家之间存在一种对应关系，如果不符合这些要素，是否可以成为海权国家？换言之，海权、陆权身份是一些国家固有的属性，还是可以通过有意识的政策导向而获得？当然，这不是马汉所关心的问题，他仅仅在分析某类国家影响历史的缘由，在这种意义上，马汉所做的部分工作是描述性的。历史上真正具有持久性成功的海权国家是英国、美国，其他如西班牙、葡萄牙、荷兰、日本、德国都是失败的。那么，到底是没有选择海权导致其失败？还是错误选择海权而导致失

❶ ［苏］谢·格·戈尔什科夫：《国家的海上威力》，济司二部译，北京：生活·读书·新知三联书店，1977 年，第 115 页。
❷ ［美］詹姆斯·R. 霍尔姆斯、吉原俊井：《21 世纪中国海军战略》，闫峰译，上海：上海交通大学出版社，2016 年，第 17 页。
❸ ［美］马汉：《海权对历史的影响 1660—1783》，安常容，等译，北京：解放军出版社，2006 年，第 34 – 114 页。

败呢？中国学者们的解释出现了分歧。这个问题也是 21 世纪初关于中国走陆权道路还是海权道路争论的理论基础。叶自成教授倾向于选择海权国家还是陆权国家，这是其本身特性所决定的，因此陆权国家追求海权（如德国、苏联），或者海权国家追求陆权（如日本），都是一种导致失败的错误政策。但在特定语境中，海权的热心辩护者倾向于认为海权是一种可以靠国家意志去追求而获得，更多地将海权作为一种规范性范式。

卡尔·施米特提供了另一种关于海权的形而上学视角。他站在英国的视角看世界，也即从海洋的视角看陆地，获得了一种截然不同的效果：❶

> 从海洋视角所做的对于陆地的符合逻辑的观察，对于一个以陆地为中心的观察者而言是很难理解的。完全可以理解的是，我们的日常用语充满了陆地的烙印。……相反地，从海洋的视角观察，坚固的陆地不过是一个海岸，一个拥有腹地的海滩。从海洋以及海洋性存在的视角出发，甚至整个大陆不过是海洋的搁浅物和排泄物。❷

施米特论及英国这个海权国家时使用了海洋性存在这个概念，该概念是施米特理解海权的元理论："大不列颠本身，这个纯粹的海洋性存在为发展方向的世界性帝国的中枢，由此而成为无限的海洋性存在。像一艘船或一条鱼一样，它可以向地球的任何一个地方游动，因为它是一个世界帝国的可以移动的中心，这个帝国辐射到了所有的大洲。"❸ 施米特在《大地的法》中多次强调英国选择了海洋性存在。❹ 海洋存在概念与施米特对海洋、陆地差异的思考相关："海洋不知道疆界为何物，而且将是唯一的、无须考虑地理情势和邻里关系的统一空间，这种空间对于

---

❶　[德] 卡尔·施米特：《陆地与海洋——古今之"法"变》，林国基、周敏译，上海：华东师范大学出版社，2006 年，第 55 - 56 页。

❷　在《大国崛起》纪录片中对一些国家成败的分析体现了这种细微的分歧，当然纪录片并非辩论的场所。参见安德鲁·S. 埃里克森，等：《中国走向海洋》，董绍峰，姜代超译，北京：海洋出版社，2015 年，第 367 -375 页。

❸　同❶，第 56 页。

❹　[德] 卡尔·施米特：《大地的法》，刘毅、张陈果译，上海：上海人民出版社，2017 年，第 152、156 - 158 页。

和平的商贸抑或是任何国家之间的战争都应该保持一视同仁的自由和开放。"❶

　　首先，相对于陆地国家所依赖的主权概念太过强调边界，海洋国家因为远离大陆其他国家，边界概念对前者来说不是特别重要，相反其空间意识是整个海洋，倾向于强调海洋的无边界概念。其次，根据施米特对早期英国、荷兰经验的分析，认为海洋国家的形成往往是由社会力量推动的，决策往往是自下而上的。这种社会力量主要来自社会底层，"他们拥有了国家之外的两种自由……海洋自由与海上贸易自由，他们的船只实际上不属于国家。"❷ 英国在施米特心中充当了海洋国家的一种理想类型，是一种社会的自下而上的自发性选择，不是政府自上而下地推动。施米特的海洋性存在概念更多的是一种社会学的描述，在他看来，选择海洋是一种岛国特有的取向。然而这种判断有很大的局限性。施米特的分析太过以英国为中心，将陆权与海权以一种人类学的方式对立起来，因此在他看来海权或陆权是一种命定的国家身份而非选择的、习得的。事实上各个时期的海权国家都是学习的结果，海权在很大程度上是习得的。施米特对英国的"海洋性存在"的分析太过于强调社会底层力量，这固然是不可缺少的因素，但他很大程度上忽略了英国政府有意识的海洋政策、海军力量的建设、海洋习惯的整理等关键的政府行为，毕竟海权的外部显现需要有形的力量、制度、法律。

二、均衡的海权战略

　　一个传统的陆权国家是否可以通过有意识的政策选项去获得海权？如上所述，这个问题仍然取决于如何理解海权的性质：海权是某类国家（如岛国）的固有属性，还是某种政策选择的产物？答案如果是后者，那么像英国、美国那样的海洋国家就不是一种历史宿命。明智的政策选择同样可以造就成功的海权。虽然中国在认真总结其他国家的历史经验和教训，但何谓明智的政策选择仍然很难判断，因为要处理许多不确定性，这就变成

---

　　❶ ［德］卡尔·施米特：《陆地与海洋——古今之"法"变》，林国基、周敏译，上海：华东师范大学出版社，2006 年，第 76 页。
　　❷ ［德］卡尔·施米特：《大地的法》，刘毅、张陈果译，上海：上海人民出版社，2017 年，第 153 页。

往往以结果来论的问题。

谈到这种可能性时，德国、日本、苏联，甚至还有法国，这些国家追求海权时的失败便是一种警示。不过上述国家所经历的战争是大国争霸战争的一部分，● 那是近代伊始到 20 世纪前半叶殖民地时代国际关系的常态。在殖民地时代，大国的竞争体现在：①争夺殖民地；②试图垄断贸易航线；③独占某些关键海域；④争夺地缘政治上的优势。为此目的，大国之间军备竞赛激烈，国内发展失衡，常常发动对外战争转移国内矛盾。现在很难说存在大国争霸战争的条件，或者说获胜的霸主能否得到多大的利益。原因在于：①殖民地时代已经过去了，地球上所有地方都是独立的主权国家，不可能有殖民战争的空间；②独占贸易航线只有在维持宗主国对殖民地的独占地位才有意义；③根据《联合国海洋法公约》及一般国际法，依据"陆地支配海洋"的原则，沿海国拥有相应的领海、毗连区、专属经济区、大陆架，公海则适用公海自由原则，国际海底则适用"人类共同继承遗产"原则。此外，一般情况的航行自由与飞越自由也有保障。因此，地理大发现、大航海时代垄断贸易航线、独占某些海域的做法在当今世界完全不可能，参考价值也极为有限。不过地缘政治因素倒是引起战争的持久性因素。例如，中美之间都可能用地缘政治的视角看中国统一的问题。这里并不对地缘政治是否会引起大国战争做一个明确的结论，但是应该指出，除去殖民地时代那种类型的大国争霸战的因素，一个国家发展海上力量是否一定会成功或失败，这并非注定有肯定或否定的回答。像英国、美国那样的海权国家，也必不是命中注定的幸运之国。在当今世界，后起海洋大国需要获得一个和平的环境，尤其应当吸取两点教训：首先，必须摒除抱着决战思维去发展海军的做法，这是德国、日本当年失败的初始原因。当然这并非意味着海军建设不考虑作战能力、不考虑备战，而是指在战略导向上，以开战为目的的海军建设很容易养成轻易使用武力解决问题的思维，而不是慎战。而且，抱着决战思维发展海军，可能忽略威慑的作用而倾向于通过实战来检验目标是否达成，这就导致以军事目标替代

● George Modelski and William R. Thompson, *Seapower in Global Politics*, 1494 – 1993, pp. 14 – 15, 18 –23.

政治目标。其次，海上力量是多面的，发展要均衡。❶ 除海军建设之外，海上运输、海洋资源开发、海上救助、海洋科学研究、打击海上犯罪、海洋环境保护、国际海洋法律制度建设等事项，都是一个海洋国家必须具备的能力。

安德鲁·R. 威尔逊指出中国可能像明朝前期一样，决策者可以推动中国成功地发展海权。建设海洋强国既有政府的大力支持，更重要的它是一种全民共识。中国整个社会对建设海洋强国充满热情，不会像明朝那样，郑和出使西洋活动与整个中国社会生活和经济生活完全脱节，得不到资源上的支持，因而不可持续。从当代的经验来看，克服这种典型的历史性困境主要依靠国家规模，即国家规模完全可以支持同时建设符合战略要求的海、陆力量。中国经过多年的发展，其经济体量能够支持中国建设符合战略目标的军事力量。基于这些理由，中国有希望成功地发展成一个均衡的海权国家。

三、与海权相适应的法律与政策

前面主要是从中国自身的视角来看待中国的海权战略，中国有信心通过和平过程发展成为海洋强国。不过，海权毕竟与海洋紧密相关，海权通过海洋也与世界上所有其他国家发生关系。另外，海权毕竟主要体现在海上军事力量的运用上。海权理论是一种权力政治理论，也是冲突理论。"海权理论的中心是对冲突的预期。"❷ 冲突涉及战争与和平的辩证关系，中国应从相应的政策与国际法的角度来审视海洋国家的一些特性以及海权所带来的战争与和平问题。这也是一个学习过程。从历史上一些试图走海权国家道路的后发国家的经验来看，模仿他国建设有形的军

---

❶ 近年来，中国学术界在认真反思历史上一些国家发展海权时出现的陷阱，这些陷阱有些是竞争性的国际关系造成的，有些是自己的发展战略失衡造成的。参见刘中民：《海权争霸与俄苏的兴衰及其历史反思》，《东北亚论坛》，2004 年第 6 期，第 82 – 86 页；刘中民、赵成国：《关于中国海权发展战略问题的若干思考》，《中国海洋大学学报》（社会科学版），2004 年第 6 期，第 108 – 113 页；郑义炜：《陆海复合型大国海洋转型的"危险地带"假说：历史叙说与现实超越》，《国际观察》，2018 年第 5 期，第 52 – 66 页；姜鹏：《海陆复合型大国崛起的"腓力陷阱"与战略透支》，《当代亚太》，2018 年第 1 期，第 4 – 29 页。

❷ [美] 乔治·贝尔：《美国海权百年：1890—1990 年的美国海军》，吴征宇译，北京：人民出版社，2014 年，第 7 页。

事力量比较容易办到，但与之配套的软件却很难学习。

正如卡尔·施米特所说，从海洋视角所观察到的，对于从陆地上的观察者来说很难理解。❶ 从近代伊始到 1958 年的第一次海洋法缔约大会，中国并没有参与一般性海洋秩序的塑造。直到 20 世纪 70 年代的第三次联合国海洋法会议，中国才参与 1982 年《联合国海洋法公约》的谈判。在整个海战历史上，中国没有参与影响海战规则的战争、条约谈判，与海洋有关的习惯国际法规则中，中国几乎没有贡献自己的国家实践。作为一个国际法中的古老议题，海洋自由与海战习惯其实是交织在一起的。施米特也说过："海洋自由的真正问题在于海战自由的问题，以及该自由与同一片海域内中立国贸易自由之间的冲突。"❷ 德国国际法学家格鲁在谈到海洋自由时评论说："'海洋自由'并不仅仅意味着海上交通与世界贸易的自由，它还意味着为海战自由地选择战场。后一种'自由'在很大程度上与海上交通和贸易自由相对立，它只能在英国海权的视角下才能理解。"❸ 这是中国作为一个传统的陆地国家相对陌生的领域，既然中国走上海洋强国的道路，必须认识到大陆性国家与海洋国家在认知和经验积累上的差异。这也是本书所关注的问题。

20 世纪 20 年代美国学者皮特曼·B. 波特（Pitman B. Potter）就大陆性国家和海洋国家之间对待海洋的一些法律及政策差异做了一些有趣的比较，虽然当时的海洋法状况和国际关系与今日相差很大，但一些内容很有启发，值得详细评述。

波特描述了两类国家——大陆性国家和海洋国家，对国际法中的海战规则的立场差异给予了解释。除航行自由外，历史上的海权国家塑造的海战规则才是海权的身份标记——一旦爆发海战，这些规则将会被海权国家激活。相比较而言，开发海洋资源、环境保护、资源养护大致存在广为接受的海洋法框架，争议明显不大。上述表明中国通过学习历史经验有希望和平地成为海洋强国，但悖论在于，历史上守成海权国家看待新兴海权国

---

❶　［德］卡尔·施米特：《大地的法》，刘毅、张陈果译，上海：上海人民出版社，2017 年，第 55 页。

❷　同上，第 158 页。

❸　Wilhelm G. Grewe, *Epochs of International Law*, translated and revised by Michael Byers, Walter De Gruyter, 2000, p. 551.

家的方式——从权力结构变化来看待权利的分配，往往导致海上的战争与
和平问题。这是中国应当警惕的。

1. 大陆性国家的偏好

波特设想了一种有部分海岸线的大陆性国家（continental state）——
不同于纯粹的海岛国家或半岛国家，● 他认为这种有海岸线的大陆性国家
很少有机会和理由为自己主张海洋领土主权（territorial sovereignty over the
sea），● 但是它对海洋航行有自身的利益需求。这种大陆性国家通常不是
传统意义上的海洋所有权（sea dominion）的拥趸，也不是"闭海论"
（mare clausum）的支持者。大陆性国家是开放海洋、海洋自由论（mare Libe-
rum）的倡导者。● 那些没有自己海洋的国家不但从"控制海洋"（domini-
um maris）这样的观念中一无所获，而且还会发现有妨碍自身航行和渔业
活动的可能性，在缺乏海军的情况下它们又无法通过武力予以争夺。因此
需要通过法律原则对开放海洋提供法律保障。●

对于战时海上交战权（belligerent rights at sea in time of war）问题，大
陆性国家并非海权国家，其所采纳的立场也很明显。它没有动力去赞成临
检、拿捕、封锁（visit and search, capture, blockade）等权利。大陆性国
家有相当多的剩余食物、原材料可供出口，自己也有商船队，因此大陆性
国家更倾向于赞成战时的贸易自由。为了维持陆地上的军事防御设施，大
陆性国家在战时需要超过其生产能力的军事供应，需要从海外进口，这可
能需要从中立的邻国运输。因此大陆性国家会限制对交战国海岸进行封

● Pitmen B. Potter, *Freedom of the Sea in History*, *Law and Politics*, Longman's and Green, Co.,
1924, reprinted by William S. Hein & Co., 2002, p. 174.

● 结合上下文，皮特曼·B. 波特应该是在 16 世纪"闭海论"（*mare clausum*）的意义上谈
论海洋主权的，而非 20 世纪确定的领海制度。"闭海论"主张对特定海域或一般意义上的海洋拥
有排他性主权。

● "海洋自由论"（*mare Liberum*）和"闭海论"（*mare clausum*）是在 17 世纪两种竞争性的
海洋主张。"海洋自由论"主要由荷兰的格劳秀斯（Hugo Grotius）倡导，主张海上航行和贸易自
由；"闭海论"主要由英国的塞尔登（John Selden）倡导，主张对特定海域或一般意义上的海洋拥
有排他性权利。参见 Vieira M. B.."Mare Liberum vs. Mare Clausum: Grotius, Freitas and Selden's
Debate on Dominion over the Seas", *Journal of the History of Ideas*, 2003, 64（3），361-377；Johnson
Theutenber, Mare Clausum et Mare Liberum, *Arctic*, 1984, Vol. 37, No. 4, pp. 481-492.

● Pitmen B. Potter, *The Freedom of the Sea in History*, *Law and Politics*, New York and London:
Longmans, Green and Company, 1924, pp. 179-180.

锁，这样可以自由地从邻国港口进口货物。当然，基于同样的理由，它还会赞成限制禁止品（contraband）货物的清单。❶

有一些国家，从其地理位置和利益分布来看属于海洋国家，但其海军力量薄弱，时间一长，这类国家就具有大陆性国家的立场。由于它们拥有广泛的海洋利益，这使它们更依赖限制海上交战权来维护其安全。❷

对于战时的中立、封锁、禁制品这些问题，中立的大陆性国家为了自己的利益，其总体立场是限制交战方的权利、维护自身在贸易方面的权利。❸

当大陆性国家与海洋大国发生海战，前者的立场可能或多或少有调整，甚至反转。在这种情形下，这种海陆兼备的大陆性国家可能将此前争议中的交战权推向极端，甚至像海军大国那样行事（speaking in role of a naval power）。在与海洋国家进行海上交战时，大陆性国家会行使商船改装权（rights of conversion）、征用中立财物（angary）、准许私掠船、损毁捕获物（destruction of prizes）、铺设水雷等。❹

当大陆性国家完全依靠其陆地位置和陆上力量从事战争时，它可能走向相反的极端，要求战时海上贸易自由、私人财产（包括敌人财产）免予捕获（但不包括禁制品）。将禁制品排除在外，这种立场赋予交战方充分的权力去干扰所有资助战争的财物，这是在陆地上可使用的权力。这会将战争限制在敌对双方的公有船舶（public vessels）之间、限制在船舶与可进入海上作战的陆上力量之间。❺

2. 海洋国家/海军强国的偏好

皮特曼·B. 波特另外设想了一种典型海洋国家——主要利益在海上或与海洋有关。这类国家位于海岛或半岛，有很长的海岸线、众多港口，有海外殖民地、庞大的商船队。这类国家的食物、原材料依赖于海外资源的供应，从海外工业国的进口。它要为出口商品寻找海外市场，包括食物、

---

❶ Pitmen B. Potter, *The Freedom of the Sea in History*, *Law and Politics*, New York and London: Longmans, Green and Company, 1924, p.181.

❷ 同上，p.182.

❸ 同上，p.185.

❹ 同上，p.187.

❺ 同上，p.187.

原材料和工业品。国内市场容纳不了它生产的产品，有相当的盈余要出口。其公民一般会关心渔业、航运、海外投资、人员往来、经济活动（包括对外投资）。海洋国家主要关注海外活动。这类国家的国防主要是依赖海上力量，在这种意义上"海洋国家"与"海军强国"（naval power）可以等同。当然，这只是一种海洋国家的理想类型。❶

对这种海洋国家/海军强国的一般特性，波特这样评论道："海军强国目标单一、手段单一。它知道自己所想，相信自己知道如何获取。它手握强大海军，写下海战法。坐拥庞大商船队，写下航海法。……海军大国统治海洋，为此而全力以赴。"❷

波特认为，一些大陆性国家的海洋利益极速增长后却忽略建设相应的海军力量，还停留在大陆性思维。而当一些变化危及海洋国家的利益时，它却一直维持自身的品性和立场。作为曾经的海军强国，即使其兴旺的渔业、航运、商船队已然衰退，海外殖民地已然丧失，它仍然不甘退出舞台。❸

波特比较了大陆性国家与海军强国对一些海洋法规则方面的态度差异。他说，比起其他国家，海军强国倾向于不太关注领水及领水内的管辖权，而大陆性国家尤其关心这点，因为后者唯一所依赖的是自由使用原则（principle of free use），不能依靠海军力量维护其利益。另外，海军强国在任何时候有自信维护其领水中的利益，必要时使用武力。这是一种超越法律的方式，国际政治本来就如此，而且这也是界定和实施国际法的机制，因为国际法充满缺陷。波特注意到，海洋主权最热心的维护者并非那些海军强国，而是那些准海洋国家（quasi - maritime states），前者拥有制海权、能够承受忽视管理其领水的代价，而后者没有力量在其邻近水域树立权威。❹

波特还观察到，大陆性国家海军弱小，更倾向于主张海战权利、一种效果上破坏海洋自由的权利，而海军强国能够承受忽略这些权利的代价。

---

❶ Pitmen B. Potter, *The Freedom of the Sea in History*, *Law and Politics*, New York and London: Longmans, Green and Company, 1924, pp. 188 – 189.

❷ 同上，p. 193.

❸ 同上，pp. 193 – 194.

❹ 同上，p. 195.

海军弱小的国家，海军规模很小、供应基地少，捕获战利品后也缺少港口装卸，因此它们要求使用私掠船的权利、征用非禁制品类的中立船舶及货物、损毁捕获品、为临检（visit and search）目的而将捕获物带回港口、在公海上布设自动水雷、截断电缆、击沉商船、将捕获船舶改装成公海战舰等。所有这些都是以海洋自由的名义行使的。最终，波特得出了一个结论：海洋国家站在海洋自由这个方向，而大陆性海洋国家（continental maritime state）可能在紧急情况下扩展海洋权利（maritime rights）。❶

波特注意到深深地根植于国际法和国际政治中的一个悖论：海洋国家、岛国、半岛国家，其食物及其他必要的经济生活资源极大地依赖海外供应，可能极为关注战时的海洋自由和安全运输，反对扩大针对海上商业的交战者权利（belligerent rights over commerce at sea）。岛国如果不进口食物则无法养活自己的人民，在逻辑上比其他国家更希望限制临检、封锁、拿捕禁制品货物等交战权。然而，在现实中，海洋大国却是这些交战权的热情支持者。❷他提出了这样一种解释，像岛国这样的海洋国家对外依赖较深，它意识到不能依赖抽象国际法的保护，因为法律内容充满不确定性，也怀疑敌人在战争压力下遵守法律的程度，还因为缺乏国际权威机构执行法律，因此要依靠海军力量保护自己、要维持海军力量去阻止敌人入侵海岸、进口贸易免受干扰。航海民族希望得到海军保护而非纸面上法律的保护，为此目的他们需要海军扩大力量权。既然不能寄希望于国际法，海洋国家/海军强国反过来希望针对敌人行使权利，利用海军装备在国际关系中获得最大限度的效果。这样，敌对双方的动机就完成了一种循环，结果就是完全反转了海洋国家的立场，使海洋国家成为捕获法最强有力的支持者、封锁大陆性国家的支持者。这是战时海洋自由问题的核心。❸

具体而言，海洋国家充分利用临检权对敌方进行商业和军事封锁，捕获、没收敌商船及货物、属于禁制品的中立货物。海军强国倾向于自己确定禁制品的清单、船舶航程的敌方目的地、船舶及货物的敌性（enemy

❶ Pitmen B. Potter, *The Freedom of the Sea in History*, *Law and Politics*, New York and London: Longmans, Green and Company, 1924, p. 196.

❷ 同上，p. 202.

❸ 这里的海洋权利指的是海战中的交战权。参见 Pitmen B. Potter, *The Freedom of the Sea in History*, *Law and Politics*, New York and London: Longmans, Green and Company, 1924, pp. 202-203.

character）。海军强国更可能对禁制品、封锁行动适用连续航程原则（prin-
ciple of continuous voyage）。它还会反对敌方商船在战争爆发后悬挂中立国
旗帜，还试图让各交战国承认它对战时商业航运有监督权，如果不能获得
承认，则按照自己的权利观念行事、诉诸作战的必要性为自己辩护。行使
海权（sea power）似乎能控制大陆。这样产生了"海洋支配陆地"（the
sea controls the land）的效果。❶

海军强国有充足的战舰、辅助船舶、规模颇大的商船队，因此能够放
弃私掠船制度，放弃使用水雷，放弃征收权、公海变换旗帜的权利。海军
强国有许多港口，因此它反对毁损捕获物，坚持通过捕获法庭对其进行审
判或释放捕获物，以此降低敌国有效拿捕的数量，或者提高自己拿捕的机
会。它反对战时武装商船的权利，因为它有信心保护自己的商船队。它还
可能反对将商船带进港口进行临检，因为它期待自己能保护海上安全，同
时派自己的巡洋舰实施临检权。❷

3. 作为总体战的海战

波特描述了理想类型的大陆性国家与海洋国家之间在海洋法、海战法
方面的立场差异。这些描述主要依据第一次世界大战之前的国际关系、国
际法，尤其是主要经验应该来自英国、法国、德国、美国的海战实践。近
一个世纪之后，波特所描述的海洋法发生了巨变，一般意义上的航行自由
在当代海洋法中受各种海洋区域法律制度的约束。但值得一提的是，海战
法的变化并不大，近代几个世纪中海洋强国的海战实践所塑造的习惯国际
法仍然有效，主要反映在《圣莫雷国际海上武装冲突法手册》中的习惯国
际法规则仍然基于早期海洋大国的海战实践。波特的分析澄清了大陆性国
家、海洋国家各自的国家利益偏好，解释了两类国家对海战中一些作战规
则的不同态度。他解释了海洋国家有时偏离原本对其有利的海战规则的原
因，例如，海洋国家放弃临检权，放弃私掠船制度，放弃使用水雷，放弃
征收权、公海变换旗帜权利，反对武装商船，因为海洋国家有足够的海军
力量应对这些问题。波特的描述表明，海洋国家、大陆性国家各方都从自

---

❶ Pitmen B. Potter, *The Freedom of the Sea in History*, *Law and Politics*, New York and London：
Longmans, Green and Company, 1924, pp. 204 – 205.

❷ 同上，pp. 205 – 206.

己利益最大化的角度接受或否认相关海战规则。❶ 这是一个典型的囚徒困境中的博弈解释。这个博弈过程也向我们显示了海洋国家/海军强国的战争偏好、思维。

卡尔·施米特则提供了一种"海洋对抗陆地"视角下的解释。海洋对抗陆地是两种空间秩序之间的对抗。这种解释具有人类学的意味。他认为大陆性国家与海洋国家二者在战争观念上有根深蒂固的差异。大陆性国家的战争观、敌我观念表明，战争是发生在国家之间而非私人之间，敌我关系仅存在于国家之间，所以陆上战争保护私人财产。而海战是在一种截然不同的敌对关系中展开：它是一种总体战，针对敌国所有人的战争，不存在公敌与私敌之分，而是将敌国所有国民都视为敌人，因此海战的作战对象既包括军舰等国家船舶，也包括商船等在内的私人财产。❷

无论是囚徒困境中博弈的结果，还是施米特所说海陆空间对抗的结果，海战规则完全由近代海权国家的实践所塑造，这是中国最缺乏经验的领域。这当然并非暗示中国建设海洋强国就是为今后的海战而准备的。近年来中国在建设海洋强国的时候，美国海军的专业人士、智库在策划对中国发动海上经济战，中国必须对此要熟悉，要了解中国海洋强国建设的国际背景——尤其是其他海洋强国塑造的涉及战争与和平方面的法律。中国建设海洋强国中的学习过程并非易事。

4. 存在机会成本时的策略选择问题

根据波特所说，原则上大陆性国家倡导开放海洋、海洋自由论，这样对其最有利，如果主张"控制海洋"，其实会一无所获。波特所描述的这种大陆性国家思维在实际的国际法实践中表现却很复杂。在不存在机会成本、海洋被作为一个单一无差别的整体（不存在现有海洋法中的各种海域概念），且在海运是海洋主要用途的理想情况下，大陆性国家和海洋国家在这方面选择应该相似。然而，海洋有三大属性——战场、资源、交通，再加上沿海国对领海所拥有的主权，在这些属性涉及具体的政策和法律议

---

❶ Pitmen B. Potter, *The Freedom of the Sea in History*, *Law and Politics*, New York and London: Longmans, Green and Company, 1924, pp. 205 – 206.

❷ ［德］卡尔·施米特：《陆地与海洋——古今之"法"变》，林国基、周敏译，上海：华东师范大学出版社，2006年，第77页。

题时,大陆性国家与海洋国家会发生冲突。再者,一国对海洋的法律框架
究竟持何立场,还应该放在该国所处具体的国际关系中来评估,此时国际
关系这种外部因素往往塑造了该国决策者的偏好,继而影响了其海洋法律
议题。此时存在规模不等的机会成本,一个国家的海洋政策和法律议题其
实是一个多边博弈的产物。

美国学者马克·W. 詹尼斯(Mark W. Janis)回顾第三次联合国海洋
法会议时谈到苏联海洋政策面对的一个两难处境。当时苏联算是一个海上
大国,有强大的海军,一支规模大的商船队,还有一支规模可观的捕鱼船
队。为了充分利用这些资产的价值,苏联海军支持传统的公海自由,这样
可以赋予其舰船最大的权利出入各个大洋。但苏联这样做将自己置于美
国、英国这些海洋大国的阵营中,后者都反对欠发达国家提出的扩大海上
管辖权的主张。然而,苏联对于"保守派"的标签很不舒服,不想与西方
"帝国主义"有什么联系。苏联设法与发展中国家保持团结,后者反对大
国控制海洋。苏联海军也因此试图调和两种取向——对传统海洋法的支持
与对发展中国家的同情。詹尼斯认为,这种调和很难,总体来说也不成
功。[1] 苏联与美国对海洋法的许多问题有不同的观点和立场,两国海军多
次在海上发生了对峙,都诉诸航行自由反击对方。[2] 苏联和美国于 1989 年
达成了《关于无害通过的统一解释规则》,就两国最有争议的问题达成了
一致。[3] 这大概是两个超级大国双方利益耦合的一个例子。

小　结

除了少部分时间,中国历史中的绝大部分时间对海洋保持开放,唐、
宋、元各朝是中国海上力量最辉煌的时代,海外贸易的繁荣程度可傲视群
雄。当代中国的发展、繁荣也高度依赖海上运输、海外贸易。自古以来,

---

[1] Mark W. Janis, "Soviet Navy and Ocean Law", *The International Law Studies*, Vol. 61, US Naval War College, 1980, p. 609.

[2] Marjorie M. Whiteman, *Digest of International Law*, Vol. 4, Washington: U. S. Department of State, 1973, pp. 516 – 517, 520 – 521, 668 – 669.

[3] U. S. Department of State, Office of the Legal Adviser ed. , *Digest of United States Practice in International Law*, 1989 – 1990, International Law Institute, 2003, pp. 437 – 438.

中国并不缺乏海上活动，也不缺乏海洋利益，所缺乏的是一套与海洋活动相适应的海洋法律体系，包括关于海洋所有权的规范（涉及海洋空间是否是排他性还是开放性）、海上活动的人与人之间关系、人与物（例如船舶、货物、海战中的捕获物）之间的关系。在欧洲，古代地中海发展出了"罗德海商法"（Lex Rhodia）（基于《查士丁尼法典》），中世纪大西洋沿岸发展出了《奥列隆海商法》（Lex Oleron）、地中海发展出了《海事法判令集》（Lex Consolato），近代则有格劳秀斯的海洋自由论、塞尔登的闭海论，对海洋上的法律关系做了概念化的处理。这些法律概念化工作逐渐发展成一套海洋法体系，今天所有国家都受惠、受制于它。中国的海洋活动则与此不同：有海上活动，但没有相应的海洋法律和权利体系。在这种意义上，如果说中国是一个传统的大陆性国家而不是一个海洋国家，这个判断大致不差。

中国缺席了近现代海洋法律体系中的"海洋自由"概念的产生、发展过程，今日中国建设海洋强国所展开的背景就是以《联合国海洋法公约》为核心所构成的海洋法体系。❶ 需要指出，航行自由／飞越自由的适用与解释是中国需要谨慎应对的问题。中国的近海安全防御可能需要限制外国军舰、飞机滥用航行、飞越权，但正在建设的中国远洋力量则需要相应的航行权和飞越权，同时中国所处的国际关系对中国远洋力量的使用又高度敏感。中国海洋政策和法律的选择同样存在机会成本，综合收益大概是一个评估标准。

---

❶ René – Jean Dupuy, *The Law of the Sea：Current Problems*, Ocean Publication Inc. – Dobbs Ferry, 1974, p.3.

第三章　专属经济区内军事活动中的
国家利益分析

　　本章讨论的主题是中国如何在建设海洋强国背景下处理专属经济区内
军事活动的政策选择。讨论这个问题的前提是，专属经济区内军事活动是
国际法中一个有争议的问题，中美之间对此也有激烈的争论。[1] 总体说来，
中国的立场大致可以归纳为，中国并不反对专属经济区内军舰、飞机在移
动、通行意义上的航行自由和飞越自由，但反对那些危害中国国家安全的
军事调查活动，反对违反《联合国海洋法公约》（简称《公约》）第300、
301条宗旨的军事演习活动。[2] 美国的典型立场是，《联合国海洋法公约》
只将专属经济区内自然资源的相关权利赋予沿海国，并不禁止外国在沿海

---

[1] Efthymios Papastavridis, "Intelligence Gathering in the Exclusive Economic Zone", *International Law Studies*, 2017, Vol. 93, 446 – 475; Mark J. Valencia, "Introduction: Military and Intelligence Gathering Activities in the Exclusive Economic Zones: Consensus and Disagreement II", *Marine Policy*, 2005, Vol. 29, p. 97; Mori – taka Hayashi, "Military and Intelligence Gathering Activities in the EEZ: Definition of Key Terms", *Marine Policy* 2005, Vol. 29, p. 123; Stuart Kaye, "Freedom of Navigation, Surveillance and Security: Legal Issues Surrounding the Collection of Intelligence from beyond the Littoral", *Australian Yearbook Of International Law*, 2005, Vol. 24, p. 93; Jon M. Van Dyke, "Military Ships and Planes Operating in the Exclusive Economic Zone of Another Country", *Marine Policy*, 2004, Vol. 28, p. 29; Desmond Ball, "Intelligence Collection Operations and EEZs: The Implications of New Technology", *Marine Policy*, 2008, Vol. 32, p. 67; Raul (Pete) Pedrozo, Preserving Navigational Rights and Freedoms: The Right to Conduct Military Activities in China's Exclusive Economic Zone, *Chinese Journal of International Law*, 2010, Vol. 9, pp. 4 – 29; Zhang Haiwen, "Is It Safeguarding the Freedom of Navigation or Maritime Hegemony of the United States? —Comments on Raul (Pete) Pedrozo's Article on Military Activities in the EEZ", *Chinese Journal of International Law*, 2010, Vol. 9, No. 1, pp. 31 – 47; Sienho Yee, "Sketching the Debate on Military Activities in the EEZ: An Editorial Comment", *Chinese Journal of International Law*, 2010, Vol. 9, No. 1, pp. 1 – 7.

[2] 杨瑛:《〈联合国海洋法公约〉与军事活动法律问题的研究》，北京：法律出版社，2018年，第118、130页。

国专属经济区内从事军事活动,❶ 用《联合国海洋法公约》第 58 条所援引的第七部分第 87 条关于公海自由的原则支持在专属经济区内从事军事活动、海洋调查的权利,❷ 甚至用航行/飞越自由概念支持情报收集活动。❸两国立场相差甚远。中国自然资源部海洋发展战略研究所所长张海文指出:

> [中美] 双方都认为自己的行为是正当、合法的,因此这场争论陷入僵局。一个主要的原因是对《公约》的解释和适用有不同的意见。另一种原因是美国军方一些有冷战思维的人需要一个强大的假想敌,将中国作为潜在的对手。只要美国海军继续根据这些人的建议和意见行事,在东亚海域就会产生新的争端、影响地区安全和稳定、影响中美关系……❹

当然,中美之间的争论、甚至冲突主要由美国在东亚针对中国实施的敌对战略引起的,美国的行为与中国的安全利益有根本性的冲突。这不仅仅是通过解释、适用 1982 年《联合国海洋法公约》来澄清的。❺

在探讨该问题之前,我们需要将该问题同中国的建设海洋强国联系起来考虑。中国海洋军事安全战略相当长一段时间内似乎被一种以陆地为中心的防御/自卫的地理位置思路所限制,❻但有一个由陆地向海洋方向的发

---

❶ Raul（Pete）Pedrozo, "Preserving Navigational Rights and Freedoms: The Right to Conduct Military Activities in China's Exclusive Economic Zone", *Chinese Journal of International Law*, 2010, Vol. 9, No. 1, p. 10.

❷ 同上。

❸ Efthymios Papastavridis, "Intelligence Gathering in the Exclusive Economic Zone", *International Law Studies*, 2017, Vol. 93, 446 – 475; *Digest of United States Practice in International Law*, 2001, pp. 698 – 699; *Digest of United States Practice in International Law*, 2004, p. 688.

❹ Zhang Haiwen, "Is It Safeguarding the Freedom of Navigation or Maritime Hegemony of the United States? —Comments on Raul（Pete）Pedrozo's Article on Military Activities in the EEZ", *Chinese Journal of International Law*, 2010, Vol. 9, No. 1, p. 47.

❺ 美国并非《联合国海洋法公约》缔约国,但作为海权大国的美国依据《联合国海洋法公约》以及其他国际法为其行为寻找一种合法基础。张海文认为,美国以非缔约国身份借条约解释引出争议问题,对沿海国来说是不公的。参见 Zhang Haiwen, "Is It Safeguarding the Freedom of Navigation or Maritime Hegemony of the United States? —Comments on Raul（Pete）Pedrozo's Article on Military Activities in the EEZ", p. 38.

❻ Peng Guangqian, "China's Maritime Rights and Interests", in Peter Dutton, ed., *Military Activities in the EEZ—A U. S. - China Dialogue on Security and International Law in the Maritime Commons*, U. S. Navy War College, 2010, pp. 17 – 19.

展过程，从早期的岸上防御、近岸防御到后来的近海防御。问题在于，中国海军在何处防御的定位并不能涵盖中国海洋军事安全战略的所有内容。中国海军在何处"防御"的问题更多的是针对潜在的武装冲突，但还需一种更为宏观的、全方位的和平时期的海洋政策，它应当有助于倡导、维护对中国有利的海洋秩序。2019 年的《新时代的中国国防》白皮书确立了"发展远洋力量……实施海上护航，维护海上战略通道安全"的战略目标。❶ 海军的建设也从浅水舰队迈向深海/远洋舰队方向发展，海洋军事安全战略的指导思想更应当最大限度地支持建立和维护与远洋海军相匹配的海洋秩序，有关专属经济区内军事活动问题的政策制定应当在这个大的问题背景下展开。我们应当在一种相关国家的互动条件下考察在给定条件下中国采纳不同立场所带来的收益变化。本书将提供一种超越实证主义国际法依赖的《联合国海洋法公约》文本查明规则的思路，思考政策选择的国家利益计算。本章主要解决的关键问题：在给定中国建设海洋强国的背景下，中国对专属经济区内军事活动采取何种立场能使国家利益的收益更大？在何种基础上评估这种收益？本章将在一种多重双边博弈的情境中来考察和评估该问题。

需要说明的是，本章涉及的专属经济区内军事活动只包括军事演习、侦察、武器射击，以及具有军用性质的海洋调查，与纯粹移动意义上的航行和飞越行为（严格意义上的航行自由、飞越自由）分开，❷ 因为中国并没有反对军舰和飞机纯粹移动意义上的航行和飞越行为。

第一节　专属经济区军事活动 与海洋法中的解释之争

1982 年《联合国海洋法公约》仅仅在第 298 条中提到一国在签署、批

---

❶ 《新时代的中国国防》，中华人民共和国国防部网站，http：//www. mod. gov. cn/regulatory/ 2019－07/24/content_4846424_3. htm，2019 年 7 月 30 日访问。

❷ 杜佩（René‐Jean Dupuy）和维尼（Daniel Vignes）主编的《新海洋法手册》将船舶的存在和移动称为严格意义上的航行。参见 René‐Jean Dupuy and Daniel Vignes, eds., *A Handbook on the New Law of the Sea*, Vol. 2, Hague：Martinus Nijhoff Publishers, 1991, p. 845.

准或加入公约之时通过书面方式宣布涉及"军事活动"之类的争端不接受公约规定的争端解决程序，公约其他地方并没有定义"军事活动"。❶ 目前，这方面的争端涉及的问题是专属经济区内"航行自由""飞越自由""与这些自由有关的海洋其他国际合法用途"，这些用语的解释是否包括各类军事活动。

易显河教授针对专属经济区内军事活动所产生的问题总结了如下涉及《联合国海洋法公约》相关条款的解释和争议：❷

（1）军事活动是否构成公约第58条（1）中的航行自由以及海洋的其他合法用途？或者，军事活动是否构成"航行自由以及海洋的其他合法用途"所附带的从事此类活动的隐含权利？如果是附带的权利，那么航行自由可能意味着谨慎安排航道以确保航行或行使其他权利的安全。第二种解释可能对海洋调查、军事调查或空中侦察带来不同的结果。

（2）无论有关军事活动是否构成航行或其他合法用途或其附带权利，这些军事活动是否出于和平性质，这样对纳入第58条（2）中航行自由施加的"和平目的"之限制得以遵守。

（3）根据公约第58条（3），国家在专属经济区内行使权利和履行义务时应当有"适当顾及""沿海国的权利和义务"，"沿海国的权利和义务"是否仅仅指"专属区内资源相关的权利和义务"，抑或还指沿海国的其他可适用的权利和义务，尤其是安全利益？"适当顾及"对沿海国之外的其他国家的活动施加的限制如何遵守？

（4）公约第59条处理剩余权利之平衡机制的存在和适用如何影响相关的立论。

（5）有关军事活动是否构成海洋科学研究，而后者在公约中有明确规定。

总结起来，主要有两种立场。一种立场认为，沿海国在专属经济区享有有限的、与资源有关的权利，除此之外，其他国家根据《联合国海洋法

---

❶ Dupuy–Vignes, *A Handbook on the New Law of the Sea*, Vol. 2, pp. 1247–1249, 1251–1253.
❷ Sienho Yee, "Sketching the Debate on Military Activities in the EEZ: An Editorial Comment", *Chinese Journal of International Law*, Vol. 9, No. 1, 2010, pp. 2–3.

公约》第 58 条（1）中的航行自由、飞越自由以及海洋的其他合法用途规定，有权在其中从事各种军事活动、军用海洋调查。本章称这种立场为"兼容性解释"（Inclusive Interpretation），以美国为首的海洋大国主要持这种立场。另一种立场主张专属经济区不是公海，沿海国在其中有正常的安全利益，其他国家在其中的"航行自由"并不包括不受限制的军事活动自由，尤其是那些具有战备特征的军事侦察和水文调查活动。本章称这种立场为"排他性解释"（Exclusive Interpretation），中国和其他一部分沿海国持这种立场。❶

需要说明的是，"兼容性解释""排他性解释"仅仅指相关国家对《联合国海洋法公约》规定的立场分歧，并非暗示公约文本本身具有这两种解释。鉴于争议主要围绕《联合国海洋法公约》第 58 条和第 87 条的解释展开，如果双方要取得共识，其前提是对第 58 条（1）所援引的第 87 条规定的航行与飞越自由作同一理解。现实地看，这样的结果不大可能产生，因为这正是分歧之所在。❷《联合国海洋法公约》并没有明确界定相关概念，❸ 尤其是对军事活动与航行自由之间的关系没有规定，公海自由、航行/飞越自由、军事活动、海洋调查这些概念的内涵以及它们之间的相互关系充满不确定性，这就留下了相当大的条约解释空间。

根据《维也纳条约法公约》第 31～33 条关于条约解释的规定，无论是公约文本还是上下文、嗣后协议、嗣后实践、补充资料恐怕都难以毫无

---

❶ 关于中国立场，可参见段洁龙：《中国国际法实践与案例》，北京：法律出版社，2011 年，第 120 - 123 页；薛桂芳：《〈联合国海洋法公约〉与国家实践》，北京：海洋出版社，2011 年，第 306 - 310 页。另外，两次具有中美两国政府背景人员参加的讨论会也大致反映了两国的官方立场，参见 Peter Dutton, ed. , *Military Activities in the EEZ – A U. S. – China Dialogue on Security and International Law in the Maritime Commons*, U. S. Naval War College, 2010; Nordquist, et al, eds. , *Recent Developments In The Law Of The Sea And China*, 2009。这些文献的有关论述大多是在中美两国的国家行为发生冲突的情形下各方所做出的法律立场的宣示，因此基本同时反映了各自的立场及其差异。

❷ 萨切雅·南丹：《1982 年〈联合国海洋法公约〉评注》，第二卷，中译本主编：吕文正、毛彬，北京：海洋出版社，2014 年，第 515 页；Keyuan Zou, "Navigational rights and marine scientific research: a further clarification?", Shicun Wu and Keyuan Zou (Eds.), *Securing the Safety of Navigation in East Asia – Legal and Political Dimensions*, Chandos Publishing, 2013, pp. 153 - 153; Zou Keyuan, "Law of the Sea Issues between the United States and East Asian States", *Ocean Development and International Law*, 2008, Vol. 39, pp. 69 - 93.

❸ Zhang Haiwen, "Is It Safeguarding the Freedom of Navigation or Maritime Hegemony of the United States? —Comments on Raul (Pete) Pedrozo's Article on Military Activities in the EEZ", *Chinese Journal of International Law*, 2010. Vol. 9, No. 1, p. 43.

争议地澄清外国在沿海国专属经济区内军事活动产生的争端。一个可以接受的判断是，"对武装冲突以外的军事活动的规制仍然具有争议性，是海洋法中一个尚未解决的领域"。《联合国海洋法公约》对此问题没有明确的条款进行规定，主要原因在于谈判人员设法在条约中吸纳足够的模糊性以便允许有不同的解释。❶

除非有关国家能通过条约的形式就上述问题达成一致，否则今后的情况仍可能是自说自话，也极可能爆发冲突。当然，理论上也可能通过一致的国家实践形成习惯国际法得以解决。结局若是形成习惯国际法，这背后的动力值得注意，尤其是分歧如此尖锐的国家之间如何可能具有一致的国家实践和法律确信。这个问题构成了本章所关注的中国海洋政策选择的背景。而且，如果专属经济区内军事活动的最终澄清属于这种情况，那么中国的实践也将起到关键的作用，这就给中国参与塑造海洋法律秩序提供了机遇。但这取决于中国的选择，根据此种选择所带来的国家利益是什么。

第二节　方法评述

实证主义法学关注具体的相关规则是什么，但这只有在规则是明确的、可识别的情况下才有意义。涉及本章主题的时候，相关规则的适用并非明确而具体。而出于本章的研究目的，国际法的立法过程具有根本性的意义，因为国际法形成过程的关键是国家行为，考察该过程事实上就是解释国家如何互动的过程，这需要一个分析国家行为的框架。

从国际关系理论中的现实主义来看，国家总是追求"以权力界定的国家利益"，在对待专属经济区内外国军事活动的立场上，按照现实主义的立场，国家利益就是那些最能增进其权力，包括军事安全的行为，但这类国家利益在不同国家身上的衡量并不一样——强国与弱国就同样的目标而做出的实际决策可能正好相反。按照现实主义的思路，增进这方面国家利益的方式或许就是禁止外国在自己专属经济区内的军事活动，同时可以在别国专属经济区内从事军事活动。今后会产生有关专属经济区内军事活动

---

❶　Natalie Klein, *Maritime Security and the Law of the Sea*, Oxford University Press, 2011, p. 44.

的国际法律制度的一个前提条件是各国之间利益的一致，但如何可能形成一种广为接受的规则，古典现实主义难以回答，因为实际上沿海国在对待其专属经济区内外国军事活动之态度上一直有如此多的差异。另外，构建明确、可预测的相关法律秩序也符合国家利益，因为它能消除不确定性，促进合作。在这方面，包括制度学派、自由主义学派以及建构主义在内的国际关系理论之于国际法的贡献在于它们描述、解释、制度设计方面的功能，❶ 在此过程中各学科以不同的视角所诉诸的利益概念有助于我们理解规则制定的政治背景、其又如何影响国家行为、可预见的制度是什么之类的问题。尤其是如何对"利益"进行评估，其又是如何在专属经济区内军事活动领域中起作用的，"法经济学"中的博弈分析方法有助于增进我们的理解。

博弈理论分析互动战略——行为者做出选择时他们意识到其结果取决于其他人的决定。因此，博弈理论分析有助于澄清国家所遇到的战略环境，它被用来分析国家互动如何产生了重复的行为模式。一方面，博弈分析采用了现实主义的"国家利益"概念，博弈论认为，如果国家得到的回报最大化，那么国家的"利益"就可以被视为最大化，而这种回报本身就可以被视为"实力上的收获"。另一方面，博弈分析将国家利益与决策者的偏好认知结合起来考虑，行为者的偏好决定了一种行为的收益。❷如果未来国际社会要对专属经济区内军事活动的事宜作一个制度性安排，无论结果是以国际习惯还是国际公约的形式出现，其前提是国家之间的行为必须具有一致性，或以参与国家的收益来衡量，其采纳的策略都是占优势（dominant）的。❸

---

❶ Hathaway and Koh, ed., *Foundation of International Law and Politics*, Foundation Press, 2005, p. 51, 78; Kenneth W. Abbot, "The Regime Governing Atrocities in Internal Conflict", in Steven R. Ratner and Anne - Marie Slaugher, eds., *The Methods of International Law*, William S. Hein & Co., Inc., 2006, p. 129.

❷ ［美］杰克·戈德史密斯、埃里克·波斯纳：《国际法的局限性》，龚宇译，北京：法律出版社，2010 年，第 4 - 5 页；［美］罗伯特·古丁、汉斯 - 迪特尔·克林格曼：《政治科学新手册》，钟开斌，等译，北京：生活·读书·新知三联书店，2006 年，第 611 页；Andrew T. Guzman, *How International Law Works: A Rational Choice Theory*, Oxford University Press, 2008, p. 15; Robert O. Keohane, *International Institutions and State Power*, Westview Press, 1989, p. 48.

❸ 例如戈德史密斯和波斯纳二人通过对战时捕获敌方渔船之互动行为的分析，他们指出，当各个相关国家，无论是强国还是弱国，在各自的策略都是占优势的情况下，重复行为就出现了，习惯法的本质也正是如此。参见 ［美］杰克·戈德史密斯、埃里克·波斯纳：《国际法的局限性》，龚宇译，北京：法律出版社，2010 年，第 19 - 39 页。

第三节 多重双边博弈下的中国政策选择

一、互动情境下的中国国家利益的界定与政策选择

中国已有的对专属经济区内军事活动的立场很清楚，似乎不用涉及政策选择问题。但这些立场是否支撑中国建设海洋强国所需要的海洋法律秩序、海上安全战略，该问题远没有得到充分的阐述。海洋政策的一个核心是倡导和维护对自己有利的海洋法律秩序，提供一个明确的、符合中国国家利益的行为框架。2019 年《新时代的中国国防》白皮书提出了中国海军建设的思路是"发展远洋力量"，❶ 如果中国海军不可避免地要发展成远洋海军，那么该如何处理这样一种困境：中国除了台湾地区面向太平洋方向存在一片狭长海域之外，几乎完全被其他国家的专属经济区在内的海洋管辖区所包围。❷ 而且从黄海、东海、南海出发，也只有为数不多的海峡、群岛水域、群岛海道通往太平洋、印度洋，要通过这些必经之路，周边国家专属经济区是绕不过去的。如果严格局限于"近海防御"、严格实践否认外国军舰在专属经济区内有从事军事活动权利的主张——自己不在外国专属经济区内从事军事活动，也禁止他国在自己专属经济区内从事军事活动，那这种政策很难应对中国发展海上力量的计划所带来的战略困境。中国近海所谓的"岛屿链"地缘困境和被其他国家海洋管辖区所包围的情况，如果未来中国海军奉行不在他国沿海从事军事侦察等军事活动的政策，那么中国的海军编队本身面临诸多未知的危险。如果中国所倡导和维护的海洋法律秩序同中国海军实际行动之间相一致，那么这种法律秩序就是中国海军前往世界各地的权利和法律依据。

目前实际情况是，美国单方在中国专属经济区内从事侦察、水文测

---

❶ 《新时代的中国国防》，中华人民共和国国防部网站，http：//www. mod. gov. cn/regulatory/2019－07/24/content_4846424_3. htm，2019 年 7 月 30 日访问。

❷ 薛桂芳：《〈联合国海洋法公约〉与国家实践》，北京：海洋出版社，2011 年，第 187 页；季国兴：《中国的海洋安全和海域管辖》，上海：上海人民出版社，2009 年，第 150 页；James Kraska，*Maritime Power and the Law of the Sea – Expeditionary Operations in World Politics*，Oxford University Press，2011，pp. 243，425－428.

量、军事演习等军事活动,影响也是单向的——中国沿海的军事信息、可用于军事目的的海洋信息被美国掌握,但中国并没有在美国专属经济区内从事对等的军事活动。当然,对中国来说或许没有这种必要性,这是意图和能力所决定的。但是,鉴于中国海军有越过周边国家走向太平洋的激励,中国却有必要掌握周边国家海域的自然状况和军事信息。例如,日本列岛上部署的美国、韩国和日本的雷达设施、军用飞机、反导装备、海军等部署严重影响到中国安全。要掌握这些状况,除了通过太空侦察卫星之外,在海上最常规的手段是使用电子侦察船、电子侦察飞机、雷达系统、无人侦察飞机、潜艇等。

初步来看,答案似乎很明显。主张专属经济区内有军事活动的权利、将水文调查与海洋科学研究分开处理,倡导和维护包含这种主张的海洋法律秩序是符合中国国家利益的,因为从长远来看,这种海洋法律秩序也有利于中国海军作为一支新兴力量在整个海洋上保持一定程度的行动自由,即符合中国国家利益的是持"兼容性解释"立场。《联合国海洋法公约》有 162 个缔约国,专属经济区内的军事活动的法律地位究竟如何,或者说要使其内容明确化,通过多方博弈达成行为的一致性条件很难满足。❶ 该问题完全可以通过简化的双边博弈过程来考察。首先,尽管《联合国海洋法公约》下的国际义务具有"对世义务"(obligations erga omnes)特征,但有关专属经济区内军事活动方面的争端一般发生在两个特定国家之间,该问题的双边特性很突出。其次,公约各当事国对争议问题所持的立场基本分为两种,即"兼容性解释""排他性解释"。最后,参与博弈的公约当事国基本可分为强国和弱国两种理想类型,但这是一种以海军实力为参照的相对划分,下文涉及博弈参与者问题时再详述。这样,双边博弈就是两类国家在两种政策的选择之间展开。

二、双边博弈的理想类型

1. 博弈参与者

1985 年联合国秘书长提交的一份"海军军备竞赛研究"报告(A/40/

---

❶ [美]杰克·戈德史密斯、埃里克·波斯纳:《国际法的局限性》,龚宇译,北京:法律出版社,2010 年,第 32 – 33 页。

535），将全球的海军力量划分为如下三个层次：①世界性海军（world‐wide navies）。在全球大多数大洋上部署，有众多的海军基地，美国和苏联海军属于此类；②深水海军（blue‐water navies）。正常情况下部署在有关国家周围的水域，但经常在远离岸边的地方出没，也拥有偶尔在远离基地的地方部署和开展有限行动的能力。大约 15 个国家的海军属于这种类别；③沿海海军（coast navies）。几乎都部署在紧邻陆地领土的水域，执行传统的海军任务，如海上防御、保护领水中的主权利益。大多数海军属于这种类别。❶

拉尔森（D. Larson）在 1987 年根据海军力量大小将国家分为五类：①超级大国，如美国和苏联，拥有全球性利益和海军力量；②主要大国（major powers），拥有某种全球性利益和有限的全球性海军力量，如英国、法国和中国；③地区性大国（regional powers），如加拿大、巴西、印度和日本等国，拥有地区性利益和有限的地区性海军力量；④次要大国（minor powers），如挪威、印度尼西亚、菲律宾及墨西哥等国，拥有局部性利益和局部性海军力量；⑤孕育中/发展中的大国，它们正在获得海军武器。❷ 拉尔森在 20 世纪 80 年代中期做出这样的划分，但近 30 年之后国家力量分布已经发生了显著变化，如巴西、印度和日本等国现在海军力量已经跨入了"主要大国"之列。❸ 相比较而言，联合国秘书长的研究报告以海军力量为标准的分类更具有稳定性。❹

比较这些海军力量不同的国家，按照海军力量把国家划分为强、弱两种国家类别。美国同其他国家相比，理所当然的是海军强国，其他国家是弱国。其他国家之间也有相对的强弱之分，如法国、英国、印度及日本都

---

❶ Dupuy‐Vignes, *A Handbook on the New Law of the Sea*, Vol. 2, pp. 1245‐1246.

❷ 同上，footnote No. 36, p. 1246.

❸ Alessio Patalano, *Post‐war Japan as a Sea Power*：*Imperial Legacy*，*Wartime Experience and the Making of a Navy*, Bloomsbury Academic, 2015.

❹ 参见 Michael Mulqueen, Deborah Sanders and Ian Speller, *Small Navies*：*Strategy and Policy for Small Navies in War and Peace*, Routledge, 2016；英国国际战略研究所（International Institute for Strategic Studies）2018 年发布的《2018 年度军事统计数据》将焦点集中在中国与俄罗斯两国，认为两国对西方具有军事优势。参见 Editor's Introduction：Western technology edge erodes further, *The Military Balance*, 2018, Vol. 118, No. 1, pp. 5‐6；Chapter Two：Comparative defence statistics, *The Military Balance*, Vol. 118, No. 1, pp. 19‐26；Chapter One：Chinese and Russian air‐launched weapons：a test for Western air dominance, *The Military Balance*, Vol. 118, No. 1, pp. 7‐18.

是除美国以外的海军强国,其他国家相比较而言是弱国。但强国和弱国是否持"兼容性解释"还是"排他性解释"的立场,不能有固定的预期,如荷兰算是海军力量的弱国,但主张其他国家有权在专属经济区内从事军事活动,印度也算相对的海军强国,其持"排他性解释"立场。❶ 若以美国为参照,是否是美国的盟国或友好国家,其立场并不总是同美国保持一致,如韩国是美国的盟国,对美国在其专属经济区内的行动也发生了疑问。印度与美国关系友好,但印度所持的立场是"排他性解释"。在一种简化的双边博弈中,参与者的组合可能分为弱国–弱国、强国–强国、强国–弱国三种类型。

2. 双边博弈的三种模式

如前所述,双边博弈实际上是当多个强国、弱国各自就对航行自由的"兼容性解释""排他性解释"两种立场做出选择时,哪种选择是最优的。"兼容性解释"支持专属经济区内与军事有关的行动,如侦查、演习、水文调查和绘制海底地形图等,相反,"排他性解释"则主张禁止上述活动。

鉴于下述各双边互动行为的博弈是在一种理想状态下发生的,即仅仅考虑军事安全方面的偏好和收益。为了使分析更为集中,对相关国家的立场选择做出下面预设是有必要的。

第一,假设参与博弈的国家都根据自己的立场采取行动,即自己是否实际上在其他沿海国专属经济内从事军事活动,取决于自己所持的立场是"兼容性解释"还是"排他性解释",通俗地说就是假设所有国家都"言行一致"。

第二,参与博弈的相关国家如果要持一种立场,那么在加入、批准《联合国海洋法公约》时会有一个立场声明(无论其为条约的保留或解释),这个立场是公知的。❷ 但并不排除一部分国家不做立场选择,而是保

---

❶ Lowe and Talmon, ed. , *The Legal Order of the Oceans – Basic Documents on the Law of the Sea*, Oxford: Hart Publishing, 2009, pp. 939, 948.

❷ 关于各国签署、批准或加入 1982 年《联合国海洋法公约》所持的立场,参见 Lowe and Talmon, *The Legal Order of the Oceans: Basic Documents on the Law of the Sea*, Oxford: Hart Publishing, 2009, pp. 908 – 969.

持弹性。

（1）弱国－弱国博弈

"兼容性解释"所支持的军事活动的主要收益体现为在沿海国专属经济区内获得各种情报、对当地海域环境有充分的了解、在当地海域的演习可使海军获得有针对性的锻炼。尽管是一个弱国，但其在外国专属经济区军事活动总是有收益，表示为1。但弱国总是担心自己的军事弱点被暴露，尽管弱国A持"兼容性解释"而在弱国B专属经济区从事军事活动的收益为1，但若B国持同样立场也在自己专属经济区内的军事活动，此时A的损失却是－2，因此持"兼容性解释"立场所得的总收益为－1。相反，弱国可能并不担心自己对外国军事信息掌握得不充分，而最担心自己弱点暴露，只要能阻碍外国在自己专属经济区内从事军事活动的收益就为2（图1）。所以对于A、B国来说，最优选择是都持"排他性解释"的立场。

这大概是弱国一般总是倾向于限制外国海军在其沿海从事军事活动的原因。另一个原因可能是它们没有在其他国家专属经济区内从事军事活动的动机或实际能力，对于持"兼容性解释"立场没有什么收益。

		弱国 B	
		兼容性解释	排他性解释
弱国 A	兼容性解释	－1；－1	－2；2
	排他性解释	2；－2	2；2

图1　弱国－弱国博弈图示

（2）强国－强国博弈

海军强国最大的偏好就是尽可能多地保持自己的海军在大洋上的行动自由，所期望获得的收益是全方位的。相对于自己一方的国家安全信息暴露于外国的策略而言，海军强国可能更优先考虑自己一方对其他海军强国军事信息的掌握情况，进行更丰富的军事"演习"。假设海军强国X、Y两国都持"兼容性解释"立场，X在Y的专属经济区从事军事活动的收益为5，但Y同样在X的专属经济区内从事军事活动，此时X的损失为－2，所以X的总收益为3。Y国的情况亦然。若X、Y任意一方持"兼容性解释"立场，另一方持"排他性解释"立场，那么一方可以到另一方专属经济区内从事军事活动，可得净收益5，而另一方不能从事同样的行为，获

得的是净损失 - 2。若 X、Y 两国都持"排他性解释"立场,都不能在对方专属经济区从事军事活动,鉴于该情况与海军强国的偏好相反,所以两国各自的收益为 0(图 2)。原则上两国都选择"兼容性解释"立场。类似的情况也适用于强国关于军舰在领海无害通过问题上的立场,这可以解释美国和苏联在该问题上立场保持一致的原因。❶

		强国 Y	
		兼容性解释	排他性解释
强国 X	兼容性解释	3;3	-2;5
	排他性解释	5;-2	0;0

图 2　强国 - 强国博弈图示

(3)强国 - 弱国博弈

如前所述,强、弱是一种相对的划分。处于第二线的海军强国(如"主要大国")与美国具有压倒性优势的海军力量相比,前者就是弱国。还有另一种弱国,它们或者根本没有海军,或者其海军仅有为数不多近岸炮艇、老式军舰,无法从事真正的海上作战任务。这两类弱国对强国的劣势在于前者不具有能有效阻碍强国的任何军事活动的能力,但强国可能要付出政治上的成本。例如,弱国持"排他性解释"立场而反对强国在其专属经济区的军事活动,强国可能要在外交上花费资源去应对,在两国关系紧张时尤其如此,当然,此时强国可能无须任何让步,通过胁迫实施其军事活动。美国和其他二线海军强国之间的博弈情况更为复杂,后者在一定程度上能对美国的军事活动造成阻碍,但并不能促使美国改变其行为。如果后者要强制阻止,则可能有爆发冲突的风险,这时弱国的决策已经进入了与"排他性解释"立场无关的领域,如双边政治、军事关系领域。

第一,若二者都持"兼容性解释"立场,强国 S 可以到弱国 W 专属经济区中从事军事活动,收益为 5,而 W 在 S 专属经济区中从事军事活动,由于 W 力量薄弱、获得军事收益的能力十分有限,即便有净收益,但它对 S 的国家安全造成的影响可以完全忽略不计,因此 S 总的净收益仍然为 5。对于弱国 W 而言,如同弱国 - 弱国博弈类型中的假设一样,总是对自己一方的弱点暴露特别敏感,同 S 相比,其军事活动能力十分有限,收

---

❶　Digest,1989 - 1990,pp. 437 - 438.

益可以忽略不计，因此它获得的是净损失 -2。第二，若 S 和 W 都持"排他性解释"立场，那么 W 可获得净收益 2，但 S 的收益或损失则很难估计。如果 S 针对 W 具有压倒性的优势力量，S 在 W 专属经济区内即使没有获得有价值的军事信息也无妨，这时 S 的损失可以忽略不计，其净收益为0。若 S 针对 W 的优势并非特别巨大，或者 W 能对 S 的军事活动造成阻碍，那么 S 因没有获得有价值的军事信息就有损失 -1，但并不大。第三，若 S 持"排他性解释"立场，W 持"兼容性解释"立场，双方各自的收益与二者都持"兼容性解释"立场的情形一样，因为 W 的能力太弱，S 立场的差异对 W 的收益、损失几乎没有什么影响。第四，假设 S 持"兼容性解释"立场而 W 持"排他性解释"立场，W 无弱点暴露无遗，W 在 S 专属经济区内从事军事活动的收益又可以忽略不计，其净收益为 2，但 S 的收益和损失接近第二种情况，原因也相同（图3）。

		弱国 W	
		兼容性解释	排他性解释
强国 S	兼容性解释	5；-2	0/ -1；2
	排他性解释	5；-2	0/ -1；2

图3　强国－弱国博弈图示

由此看来，对于强国－弱国之间的博弈，假设每一方都根据对方的立场决定是否在对方专属经济区从事实际军事活动，弱国的立场决定了双方的收益。假设强国不顾弱国立场，在任何情况下总是在后者专属经济区从事军事活动，这时 S 和 W 各自的收益是 5 和 -2，都无关于双方的立场。这仅仅是孤立地考虑军事领域的收益，若同时要把双边关系其他方面的负面影响考虑进去，或许 S 要承担多少不等的损失，如 -2，此时 S 的净收益为 3。

强国的收益还主要取决于军事活动所针对目标的战略价值的高低，而这又取决于该国同其他弱国之间的关系、弱国本身的战略地位。例如，美国关键的国家利益包括控制重要的海上航道，这些航道所穿越的海域、海峡附近国家的战略价值高，例如，东亚沿海、东南亚海域、波斯湾、地中海，美国在这些水域附近国家的专属经济区内从事军事活动的收益很高，相反的损失也高。所以美国始终不顾这些海域附近有关国家的立场，坚持在其他国家专属经济区内从事军事活动。当然，美国更倾向于将"兼容性解释"作为整个海洋法律秩序的核心来对待，哪怕战略价值极小的海域，如果沿海国持"排他性解释"立场，都可能影响美国的收益，所以美国的抗议行为颇为频繁。

上述三种双边博弈仅仅描述理想状态下的策略选择，实际情况却是在《联合国海洋法公约》的 162 个当事国中仅仅只要少数国家在批准、加入公约时采取了明确的立场，其他绝大多数国家保持沉默。这些沉默的大多数国家，相当一部分是内陆国，立场是否明确对它们来讲没有意义。还有一部分是沿海国，但可能都是小国，它们持任何一种立场对其收益和损失都无关要紧，而且不表明立场可以使其政策富有弹性。一些国家的立场是后来有具体的争议发生后才表明的，如中国、俄罗斯在批准《联合国海洋法公约》时并没有专门表达对专属经济区内军事活动的立场。

当然，上述的博弈分析并不能解释所有国家的立场。一个国家在签署、批准或加入《联合国海洋法公约》时究竟是否要表明立场，或者选择何种立场，是否都是基于这种明确的军事收益来考虑，这一点并不明确。目前，海军力量相对弱小的荷兰持"兼容性解释"立场，❶ 其是否希望借此在其他国家专属经济区内从事军事活动以便获得收益，情况不清楚。或许荷兰认为其国家安全与其所持立场并无太大关系（例如，它可能认为北约成员国或欧洲其他大国足以解决其安全问题），或许它曾经是一个海洋大国，可能有这种传统的偏好而已。相似的情况还有德国。另外，现实中一个海军强国并不必然会选择"兼容性解释"立场。一个关键之处是一个国家对自己海军力量的自我意识和战略价值、相应的偏好。印度也属于一个海军强国，但它所持的是"排他性解释"立场，❷ 一个原因可能是其战略价值仍然一隅印度周围海域。

三、基于收益的中国政策选择

1. 中国的双重身份

要确定中国对专属经济区内"航行自由"解释的最佳立场，首先要确

---

❶ Lowe and Talmon, ed. , *The Legal Order of the Oceans – Basic Documents on the Law of the Sea*, Oxford: Hart Publishing, 2009, pp. 908 – 969.

❷ 同上。

定中国以是什么样的身份参与博弈。拉尔森将中国列入"主要大国"，如果按照联合国秘书长的研究报告来划分，中国的海军应该属于"深水海军"。美国的海军力量以其超强的实力而排在首位，之后应该是俄罗斯、英国、法国、日本、印度、中国这类拥有深水海军的国家。根据目前中国海军建设的势头，中国海军的综合实力会位居美国和其他国家之间。中国参与的博弈，可分为与美国的博弈、与其他拥有深水海军的"主要大国"的博弈两类。根据中国参与博弈的对象不同，其具有强国、弱国的双重身份。

2. 中国与美国

中国与美国的海军实力还是相差太远，二者的博弈属于典型的弱国 - 强国博弈。如上所述，弱国总是倾向于不暴露自己的安全弱点，总是持"排他性解释"立场，这一点中国也不例外。在这种理想的博弈类型中，若视对方立场而采取行动，则双方的收益取决于弱国的立场，但实际上强国总是不顾弱国立场而强迫性在后者专属经济区内从事军事活动，因此双方收益同各自的立场无关，现实中美国的行为也是如此。但是中国的海军力量并非微不足道，也具有相当的军事侦察能力、水文调查能力等，可以对美国行动造成局部性阻碍，例如所谓的中国正发展"反介入"（anti - access）作战能力似乎就令美国颇为忌惮。❶ 这种情况下，中美博弈可能接近强国 - 强国博弈。此时，中国对美国的战略价值就高，若中国与美国都持"兼容性解释"立场，美国在中国专属经济区从事军事活动的收益大为提高。理论上，中国在美国专属经济区内从事军事活动能够取得收益，因为中国毕竟不同于那些海军力量可以忽略不计的国家，中国海军拥有从事远洋军事活动的能力。但是太平洋海域太大，两国之间的关系起伏不定，使得这种收益的构成复杂，成本也难以估计。中国的战略利益和美国不同，美国作为目前唯一的超级海权国家，维持全方位的制海权本身就是美国的优先战略目标，而中国从历史上和现实来看，既没有这样的传统，也没有这样的能力，中国的战略目标是具体的，如自卫、保护贸易航线、保

---

❶ "反介人战略"并不是中国的军事术语，主要是美国对中国防御战略的一种描述。参见兰德公司的研究报告：Cliff, et al, *Entering the Dragon's Lair – Chinese Antiaccess Strategies and Their Implications for the United States*, p. 11。http：//www. rand. org/content/dam/rand/pubs/monographs/2007/RAND_MG524. pdf. 访问时间：2016 年 1 月 7 日。

护国家管辖内海域的相应权益等。在世界任何一处海洋上对中国的上述战略目标造成威胁的,只有美国,而中国海军要取得与提升其相应军事能力有关的收益,并非一定要在美国的专属经济区内从事军事活动才可以得到,或许在相当长的时间内无法获取那样的能力。在中国与美国都持"兼容性解释"立场条件下,中国可能没有在美国专属经济区内从事军事活动的动机。即便是两国都在对方专属经济区内从事军事活动,由于双方存在军事技术的差异,美国可获得净收益5,而中国可能的收益仅仅为1。此外,若中国真的在美国专属经济区内从事军事活动,由于太靠近美国本土,极可能触动美国国内敏感的神经,所引发的"中国威胁论调"会使美国在军事上向中国施加更大的压力,反而给中国造成了损失,计-2,则中国的总收益为-1。这样中美两国的这种博弈结果又呈现弱国-强国博弈的特征。如果中国在太平洋公海上就可以达到提升海军能力的目标,那么中国就觉得没有什么必要持一种使美国单方受益的"兼容性解释"立场。这是一种难以克服的困境,使中国持"兼容性解释"立场带来的净收益十分有限。

3. 中国与其他海军大国

中国海军力量和其他海军大国接近,同后者之间的博弈接近标准的强国-强国博弈。前面的博弈模型表明,强国一般都倾向于持"兼容性解释"立场。但中国同这些国家之间的双边关系、地理位置、战略关系各有不同,对中国而言,这些国家的专属经济区对中国的战略价值各有高低。就国家安全防卫而言,来自海上的威胁主要通过东南亚海域、西太平洋海域,涉的国家包括东南亚国家、日本、美国、韩国等。对中国至关重要的贸易航线而言,通向美洲的太平洋航线,通向中东、非洲、欧洲的航线都涉及印度洋一段的航线,涉及的主要国家包括日本、东南亚国家、印度。今后北冰洋航线开通,则可能涉及俄罗斯、美国、加拿大等国。从现实来,日本、东南亚国家、印度周围海域对中国的价值很高,它们的立场对中国具有重要意义。

(1)中国与印度

中印两国的海军力量大致相近,根据强国-强国的博弈结果来看,二者都持"兼容性解释"立场时收益最大,但这种太过理想化的博弈在现实中十分罕见。现实中，中国和印度两国都持"排他性解释"立场。就印度的立场来看，一个因素可能是和其历史上的战略环境、自身的实力以及偏好有关。20世纪印度战略家将印度洋视为"生死攸关的海洋"，在冷战时期超级大国的竞争中印度本身的力量并不足以控制印度洋，因此印度的政策是"力图防止任何大国或几个大国控制印度洋"，[1] 反对外部力量介入印度洋。[2] 另一个因素是长期以来印度所面临的压力来自陆上，[3] 因此印度在海上的安全策略很早就具有弱国策略的特征。这些或许可以解释印度所持"排他性解释"立场。印度是中国通往中东、非洲、欧洲航线上的关键国家，按照艾·塞·马汉的"中央位置"的定义，[4] 印度处于中国印度洋航线上的中央位置，该航线的战略价值非常高，所以印度所想要达到的那种理想状态绝无可能。尽管在冷战后印度的政策发生了变化，对美国等外部力量介入印度洋并不排斥，而是积极与之接触，[5] 在美国的"印太战略"背景下可能更是如此，但其对专属经济区外国军事活动立场并未改变。当然，中国也位于东亚、西太平洋通往印度航线上的"中央位置"，但中国进口的能源主要通过印度洋航线，所以印度的位置赋予其更大的优势，这样中国就有在印度专属经济区从事军事活动的动机。但印度洋水域相当宽广，印度专属经济区之外的公海水域面积很广，通往中国的重要航道可以不经过印度的专属经济区，中国海军不在印度专属经济区进行实质性的军事活动也可获得收益，所以在中国和印度两国都持"排他性解释"立场情况下，那么中国可能获得的收益比印度高。但中国沿海在所谓的"第一岛链"以内的水域狭窄，又多为其他国家专属经济区，故印度要取得与中国对等的收益，则有进入中国专属经济区的动机。但如果中印关系恶化，印度能在印度洋威胁的中国的利益，如航运等活动，则中国可能在包括印度专属经济区在内的海洋上对印度采取行动，这样中国也有在印度专属经济

① ［美］A. J. 科特雷尔、R. M. 伯勒尔：《印度洋在政治、经济、军事上的重要性》，上海：上海人民出版社，1976年，第321页。

② Suresh R, *Peace in the Indian Ocean – A South Aisan Perspective*, New Delhi: Serials Publications, 2012, p. 21.

③ 同上，p. 20.

④ ［美］艾·塞·马汉：《海军战略》，蔡鸿幹、田常吉译，北京：商务印书馆，1994年，第30－31页。

⑤ 同②，pp. 221－224.

区内从事军事活动的动机。

（2）中国与东南亚国家

根据中国同东南亚国家海军实力对比情况来看，双方的博弈属于强国－弱国博弈，理论上弱国总是持"排他性解释"立场，如果双方根据对方的立场而决定是否采取行动，得益的是这些海军弱国而非海军强国（如中国）。东南亚国家环绕南海，一些国家同中国还有领土争端，这些国家所主张的专属经济区同中国的主张有重叠。此外，它们如此靠近中国沿海重要的经济和军事地区，若中国对这些国家本身和第三国在其专属经济区内的任何军事活动的相关信息知之甚少，则中国面临相当高的军事风险，因为从这些国家陆地的军事设施就可以威胁、攻击中国的军舰，所以中国在东南亚国家专属经济区内从事军事活动会带来极高的收益。根据现实中弱国－强国关系的实际互动模式，强国一般不顾弱国的立场而从事单方行动，但这样做可能给双边政治关系带来负面影响，从而影响总收益。

美国作为第三方介入中国与东南亚国家的博弈使局势复杂化。若东南亚国家持"排他性解释"立场，则与美国历来主张的最大限度的行动自由相冲突，但这仅仅是理论上的，实际的情况可能并不如此，而是根据合纵连横的具体战略势态弹性地解释自己的立场，例如表面坚持自己"排他性解释"立场，但行动上不反对美国的军事活动，但可能实际上反对中国的军事活动。

（3）中国与日本

日本没有在签署、批准《联合国海洋法公约》时明确自己的立场。今后一段时间内中国海军力量可能会同日本趋于平衡，但中国海军力量超过日本也是可以预见的，中日之间的博弈属于典型的强国－强国博弈，理论上二者都持"兼容性解释"立场时双方收益均大。首先，日本是所谓"第一岛链"的重要组成部分，从阻碍中国走向海洋乃至遏制中国的战略角度来说，日本收益最大的情况是中国持"兼容性解释"立场，日本持"排他性解释"立场；其次是中日两国都持"排他性解释"。对中国来说收益最大的是中国持"排他性解释"立场而日本持"兼容性解释"立场。中国在日本专属经济区从事军事活动，包括军事侦察和水文调查，都有利于中国了解军事风险，有助于中国海军走向远洋。

鉴于美日军事同盟关系，美国在日本部署了强大的军事力量，所以不能单独考虑中日两国的立场，而是基本上可以将日本和美国视为一体，因此博弈就变成中国－日美博弈，属于弱国－强国的博弈。若都持"排他性解释"，理论上中国收益大，但强国并不顾忌弱国立场而采取军事活动——现实也如此，所以中国的立场似乎不能决定最后各方的收益，也就是说日美总会在中国专属经区内从事军事活动而有可观的收益。另外，日本列岛是所谓的"第一岛链"的主要构成部分，距中国大陆的距离不远，即便是都持"排他性解释"并言行一致，部署在日本列岛的具有远距离侦查功能的机载、舰载或固定设施仍然可以发挥作用而取得较大收益。假设双方都持"兼容性解释"立场，日美获得的收益大而中国收益小，原因在于中国的相应行动因二者力量差距大并不能给日美造成巨大的损失。但这种收益和损失的估计仅仅建立在中国的近海防御战略导向上。若中国要成为一个全方位的海洋国家，只要中国海军能够从越过日本列岛及其周围海域迈向远洋的过程中获得经验，那就可以使总收益增加。

4. 中国海洋利益的地理重心、总收益的评估

现在将中国所持的"兼容性解释"立场放在全球性博弈场景中来考察。各国在海洋上的互动使其海洋有三重身份：作为资源提供地、作为航运媒介、作为使用武力的场所/战场。❶ 如果按照中国在这三个方面的利益重心是否重合来判断，则有理由将中国海军活动的中心海域设定在太平洋西部、东南亚海域、印度洋，因为相比较而言，中国在这些海域中实际的活动最密集，包括航运等经济活动，利益集中之地也是安全的重心，所以这在相当程度上决定了中国海洋安全战略的地理重心。这片海域从东北亚海域起，经太平洋、东南亚海域、印度洋至阿拉伯海，大致呈一个巨大的弧状地带，包括所谓的"第一、第二岛链"及其周边海域。在历史上，影响中国安全的外部力量绝大多数都是从这个弧状地带威胁到中国，例如19—20世纪的法国、英国、日本，第二次世界大战后至现在的美国，它们在这个弧状地带相对中国而言具有压倒性的海上力量。尽管地中海、大西洋、东部/东南部太平洋是中国联结欧洲、非洲、北美、南美的海域，但

---

❶ Philip E. Steinberg, *The Social Construction of the Ocean*, Cambridge University Press, 2001, p. 11.

综合起来看，中国在这些海域的利益主要集中在航运、渔业等经济性领域，这是一个具有高度弹性的领域，也就是说，在必要的情况下，这些利益是可以放弃的，但在中国周边的弧状地带，中国不但不能放弃，而且必须维持最低限度的存在。

这就引出了中国参与博弈的实际对象的问题。尽管上面的双边博弈类型是将中国所参与的博弈放在全球背景中，但也主要集中在美国、亚太地区国家、南亚的印度身上，并没有涉及英国、法国等其他老牌海权国家。在上述的弧状地带具有关键海洋利益的国家主要就是这个区域的国家，外加一个海权大国美国。英国、法国就其国力、战略目标来看，在弧状地带再也不能发挥殖民时代那样的影响力了。因此在中国海洋利益重心所在的弧状地带，实际上中国的博弈对象是该区域的国家和美国。除美国之外，下面一些国家对于专属经济区内"航行自由"和军事活动关系的立场也对中国有重要影响，这些国家在签署、批准、加入《联合国海洋法公约》时涉及该问题，但并非所有国家的立场都明确。韩国没有表明其相关立场。日本在签署、批准公约时没有做出相关保留或解释性声明。菲律宾的声明表明它寻求群岛国的地位。印度尼西亚未做相关保留或解释性声明，它也寻求群岛国地位。马来西亚采取"排他性解释"立场，认为公约未授权外国在没有沿海国同意的情况下在专属经济区进行军事演习或部署。泰国在声明中表示其持"排他性解释"立场，认为在专属经济区内行使"航行自由"并不包括未经沿海国同意时的非和平性利用，尤其是军事演习或其他影响沿海国权益的活动。印度持"排他性解释"立场，其在批准公约的声明中表明，"公约并未授权其他国家在未经沿海国同意的情况下在其专属经济区和大陆架上从事军事演习或部署，尤其是涉及那些使用武器或爆炸的活动"。巴基斯坦持"排他性解释"立场，同印度相近。伊朗在签署公约的声明中没有表明其对军事活动的立场，但要求军舰在其领海中通过要事先获得同意。越南没有表明立场。❶缅甸尚未批准公约。

上面的分析表明，在中国和相关国家都持"兼容性解释"立场的情况下，美国可能单方获益，但针对东南亚的其他国家，中国也能获益；在都

---

❶ 参见各缔约国的保留或声明：Lowe and Talmon, ed., *The Legal Order of the Oceans: Basic Documents on the Law of the Sea*, Oxford：Hart Publishing, 2009, pp. 908 – 969.

持"排他性解释"立场时，中国可能获取的收益比印度大，但同东南亚其他国家相比，中国的损失较大。这就要计算总收益。有两个原因使中国不能针对不同国家选择性地奉行"兼容性解释"或"排他性解释"立场。第一，立场的选择必须具有一致性，理由在于：①这涉及在发生争端时可能适用的"禁止反言"原则；②也涉及中国在适用《联合国海洋法公约》方面的国家实践对可能形成的相关习惯国际法的贡献，这需要国家实践必须是前后一致的；③中国在这方面的实践也可能有助于形成 1969 年《维也纳条约法公约》第 31 条（3）（b）中关于条约解释的"嗣后实践"，但实践必须也具有一致性，❶ 否则难以构成"嗣后实践"，这在中国塑造对自己有利的海洋秩序方面很不利。第二，弧状地带囊括了几乎所有中国周边国家的专属经济区，如前所述，出于海上军事安全的目的，中国必须在周边国家专属经济区内享有最大限度的"航行自由"，其中原因还涉及《联合国海洋法公约》对海上武装冲突法的影响，主要体现在公约将海洋划分的各种区域（areas）与海上武装冲突规则中的"交战区"（region of war）之间的关系。根据目前海上武装冲突的习惯规则，除交战双方的领海、专属经济区外，中立第三国的专属经济区也属于交战区。❷ 美国有学者设想中美爆发严重冲突时美国可动用海军对中国进行海上封锁，无论是所谓"近海封锁"（close blockade）还是"远海封锁"（distant blockades），也无论是"内线封锁"（inner ring blockade）或"外线封锁"（outer ring block-ades），其地理范围都位于这个弧状地带，❸ 这事实上意味着中国周边弧状地带的大部分海域（包括各国的专属经济区）也可能是发生海上武装冲突时的交战区。中国必须对这片海域有相当多的了解，能自由地在这片海域从事有助于增强中国海军力量、从事加强海上安全的各种军事活动，乃至为取得局部性的制海权做准备。一方面中国持"兼容性解释"可以在一定程度上对抗周边国家约束中国海军行动自由的企图；另一方面倘若中国持"兼容性解释"，海军在整个弧状地带进行训练并获得经验，那么海军实力

---

❶　Dörr and Schmalenbach, eds., *Vienna Convention on the Law of Treaties – A Commentary*, Springer, 2012, p. 556.

❷　San Remo Manual, supra3, pp. 93 – 110; Dupuy – Vignes, *A Handbook*, Vol. 2, p. 1325.

❸　Sean Mirski, "Stranglehold: The Context, Conduct and Consequences of an American Naval Blockade of China", in *The Journal of Strategic Studies*, 2013, pp. 13 – 14.

的提升实际上可以弥补持"兼容性解释"可能遭受的损失，就此而论，中国应当持"兼容性解释"立场。

四、海上军事安全考虑

那么，如何考虑海上军事安全方面的国家利益呢？即便实证主义方法能够通过各种解释性方法澄清中国在自己专属经济区内一系列权利、豁免、权力、特权，其他国家有义务尊重，但是，若认为这就能够解除中国安全方面的担忧，那必然是假定其他国家一定会遵守国际法。尽管摩根索、亨金对国际法的实际遵守情况做出了很高的评价，❶ 可实际情况并不能充分支持国家一定会遵守国际法这种假设。对于国家遵守国际法的一项解释表明国家遵守国际法与国家利益方面的收益是相关的。❷ 因此，国家安全问题应当遵循安全问题本身的法则，即专注于自身实力建设并明智地使用实力。美国海洋法专家奥克斯曼教授（B. H. Oxman）在中国访问期间的一次讲话中说："一个国家必须同时考虑那些在自己的海域所不喜欢的行为和在其他国家的海域所想做的事情。中国的专属经济区处于其他国家的专属经济区的包围之下，中国需要考虑将来的利益所在。如果把法律当成安全的替代品就会犯下严重的错误。……真正能保证的实际行动和安排而不是法律规定。"❸ 如果说他背后的目的旨在维护美国国家利益，那也很正常。冷静分析也能使我们明白什么是中国的国家利益，我们还不至于天真到认为仅仅主张外国无权在中国专属经济区从事军事活动就能保证中国的安全。当然，确有必要将建立有利于中国的海洋法律秩序的正式主张与外交的修辞策略区别开来。

如果中国对专属经济区内军事活动的法律立场持开放态度，就可能产生一个两难问题：中国固然有权在外国管辖海域从事军事活动的权利，但如何应对外国在中国管辖海域内的军事活动以及产生的军事安全问题？已有军事大国的经验是对这类军事活动所进行的技术处理，主要是跟踪、拦

---

❶ ［美］汉斯·J. 摩根索：《国家间的政治——为权力与和平而斗争》，杨岐鸣，等译，北京：商务印书馆，1993 年，第 352－353 页；［美］路易斯·亨金：《国际法：政治与价值》，张乃根，等译，北京：中国政法大学出版社，2005 年，第 65 页。

❷ ［美］杰克·戈德史密斯、埃里克·波斯纳：《国际法的局限性》，龚宇译，北京：法律出版社，2010 年，第 7－8 页。

❸ 高之国、张海文：《海洋国策研究文集》，北京：海洋出版社，2007 年，第 309 页。

截、警戒；对侦察飞机、侦察船舶、水文测量船舶的技术性拦截。俄罗斯侦察飞机和战略轰炸机在美国、日本、韩国、英国附近海域的活动均受到技术性拦截。2010 年 7 月，美国停止了在中国黄海预定的针对朝鲜的美韩联合军事演习，根据美国的说法，这是中国抗议美国在中国专属经济区演习的结果。❶ 当然，美国军演行为显然违反了《联合国海洋法公约》第301 条中不得"武力威胁"的习惯国际法规定。在黄海距离中国这样近的海域从事大规模的演习，无论针对中国还是朝鲜，美国诉诸的是美韩同盟，明显具有武力威胁的特征，不能仅仅理解为是从事海洋法中的军事活动或行使航行权。中国的阻止针对的是军事演习所具有的武力威胁的行为，不能说中国妨碍了航行自由。

小　结

从上述分析可以得出一个初步结论：在同大多数相关国家的博弈中，中国持"兼容性解释"立场能使总收益增加，这符合中国国家利益。这个结论严重依赖于这样一种偏好的设定上：随着中国海洋军事力量建设水平的提高，中国将倾向于发展全方位的海洋力量，也需要内容广泛的"航行自由"权利，因而一种可期待的政策是尽可能地在海洋上从事各种军事活动获取相关经验，同时也是为了海军自身的安全。

2019 年发布的《新时代的中国国防》白皮书指出了中国军队的目标："着眼弥补海外行动和保障能力差距，发展远洋力量，建设海外补给点，增强遂行多样化军事任务能力。"❷ 这里设想的中国优先议题是建设的深水海军如何走出去，获取那些只能通过各种军事实践才能取得的实用作战经验，因而中国具有在他国专属经济区内从事军事活动的激励。而实际的情况有可能是决策者的偏好仍然是以陆上国土防御为目标，对获取海军的实用作战经验并不热衷，至少并非优先考虑的任务。同时就偏好而论，构造

---

❶　"U. S. Naval Forces Contest China's Claims to Exclude Foreign Naval Vessels from Its Exclusive Economic Zone", *American Journal of International Law*, 2011, Vol. 105, No. 1, p. 135.

❷　《新时代的中国国防》，中华人民共和国国防部网站，http://www. mod. gov. cn/regulatory/2019 - 07/24/content_4846424_3. htm，2019 年 7 月 30 日访问。

偏好的因素十分复杂，而且可能发生变化。例如，基辛格在 2012 年发表于美国《外交事务》的文章中认为，在战略上中国担心外部强国或强国集团围绕中国进行军事部署，进而危及领土完整或干涉中国内政，而美国则担心被一个排他性国家集团挤出亚洲。若两国认为所担心的情况实际上正在发生，则倾向于采取对抗措施，而且双方都有过这种历史经历。❶ 这可能意味着中美之间的这种互动过程所构造的相关偏好会影响双方对专属经济区内外国从事军事活动所持立场，实际的结果可能是中国更关注紧迫的安全问题，将美国在中国专属经济区内的军事活动视为军事部署行动——这将强化近岸防御的偏好，至于对中国所建设的深水海军力量走出去所带来的收益将无暇顾及。

尽管如此，本章所设定的偏好仍然具有规范上的合理性。一方面，为了和平与战争的双重目的，国家通过利用海洋来储备海洋事务方面的人才，寻求这方面的技术一直是国家的目标。❷ 另一方面，正如前面已经提过，近岸防御、近海防御这种以地理为参照的战略思想并不能跟上中国走海洋国家战略的步伐，而且一支具有远洋作战能力的海军完全可以向近岸海军兼容。中国投入巨资建立的海军如果仅仅局限于近海防御，可能会沦落为马汉所批评的那种"要塞舰队"的地位❸。中国海军必须是拥有远洋作战能力的海军，然后才能完成"近海防御"的任务。海军必须通过全方位的海洋军事活动才能成长，在包括专属经济区在内的各种海域从事军事演习、军事侦察等军事活动。就此而言，中国持"兼容性解释"立场有助于达到 2019 年发布的《新时代的中国国防》白皮书所确立的"发展远洋力量"的目标，然而同中国利益相关的相当一部分国家却持"排他性解释"立场，这就可能与中国应当奉行的"兼容性解释"立场相冲突。

---

❶ Henry A. Kissinger, "The Future of U. S. – Chinese Relations Conflict is a Necessity", *Foreign Affairs*, March / April, 2012, pp. 50 – 51.

❷ McDougal and Turke, *Public Order of The Oceans – Contemporary Law of the Sea*, p. 18.

❸ ［美］艾·塞·马汉:《海军战略》，蔡鸿幹、田常吉译，北京:商务印书馆，1994 年，第 359 – 360 页。

第四章 地缘政治约束
条件下的航行权问题

中国海上力量的增长是一个从海上弱国变为海上强国的过程，角色的转变使中国看待航行自由的视角应该不同于弱国，相关思考不应局限在专属经济区内的军事活动争端，而应包括国际海峡、群岛水域/海道的通过和飞越、核动力船舶与航母舰队在国际海峡与群岛水域/海道中的航行等更宏观的问题，因为这是中国建设海上军事力量绕不开的问题。中国必须重视航行自由对中国日益强大海军的正面意义，采取更为积极的航行自由立场，以期提供一种能够满足中国海军在和平时期、在复杂的东亚地缘政治条件下开展海上军事活动而所需要的海上航行与飞越的法律框架。这种思路并非仅仅出于解决中美在海上分歧和冲突的目的，而是从中国国家利益的需要出发的。中国要发展远洋海上力量的战略目标是激发我们重新思考航行自由的一个契机。

中国应当适用何种航行、飞越规则？具体而言，在中国周边国家的领海、毗连区、专属经济区、国际航行海峡、群岛水域这些海域中，采取何种规则才更有助于中国日益强大的海军舰队通过这些海域走向远洋？本章基于东亚地缘政治态势详细审视各种海域中对中国最有利的航行与飞越规则。本章所指航行、航行权，有时也包括飞越、飞越权。

第一节　建设海洋强国需要用新思维看待航行权

第三章从两类国家之间的三种双边博弈中得出一个结论，即中国对专属经济区内军事活动采取"兼容性解释"更符合中国的国家利益。这个结论仍然很抽象，它并不能为中国的军舰、军用飞机在各种海域的航行和飞

99

越提供适用的具体国际法规则。这就需要将根据各种海域、不同的船舶和飞机对航行自由、飞越自由的规则进行细化。

航行自由是国际关系和国际法中的焦点问题之一，自格劳秀斯于1624年发表经典的《海洋自由论》以来，该概念成为海洋法中的一个图腾，一种禁忌，立场对立的国家都不难拿它来指控对方、为自己辩护。但在1982年《联合国海洋法公约》中并不存在各种海域都可适用的单一航行自由规则，相反，在领海、毗连区、专属经济区、国际海峡、群岛水域、公海等不同的海域中有关航行的规则是不同的。航行自由概念的核心是海上航行的船舶只受船旗国的管辖。[1] 该概念实际上由一系列具体的航行权来充实其内容，明确使用"航行自由"这个术语的条款为第38条关于国际海峡过境通行权、第58条关于专属经济区的航行和飞越自由（援引第87条）、第87条关于公海自由的规定，而且这三条中的航行自由适用的限制条件并不同。相应地，与领海相关的是无害通过权，与国际航行海峡相关的是过境通行权，与群岛水域相关的是无害通过权，与群岛海道相关的群岛海道通过权。[2] 总之，航行权是根据各海域的法律地位不同而有相应的限制条件，而非无差别地适用航行自由概念。因此，海洋法中的航行自由是一个高度依赖所在海域之法律地位的制度。[3]

对于民用船舶而言，以船旗国专属管辖权来界定的航行自由基本没有什么争议。然而，海上航行远远超过了其字面意思所涵盖的内容，有关航行定义、规则的解释如何处理军舰及其相关行动，仍然有需要澄清的地方。[4] 具体包括国际海峡的过境通行权、群岛海道通行权产生的诸多问题，争议的

---

❶ René – Jean Dupuy and Daniel Vignes, ed., *A Handbook on the New Law of the Sea*, Vol. Ⅱ, Dordrecht: Nijhoff Publisher, 1991, p. 836.

❷ Yoshifumi Tanaka, "Navigational Rights and Freedoms", in Donald R. Rothwell and Alex G. Oude Elferink, ed., *The Oxford Handbook of the Law of the Sea*, Oxford University Press, 2015, p. 538.

❸ 同❶, pp. 836 – 841.

❹ 参见杨瑛:《〈联合国海洋法公约〉与军事活动法律问题的研究》，北京：法律出版社，2018年; John Ⅲ Astley and Michael N. Schmitt, "The Law of the Sea and Naval Operations", *The Air Force Law Review*, 1997, Vol. 42, pp. 119, 156; Scott C. Truver, "The Law of the Sea and the Military Use of the Oceans in 2010", *Louisiana Law Review*, 1985, Vol. 45, pp. 1221 – 1248; Vladimir Golitsyn, "Freedom of Navigation: Development of the Law of the Sea and Emerging Challenges", *International Law Studies*, 2017, Vol. 93; James Kraska and Raul Pedrozo, *International Maritime Security Law*, Martinus Nijhoff Publishers, 2013, pp. 294 – 285; Stuart Kaye, "International straits: Still a matter of contention?", in Karine Bannelier, et al., *The ICJ and the Development of International Law: The Enduring Impact of the Corfu Channel Case*, Taylor & Francis, 2011, pp. 154 – 159.

主题还包括军用飞机、军舰、潜水艇、船舶动力类型（如核动力船舶）航行、通行是否有特殊的限制，什么才是航行和飞越的"通常方式"，甚至对于这些船舶来说航行行为究竟意味着什么，这都是海洋大国关心的重要问题。它们表面上涉及《联合国海洋法公约》的适用及解释问题，在深层次上它们涉及地缘政治、国家利益、国家权力的施展等诸多问题。❶

　　涉及海上航行自由的时候，海洋空间的军事利用一直是各国关注的焦点。❷ 海洋大国和小国、强国和弱国之间对此有着不同的态度和立场。海洋大国、强国总是关注如何通过海上航行展现力量、发挥海上力量优势，而小国和弱国肯定会非常在乎大国行为对其安全的影响，因而对大国主张的以广泛军事活动为核心内容的航行自由持怀疑乃至否定的立场。但由硬实力界定的国家的强弱、大小并不总是静态的，硬实力的变化会引起国际权力结构的变化，相关国家在地缘政治、国家利益、国家权力这些问题上的视角也可能随之变化。中国近年来海上力量的增长是一个从海上弱国变为海上强国的过程，角色的转变使中国对海上航行自由的视角应该不同于弱国，例如，2019 年 7 月 24 日中国发布的《新时代的中国国防》白皮书提出了中国海军建设的思路是"发展远洋力量""实施海上护航，维护海上战略通道安全，遂行海外撤侨、海上维权等行动"❸。相应地，国内学术界对航行自由的重要性已经有所思考，一个总体的倾向认为，消极对待航行自由与中国的海洋强国战略不符，尤其是中国日益增强的海军舰队需要走向远洋，需要进行远洋活动，培养在全球海洋中行动的能力，因此中国的航行自由立场应当满足此种战略需求。❹

---

❶　George P. Ⅱ Smith, "The Politics of Lawmaking: Problems in International Maritime Regulation – Innocent Passage v. Free Transit", 37 *University Of Pittsburgh Law Review* 487, 550 (1976).

❷　Charles E. Pirtle, "Military Uses of Ocean Space and the Law of the Sea in the New Millennium", 31 *Ocean Dev. & Int'l L.* 7, 46 (2000); David Joseph Attard, ed., *IMLI Manual On International Maritime Law*, Volume Ⅲ – Marine Environmental Law And Maritime Security Law, Oxford University Press, 2016, p. 541.

❸　《新时代的中国国防》，中华人民共和国国防部网站，http://www.mod.gov.cn/regulatory/2019 – 07/24/content_4846424_3. htm, 2019 年 7 月 30 日访问。

❹　牟文富：《互动背景下中国对专属经济区内军事活动的政策选择》，《太平洋学报》，2013 年第 11 期；牟文富：《海洋元叙事：海权对海洋法律秩序的塑造》，《世界经济与政治》，2014 年第 7 期；袁发强：《国家安全视角下的航行自由》，《法学研究》，2015 年第 3 期；袁发强：《航行自由制度与中国的政策选择》，《国际问题研究》，2016 年第 2 期，第 82 – 99 页；胡波：《国际海洋政治发展趋势与中国的战略抉择》，《国际问题研究》，2017 年第 2 期。

本章旨在提供一种能够满足中国海军在和平时期开展海上军事活动而所需要的海上航行与飞越的法律框架，关注的重点集中在中国周边国家的领海、海峡、群岛水域、专属经济区这些关键海域。❶ 这里所遵循的思路是中国即将建设成规模的远洋海军需要与此相适应的航行技术和航行安全规则，也需要国际法提供法律保障，为此，中国不应当仅仅将航行自由规则所涉及的范围局限在中国专属经济区和领海——这是美国在中国近海制造的议题，而是应该考虑中国海军舰队通过周边海峡、群岛水域走向远海所需要的法律保障。一支由轻型水面舰船组成的海军与以航母为核心的大型混合舰队所需要的航行自由有很大的不同，后者技术更复杂、所需要的空间更大、对航行安全的关注程度更高，相应地，航行概念所涵盖的内容更广，法律保障也要跟进。

一、建设海洋强国需要新思维

中国的发展引发了国际上对中国的各种讨论，其中一个认知是中国作为一个海上强国/海权国家的兴起，❷ 这也引发了国际关系的各种变化。美国奥巴马政府以"重返亚太战略""亚太再平衡战略"、特朗普政府以"印太战略"在周边强化军事力量部署，近年来美国海军更是借"航行自由计划"在中国近海，尤其是南海挑战中国国家利益，力图压缩中国的安全空间。❸ 一方面，美国的"航行自由计划"中的一些行为是滥用权利，有些行为属于炫耀武力或通过武力威胁来挑战沿海国海洋主张，对他国正当合理的国际法立场置之不理。另一方面，美国在中国专属经济区内的军事活动属于违反国际法的武力威胁行为，带有挑衅、激化矛盾、破坏区域

---

❶ 这里台湾海峡的情况不予考虑，因为台湾海峡两岸都属于中国领土，海峡两岸都存在中国的领海，对中国的航行与飞越活动来说不存在任何法律障碍。

❷ Bernard D. Cole, *China's Quest for Great Power – Ships, Oil, and Foreign Policy*, Naval Institute Press, 2016; Liza Tobin, "Beijing's Strategy to Build China into a Maritime Great Power", *Naval War College Review*: Spring 2018, Vol. 71, No. 2, pp. 17 – 48; Peter Howarth, *China's Rising Sea Power – The PLA Navy's Submarine Challenge*, London and New York: Routledge, 2006.

❸ 洪农：《"航行自由"与中美南海博弈》，《国际问题研究》（英文版），2017 第 4 期，第 129 – 144 页；张景全、潘玉：《美国"航行自由计划"与中美在南海的博弈》，《国际观察》，2016 年第 2 期，第 87 – 99 页；"U. S. Naval Forces Contest China's Claims to Exclude Foreign Naval Vessels from Its Exclusive Economic Zone", *American Journal of International Law*, Vol. 105, No. 1, pp. 135 – 137.

稳定的目的。❶ 正因为如此，作为对美国行为的反应，中国国内有主张认为领海内军舰的无害通过应获得批准，倾向于对专属经济区内军事活动进行限制。❷ 以考虑中国国家安全的正当理由来看，这些主张具有合理性。但从中国的海洋强国建设以及即将建成远洋海军之需要的角度看，相关的对航行自由与中国国家利益之间关系的讨论并不充分。在新加坡国立大学执教的罗伯特·贝克曼（Robert Beckman）教授在 2019 年这样评论中国在航行自由方面的立场：

> 中国在海洋军事行动上所持的历史立场，并不符合它在海洋领域不断发展的利益。中国正迅速成为一个可以与美国匹敌，甚至超越美国的海上强国。
>
> 中国是世界主要贸易国，也是在世界各地拥有海洋利益的全球投资者。作为一个主要的海上强国，在世界各地调动其海军，并派遣海军舰艇到其潜在对手的沿海监测军事能力，是中国的合法权益。
>
> 中国也有维护《公约》的通行制度的强烈理由。从中国各港口航往印度洋或欧洲的商船和军舰，都得穿过受过境通行制度或群岛海道通过制度管辖的咽喉要道。从中国港口穿过北极航行的船只也是如此。
>
> 总之，不把目光局限于当前外国军舰在中国沿海或其控制的争议岛屿附近航行，或开展海军行动所带来的所谓威胁，并关注《公约》的规定如何进一步促进中国作为一个在全球拥有海洋利益的主要海上强国的长期利益，才符合中国的国家利益。
>
> 一旦中国认识到其长期利益与其他海上强国对《公约》所确立的法律制度的解释相一致，它就可以为中国南海主权和海洋争

---

❶ 袁发强：《航行自由制度与中国的政策选择》，《国际问题研究》，2016 年第 2 期，第 95 页；包毅楠：《美国"过度海洋主张"理论及实践的批判性分析》，《国际问题研究》，2017 年第 5 期，第 106－128 页。

❷ 参见 Zou Keyuan, "Innocent Passage for Warships: The Chinese Doctrine and Practice", 29 *Ocean Dev. & Int'l L.* 1998, pp. 195, 224；杨显滨：《专属经济区航行自由论》，《法商研究》，2017 年第 3 期，第 171－180 页。

端所造成的独特情况建立各种机制，将爆发冲突的风险减至最低。❶

当然，罗伯特·贝克曼的立场只是其个人意见，是否真正地反映了中国关切的国家利益，还需要基于对中国国家利益的评估而进行客观的分析。

首先，应该合理区分美国故意的挑衅行为与海上常规型的军事活动本质，前者如侵犯中国在南海的岛礁主权、故意无视这些岛礁所产生的合法领海空间、否认和质疑中国公布的领海基线，后者如军事侦察、军事训练等❷；其次，目前的焦点被中美相关争端所吸引，存在将专属经济区内军事活动与航行自由捆绑在一起的倾向，这其实妨碍了中国对海上航行和飞越的更宏观的思考，因为国际海峡、群岛水域、群岛海道的通行和飞越、核动力船舶的航行、军用飞机的飞越等诸问题同样是中国建设海上军事力量时绕不开的问题，这些问题还有待我们认真思考；最后，美国奥巴马政府时期，美国的"亚太再平衡战略""重返亚太战略"强化了在中国周边的军事部署，美国的"航行自由计划"的工具性色彩很浓，这种背景可能模糊了海洋法中航行自由与美国战略部署本身的差异，还可能导致我们以相同的态度对待两者，以及妨碍我们理性识别航行自由与中国国家利益之间的关系。

随着中国海上力量由弱变强，中国海军同样需要范围广泛的航行自由，❸以海洋强国身份来看，我们必须用新思维看待它，要重视航行自由对中国日益强大海军的正面意义。它的内容是什么？在何种程度上与美国实施的"航行自由计划"相同或不同？在实施方式上有什么特殊性？这需要经过严肃、细致的考察。

二、东亚地缘政治背景中的航行权问题

长久以来，地缘政治是评估东亚历史、现实政治的一个重要工具，

❶ 罗伯特·贝克曼：《中国为何会从自由航行中获益》，联合早报网，http：//www.zaobao.com/forum/views/opinion/story20190603-961653，2019年6月3日访问。
❷ 袁发强：《航行自由制度与中国的政策选择》，《国际问题研究》，2016年第2期，第95页。
❸ 牟文富：《互动背景下中国对专属经济区内军事活动的政策选择》，第48、55-56页；袁发强：《航行自由制度与中国的政策选择》，《国际问题研究》，2016年第2期，第95页。

如中美关系、美国在亚太地区的部署、特朗普政府推动的"印太"概念、美日同盟、朝鲜核问题等。❶ 中国在总结世界大国兴衰时，海权和陆权也是极为重要的参照范式。例如，中国把近代大国的兴起与它们同海洋之间的关系作为重要的经验，这种历史经验极大程度上影响了中国复兴与陆权国家和海权国家的讨论，近年来中国建设海洋强国的战略选择是这种讨论的结果，一个可观察到的现象是中国海上军事力量的增长极为迅速。

即使不考虑海权、陆权范式对中国复兴所启示的具体内容，作为一个发展迅速的大国，出于单纯的国家安全考虑也会促使中国加大海军力量的建设，至于历史上那些海权大国所追求的制海权可能不是主要考虑的内容。然而，海洋空间表面上是一个整体，但陆地（包括岛屿）与海洋之间的政治地理关系使某些地带构成了关键位置，尤其是那些通往或毗邻陆上政治、经济中心地带的海域和海上交通必经之路。对这类关键位置的概念化工作体现在马汉的"中央位置"概念、斯皮克曼（Nicholas Spykman）的"亚洲地中海"和"边缘地带"概念中。❷ 以中国自身的角度来看，从东北亚沿着太平洋西部—东南亚—印度洋—中东这一弧状海洋地带既是中国对外联系的交通线，也是关系到国家安全的重要海域。历史上，在这些海域多次发生了对中国发动的侵略战争。无论中国近年的海洋强国建设是否与历史上的海权概念中的制海权有关，也无论中国是否有能力成为一个海权国家，❸ 这些海域在未来肯定关系到中国的安全。

---

❶ 美国国防部于 2019 年 6 月 1 日发布的《印太战略报告》提出了详细的战略步骤。参见 The Deparment of Defense, *Indo - Pacific Strategy Report - Preparedness, Partnerships, and Promoting a Networked Region*, https://media. defense. gov/2019/Jul/01/2002152311/ - 1/ - 1/1/DEPARTMENT - OF - DEFENSE - INDO - PACIFIC - STRATEGY - REPORT - 2019. PDF%5d, 访问时间：2019 年 10 月 16 日；Gurpreet S. Khurana, "The 'Indo - Pacific' Concept: Retrospect and Prospect", http://cimsec. org/indo - pacific - concept - retrospect - prospect/34710, 访问时间：2019 年 10 月 14 日；Eva Pejsova, "The Indo - PacificA passage to Europe?", https://www. iss. europa. eu/sites/default/files/EUISSFiles/Brief% 203% 20The% 20Indo - Pacific_0. pdf, 访问时间：2019 年 10 月 14 日。

❷ ［美］艾·塞·马汉：《海军战略》，蔡鸿幹、田常吉译，北京：商务印书馆，1999 年，第 30 - 31 页；［美］尼古拉斯·斯皮克曼：《和平地理学——边缘地带的战略》，俞海杰译，上海：上海人民出版社，2016 年，第 55 页。

❸ Andrew S. Erickson, "Can China Become of Maritime Power?", Toshi Yoshihara and James R. Holmes, ed. , *Asia Looks Seaward - Power and Maritime Strategy*, Greenwood Publishing Group, 2008, pp. 70 - 80.

此外，还有一个在中国建设海洋强国时不能忽略的困境：与美国东西海岸濒临广阔空旷的大洋不同，中国周边密布群岛，其上部署的军事设施使中国舰队处于很容易被攻击的范围，❶ 这种情况使中国建设中的航母舰队直接面临近程导弹的威胁，难以发挥航母舰队远距离防御和打击的优势，所以中国海军舰队缺乏美国舰队所拥有的天然安全距离。这是一种地缘困境。❷

美国对东亚、东南亚海域的关注可谓历史悠久，最早可追溯到马汉生前，他注意到关岛、菲律宾对美国在亚洲追求国家利益的重要性。在冷战期间，美国奉行遏制战略而在东亚、东南亚、南亚组建了一系列军事同盟关系，建立了数量众多的军事基地，斯皮克曼所重视的边缘地带战略得到很好的体现。❸ 奥巴马政府的"重返亚太战略""亚太再平衡战略"、特朗普支持和推动的"印太战略"体现了美国长期以来试图在东亚占据地缘政治优势的战略和政策。东亚的这种地缘政治事态也体现了从冷战到现在美国一以贯之的海军战略：战略遏制（strategic deterrence）、海洋控制、力量投射、海军存在。❹

随着中国海上力量的崛起，美国学术界、智库、海军军方有关人士在思考中美两国发生武装冲突时如何对中国发动海上经济战（maritime eco-

---

❶ 《环球时报》2019 年 3 月 18 日所载《日本启动四大基地"防中国"欲用导弹封锁海峡》一文报道，"日本自卫队在西南方向新设立的四大基地充满'预防围堵'的色彩。其中奄美和濑户内所在的奄美大岛是大隅海峡旁的重要节点，从 2013 年起，中国海军经由这一水道进入西太平洋的次数明显增多，让日本如坐针毡。从相关态势看，日本自卫队很可能会在此配置射程超过 200 公里的 12 式岸舰导弹以及起掩护作用的 11 式中程地空导弹，它们将形成'小巧而坚韧'的'海峡壁垒'，覆盖他国从九州以南至奄美大岛周边的所有行进路线，从而'廉价'抗衡快速发展的中国海军。"http://mil. huanqiu. com/world/2019 –03/14562720. html，2019 年 3 月 18 日访问。

❷ 周边国家本身的认知也是如此，如日本自卫队原司令官香田洋二的看法。参见香田洋二：《中国试图构建地区霸权的软肋》，http://www. zaobao. com/forum/views/opinion/story20180418 –851726，2018 年 4 月 18 日访问。

❸ 美国与菲律宾、泰国、澳大利亚、韩国、日本有防御条约和立法承诺；与东盟、新加坡、印度、越南有战略伙伴协议。参见美国参议院对外关系委员会布莱尔的书面听证：Written Testimony of Dennis C. Blair, Senate Foreign Relations Subcommittee on East Asia, the Pacific and International Cybersecurity Policy, https://www. foreign. senate. gov/imo/media/doc/071316 _Blair _Testimony _REVISED. pdf, 2018 年 7 月 28 日访问。

❹ O. P. Sharma, *The International Law of the Sea: India and the U. N. Convention of* 1982, Oxford University Press, 2009, pp. 207 –212.

nomic war)。❶ 经济战的目标是迅速促成敌方财政崩溃、经济瓦解，导致军事上的瘫痪。❷ 海上经济战与海战中的作战手段本质上是一致的，如捕获敌方船舶及其船载货物、封锁、直接攻击敌方港口、宣布禁制品清单等。❸ 其中，所设想的封锁主要分为近海封锁、远海封锁、内线封锁、外线封锁，❹ 或者如美国兰德公司所设想的那样，为了避免更大的风险，美国可以宣布交战区来吓退海上货物运输的承运人，从而干扰中国的海上运输线。❺ 美国所策划的海上经济战主要就发生在中国周边的太平洋—印度洋一带弧状海域，主要是所谓的"第一岛链"外侧的西太平洋地区、印度尼西亚有关海峡出口附近海域、马六甲海峡出口附近的印度洋海域。❻ 从奥巴马政府开始，美国强化了在这一带海域的军事部署，在南海中挑战中国利益是相关军事部署的组成部分。如果真的启动针对中国的海上经济战，那么这些军事部署是主要的执行力量，这是一种明显的与中国海洋强国战略发生冲突的前景。中国和美国的视角有一个交叉点，即中国周边海域对双方都是关键之地。❼

马汉曾说，战争就是处置位置。❽ 斯皮克曼对地缘政治的界定是"在

---

❶　Gabriel B. Collins and William S. Murray, "No Oil for the Lamps of China?", *Naval War College Review*, Spring 2018, Vol. 61, No. 2, pp. 79 – 95; Sean Mirski, "Stranglehold: The Context, Conduct and Consequences of an American Naval Blockade of China", *Journal of Strategic Studies*, 2013, p. 5; David C. Gompert, et al., *War with China: Thinking Through the Unthinkable*, pp. 71 – 72, http://www.rand.org/pubs/research_reports/RR1140.html, 2016 年 12 月 18 日访问; Gabriel Collins, "A Maritime Oil Blockade Against China: Tactically Tempting but Strategically Flawed", *Naval War College Review*: Spring 2018, Vol. 71, No. 2, pp. 55 – 84.

❷　Nicholas A. Lambert, *Planning Armageddon: British Economic Warfare and the First World War*, Harvard University Press, 2012, p. 1.

❸　Neil H. Alford, Jr. *Modern Economic Warfare*, 1967, pp. 317 – 415.

❹　Sean Mirski, "Stranglehold: The Context, Conduct and Consequences of an American Naval Blockade of China", pp. 12 – 20.

❺　David C. Gompert, et al., *War with China: Thinking Through the Unthinkable*, pp. 71 – 72.

❻　参见美国对中国策划的海上经济战中认定的中国能源运输通道的关键地点及封锁海域。Gabriel Collins, "A Maritime Oil Blockade Against China: Tactically Tempting but Strategically Flawed", *Naval War College Review*: Spring 2018, Vol. 71, No. 2, p. 55.

❼　Thomas G. Mahnken, et al., *Tightening The Chain: Implementing a Strategy of Maritime Pressure in the Western Pacific*, Washington D. C., The Center for Strategic and Budgetary Assessments, pp. 11 – 17.

❽　[美]艾·塞·马汉:《海军战略》，蔡鸿幹、田常吉译，北京：商务印书馆，1994 年，第 35 页。

特定的地理情况下，为了获得安全，我们所应奉行的最佳政策是什么"。❶
无论中国的建设海洋强国是主动的政策选择，还是对美国针对中国的军事
遏制政策的回应，中国都要面对的一个因地缘困境所产生的政策选择问
题：对于中国周边的关键海域，中国奉行何种航行政策才是在和平与战时
捍卫国家安全的最佳选项？

　　海权国家的内在偏好是倾向于自由地选择战场，❷ 但根据美国海军军
官韦恩·P. 休斯（Wayne P. Hughes）的总结，鉴于美国在大洋的海上力
量优势，第二次世界大战之后世界上大多数海战发生在濒海水域而非大洋
深处，❸ 故美国基于这种经验在所谓的"第一岛链"附近海域进行军事部
署。濒海战争对中国沿海的建设无疑是一个巨大的威胁，这就要求中国在
所谓的"第一岛链"以内、以外都必须追求取胜的作战技术。韦恩·P.
休斯还总结了一些海战史中体现的不变因素，如强调战斗之前的机动性、
海上绝对地理阵位在战略上的重大意义、"先发制敌仍然是最重要的战术
目的""人们总是感觉侦察能力不足"。❹ 这些因素对于中国如何克服地缘
困境有很大的启示——中国所处的这种战略环境要求尽量不遗留军事风险
盲区。和平时期海军的军事活动与战时海军行动皆是相通的，从和平性质
的军事活动转化为战时行动可以做到无缝衔接，因此和平时期的各种军事
活动就必须为战时军事行动积累丰富的经验，甚至直接为后者提供作战模
式的模拟经验，否则一些海域就存在致命的风险盲区。❺

　　《联合国海洋法公约》将海洋划分为各种区域，分别受不同的法律制
度支配，而海军更倾向于将海洋视为一个整体，因此与军事活动相匹配的
单一航行自由制度才有助于海军完成上述任务。这需要中国海军在海洋中
尽可能在任何地点享有活动的自由，这种逻辑既适用于中国周边的关键海

　　❶ ［美］尼古拉斯·斯皮克曼：《和平地理学——边缘地带的战略》，俞海杰译，上海：上
海人民出版社，2016 年，第 6 页。

　　❷ Wilhelm G. Grewe, *The Epochs of International Law*, Berlin/New York：Walter De Gruyter,
2000，p. 551.

　　❸ ［美］韦恩·P. 休斯：《舰队战术和近岸战斗》（第 5 版），易亮译，北京：海洋出版社，
2016 年，第 116 – 117 页。

　　❹ 同上，第 162 – 163 页。

　　❺ ［美］罗杰·W. 巴尼特：《海军的战略和文化：海军所想所为为什么不一样》，吴东风，
等译，北京：中国市场出版社，2014 年。

域，也适用于全球任何一处对中国有价值的海域，至于中国实际上是否行使这种权利则是另一问题。

第二节 地缘政治约束条件下的航行权

一、关键海域：点、线、面

众所周知，中国海军只能通过少数海上通道进入太平洋和印度洋，这些通道主要是一些海峡、群岛海道。[1] 它们位于日本、印度尼西亚、菲律宾这些国家的相关陆地与岛屿之间。[2] 中国从黄海、东海进入太平洋的多数通道是位于日本、韩国、俄罗斯的一些岛屿之间的海峡，重要的海峡约有 40 个，主要位于日本所属各岛屿之间。[3] 其中琉球群岛中间一些海峡宽度超过 100 海里以上，其间有面积很大的非领海海域（主要是领海以外的专属经济区），各国船舶和飞机享有完全和充分的航行自由和飞越自由。日本领海法宣布的领海宽度为 12 海里，但留下了 5 个海峡（宗谷海峡、津轻海峡、大隅海峡及对马海峡东、西水道）的领海宽度为 3 海里。[4] 中国经过南海通往太平洋、印度洋的主要通道要经过东南亚国家如菲律宾、马来西亚、印度尼西亚这些群岛国的群岛水域和群岛海道，其中重要的海峡

---

❶ 2002 年在土耳其伊斯坦布尔召开的国家海峡学术会议上讨论了八个海峡的相关情况，亚洲是济州海峡。参见 B. Öztürk, and R. Özkan, eds., "The Proceedings of the Symposium on the Straits used for International Navigation", Turkish Marine Research Foundation, Istanbul, Turke, 2002, Publication Number: 11, http://citeseerx.ist.psu.edu/viewdoc/download?doi=10.1.1.471.9673&rep=rep1&type=pdf。

❷ Mark J. Valencia and James Barney Marsh, "Access to Straits and Sealanes in Southeast Asian Seas: Legal, Economic, and Strategic Considerations," *Journal of Maritime Law and Commerce*, 1985, Vol. 16, No. 4, pp. 513 –552.

❸ Lewis M. Alexander, *Navigational Restriction within UNCLOS: Geographical Implications for the United States*, ed. by J. Ashley Roach, Leiden: Brill Nijhoff, 2017, pp. 161 –163.

❹ Office of Ocean and Polar Affairs, Bureau of Oceans and International Environmental and Scientific Affairs of U. S. State Department, *Limits in the Sea（No. 120）- Straight Baseline and Territorial Sea Claims: Japan*, https://www.state.gov/documents/organization/57684.pdf。

约 45 个。❶ 印度尼西亚根据《联合国海洋法公约》指定了群岛海道的坐标，但菲律宾没有指定群岛海道。

1. 多国海峡❷

中国周边有若干海峡的沿海分属不同国家。主要包括：

（1）朝鲜海峡（Korea Strait）

联结中国东海、黄海与日本海（韩国称东海），是通往东北亚、东北亚太平洋的通道。朝鲜海峡中的对马岛将海峡分成东水道和西水道。西水道为釜山海峡，位于日本对马岛和韩国海岸之间宽约 23 海里。东水道称为对马海峡，宽约 25 海里，是对马岛与壹岐岛（Iki Island）之间的海域。韩国、日本在朝鲜海峡公布的领海宽度都是 3 海里，这意味着海峡中间存在专属经济区的水域，《联合国海洋法公约》第 36 条的规定适用于该海峡。❸

（2）宗谷海峡（Soya – Kaikyō）

俄罗斯称为拉彼鲁兹海峡，位于日本北海道与俄罗斯萨哈林岛之间，联结日本海、鄂霍次克海与太平洋。海峡宽度约 23 海里，日本公布该海峡的领海宽度为 3 海里。❹ 该海峡属于《联合国海洋法公约》第 36 条意义上的国际海峡。❺

---

❶ 关于东南亚的海上交通通道，参见 Lewis M. Alexander, *Navigational Restriction within UN-CLOS: Geographical Implications for the United States*, ed. by J. Ashley Roach, Leiden: Brill Nijhoff, 2017, pp. 157 – 161.

❷ 多国海峡并非一个法律概念，它在本章中指海峡两岸陆地领土分属不同国家，使用多国海峡概念的目的主要是将它同两岸陆地领土同属一个国家的海峡区分开来，如日本众多岛屿之间形成的海峡。虽然这种区分在法律上意义不大，但在这类海峡中军舰的航行与军用飞机的飞越确实受国际关系的影响很大。

❸ 《联合国海洋法公约》第 36 条中的海峡一般而言指宽度超过 24 海里的海峡，这样海峡中央可能存在公海或专属经济区。即使某海峡宽度不足 24 海里，但沿岸国家主张更为狭窄的领海，如 3 海里，那么该海峡中央仍然可能存在公海或专属经济区。但这并非仅仅是地理上的距离，而需要在法律上考虑沿岸国所主张的领海基线和领海宽度等因素。参见 Bing Bing Jia, "Article 36", in Alexander Proelß, ed., *The United Nations Convention on the Law of the Sea: A Commentary*, Beck/Hart Publishing, 2017, p. 286; Hugo Caminos and Vincent P. Cogliati – Bantz, *Legal Regime of Straits – Contemporary Challenges and Solutions*, Cambridge University Press, 2014, pp. 43 – 44.

❹ Ana G. López Martín, *International Straits: Concept, Classification and Rules of Passage*, p. 86.

❺ 同上，p. 205.

（3）根室海峡（Nemuro‐Kaikyō）

俄罗斯称为库纳希尔斯基海峡（Kunashirsky Provli），西端北起斜里郡斜里町知床岬，南到北海道根室市纳沙布岬，东为国后岛、齿舞诸岛的一个海峡，联结鄂霍次克海与太平洋。❶ 该海峡属于《联合国海洋法公约》第 37 条意义上的国际海峡。❷

（4）巴士海峡（Bashi Channel）

位于中国台湾与菲律宾北部巴坦群岛之间，最狭处的小兰屿与菲律宾的亚米岛之间宽约 53 海里，是联结中国南海和太平洋的重要海峡。巴士海峡属于《联合国海洋法公约》中第 36 条意义上的海峡。❸

（5）巴拉巴克海峡（Balabac Strait）

位于马来西亚东北部加里曼丹岛北部与菲律宾西南部巴拉巴克岛之间，联结中国南海和苏禄海。该海峡宽度约 27 海里。巴拉巴克海峡属于《联合国海洋法公约》第 36 条意义上海峡。❹ 该海峡可联结印度尼西亚群岛海道之二。

（6）马六甲海峡（Malacca Strait）、新加坡海峡（Singapore Strait）

中国南海通往阿达曼海和印度洋的海上要道，分为西段的马六甲海峡和东段的新加坡海峡。新加坡海峡最窄的地方约 8 海里，马六甲海峡最窄的地方约 20 海里。该海峡属于《联合国海洋法公约》第 37 条意义上的国际海峡。❺ 马六甲海峡、新加坡海峡属于全球最关键的海上交通要道，是东亚、东南亚通往印度洋国家、中东国家、非洲、远至欧洲的必经之路，反之亦然。

2. 日本各岛屿之间用于国际航行的海峡

日本为数众多的岛屿呈东北—西南走向，散布于太平洋西部。日本各

---

❶ Ana G. López Martín, *International Straits: Concept, Classification and Rules of Passage*, p. 103.

❷ 同上，p. 205.

❸ 同上。

❹ 同上，pp. 86, 205.

❺ Ana G. López Martín, *International Straits: Concept, Classification and Rules of Passage*, pp. 104, 205; Rusli, M. H. (2012), A Study of the Straits of Malacca and Singapore. *Asian Politics & Policy*, 4: pp. 549‐569.

岛屿形成的海峡数量达到 69 个之多，大多数属于世界海上交通要道。❶ 从中国沿海（黄海、东海、南海）进入太平洋的海上通道大都要穿过日本岛屿之间的海峡。❷ 虽然日本陆地领土是由为数众多的岛屿组成，但日本并不具有群岛国的身份，其岛屿之间构成的海峡适用海洋法中的海峡过境通行制度。这些海峡因日本领海宽度不同而在《联合国海洋法公约》下有不同的法律地位，主要分属于第 36 条下的可正常适用关于航行自由和飞越自由规定的海峡与适用第 37 条下关于过境通行的国际海峡两类。

日本公布的领海宽度为 12 海里，但是对马海峡东水道、对马海峡西水道、宗谷海峡、津轻海峡、大隅海峡这 5 处的领海宽度设定为 3 海里，因而这些海峡中间留下适用航行与飞越自由规定的水域属于《联合国海洋法公约》第 36 条定义的海峡之外，❸ 其余海峡只要宽度大于 24 海里，原则上也属于第 36 条定义的海峡。即使日本适用 12 海里领海基线的海峡，当海峡宽度小于 24 海里时，只要满足了《联合国海洋法公约》第 37 条定义的海峡，❹ 都符合国际海峡的法律定义，其他国家的船舶和飞机都享有过境通行的权利。❺ 不过下面水道所经过的一系列海峡属于例外：

关门海峡（Kanmon kaikyō）—濑户内海—丰予海峡（Hōyo Strait）—丰后水道（Bungo Channel）。这一系列海峡是经黄海过关门海峡—丰后水道至太平洋的一条重要的航线❻。关门海峡建有大桥，东北端最狭处约 700 米。鉴于这种自然地理状况，根据《联合国海洋法公约》第 7 条所规定的领海基线划法，在划定直线基线之前，关门海峡之内的水域应该已经是内

---

❶ Anil Cayamac, "Japanese Straits", *Dokuz Eylul Universitesi Hukuk Fakultesi Dergisi*, Vol. 16, 2014, p. 440.

❷ Lewis M. Alexander, *Navigational Restriction within UNCLOS: Geographical Implications for the United States*, ed. by J. Ashley Roach, Leiden: Brill Nijhoff, 2017, p. 161.

❸ "Law on the Territorial Sea and the Contiguous Zone (Law No. 30 of 1977, as amended by Law No. 73 of 1996)", http://www.un.org/Depts/los/legislationandtreaties/pdffiles/jpn_1996_Law.pdf, 访问时间：2018 年 8 月 6 日。

❹ 《联合国海洋法公约》第 37 规定的海峡定义是 "本节适用于在公海或专属经济区的一个部分和公海或专属经济区的另一部分之间的用于国际航行的海峡"。

❺ 参见美国对日本领海主张的分析及立场：*Limits in the Sea*, No.120: *Straight Baseline and Territorial Sea Claims Japan*, https://www.state.gov/documents/organization/57684.pdf, 访问时间：2018 年 8 月 6 日。

❻ 同❷, p.162.

水，因此属于第 35 条（a）的情况，不适用过境通行制度。然而，日本所主张的海峡中并没有将关门海峡列入❶，原因是长期以来关门海峡属于日本内水的情况是显而易见的。

从太平洋经过纪伊水道（Kii Channel）—纪淡海峡（Kitan Strait）进入大阪湾（Osaka – wan），或过纪伊水道（Kii Channel）—鸣门海峡（Naruto Strait）进入日本播磨滩（Harima Nada）。这些海峡可能属于《联合国海洋法公约》第 45 条（1）（b）定义的海峡。

日本各岛屿形成的海峡中，除奥尻海峡（Okushiri – kaikyō）、利尻水道（Rishiri – suido）属于第 38 条（1）规定的情形。绝大多数可能属于第 36 条、第 37 条意义上的主要海峡：

（1）宗谷海峡

海峡宽度约 23 海里，日本公布该海峡的领海宽度为 3 海里。❷ 该海峡属于《联合国海洋法公约》第 36 条意义上的国际海峡。❸

（2）根室海峡

该海峡属于《联合国海洋法公约》第 37 条意义上的国际海峡。❹

根室海峡附近其他岛屿形成的水道还包括国后岛与择捉岛间的国后水道、择捉岛与得抚岛间的择捉水道。实际上，从中国东海穿过朝鲜海峡、宗谷海峡后进入太平洋，这些海峡都是必经之路。

（3）津轻海峡（Tsugaru – Kaikyō）

位于日本本州与北海道岛之间。是联结日本海与太平洋的通道，其最窄的地方仅有约 10 海里宽，日本宣布在津轻海峡的领海宽度为 3

---

❶ Ana G. López Martín, *International Straits: Concept, Classification and Rules of Passage*, p. 74.

❷ 同上，p. 86.

❸ 同上，p. 205.

❹ Ana G. López Martín, *International Straits: Concept, Classification and Rules of Passage*, p. 103, 205.《联合国海洋法公约》第 37 条中的海峡是一种排除了第 36 条所指其中含有公海或专属经济区一类水域的海峡，这取决于海峡的宽度与沿海国的领海范围主张。参见 Jia BingBing, *The Regime of Straits in International Law*, Clarendon Press, 1998, p. 211; Lewis M. Alexander, "Exceptions to the Transit Passage Regime: Straits with Routes of 'Similar Convenience'", *Ocean Development & International Law*, 1987, Vol. 18, pp. 479 –491.

海里。❶ 该海峡为《联合国海洋法公约》第 36 条意义上的海峡。❷ 2008
年 10 月中国军舰在该海峡行使过境通行权。

(4) 琉球群岛各岛屿间的海峡

琉球群岛由一系列东北—西南走向的群岛组成。从东北向西南，依次
是大隅诸岛、吐噶喇列岛、奄美诸岛、冲绳诸岛、宫古列岛、八重山列
岛，它们散布在太平洋西部。❸ 这些岛屿分为两组：一组由大隅诸岛、吐
噶喇列岛、奄美诸岛组成，称为萨南诸岛（Satsunan Islands）；另一组称为
琉球诸岛，包括冲绳诸岛、宫古列岛和八重山诸岛。日本这些岛屿之间的
海峡、水道是中国从黄海、东海通向太平洋的海上交通要道。其他国家在
这些海峡的航行、飞越应适用《联合国海洋法公约》相关规定。琉球群岛
各岛屿之间的海峡主要如下：

① 大隅诸岛间的海峡。大隅诸岛包括屋久岛、种子岛、口永良部岛、
马毛岛、黑岛、硫黄岛、竹岛等。❹ 这些岛屿之间最主要的海峡为：

大隅海峡（Ōsumi‐kaikyō）。位于日本九州岛南端的大隅半岛和大隅
群岛之间，是中国从东海出发通往太平洋的航道所经过的海峡。大隅海峡
的宽度小于 24 海里，但日本领海法规定该海峡的领海宽为 3 海里，留下中
间航道供国际航行。❺ 该海峡为《联合国海洋法公约》第 36 条意义上的海
峡。❻ 2003 年、2012 年、2014 年中国海军曾多次进行经过大隅海峡出入太
平洋。

种子岛海峡（Tanegashima Kaikyō）。位于日本种子岛与大隅群岛的
屋久岛之间，宽约 10 海里，是中国东海通往太平洋的海上通道。该海

---

❶ Ana G. López Martín, *International Straits： Concept, Classification and Rules of Passage*,
Springer, 2010, p. 86.

❷ Ana G. López Martín, *International Straits： Concept, Classification and Rules of Passage*,
p. 205.

❸ "Ryukyu Islands", https：//pediaview.com/openpedia/Ryukyu_Islands，访问时间：2018 年
7 月 25 日。

❹ The Ōsumi Islands（大隅诸岛 Ōsumi‐shotō）：https：//pediaview.com/openpedia/% C5%
8Csumi_Islands，访问时间：2018 年 7 月 25 日。

❺ 同❷，p. 86.

❻ 同❷，p. 205.

峡属于《联合国海洋法公约》第 37 条意义上的国际海峡。❶

　　② 吐噶喇列岛间的海峡。吐噶喇列岛自东北—西南走向包括口之岛、卧蛇岛、中之岛、平岛、诹访之濑岛、恶石岛、宝岛、横当岛，往西南接上奄美海峡。❷ 吐噶喇列岛间的海峡是中国东海、黄海通向太平洋的海上要道，主要的海峡、水道如下：

　　吐噶喇海峡，又名屋久海峡（Yakushima – Kaikyō），位于大隅诸岛的屋久岛与吐噶喇列岛中的口之岛之间，联结中国东海与太平洋的通道。位于日本吐噶喇列岛北部与日本大隅诸岛之间的水道，宽约为 22 海里。❸ 这些海峡、水道是东海通向太平洋的重要通道。❹ 该海峡属于《联合国海洋法公约》第 37 条意义上的国际海峡。❺ 2016 年中国海军舰队曾通过吐噶喇海峡，中国国防部发言人援引国际海峡的过境通行权来解释中国的行为，表示中国海军通过该海峡符合公约规定的航行自由原则。❻

　　吐噶喇列岛各岛内部之间还有数条水道，知名的 3 条水道是：口之岛和中之岛之间的口之岛水道、中之岛和诹访之濑岛之间的中之岛水道、诹访之濑岛和恶石岛之间的诹访之濑水道。

　　③ 奄美诸岛间的海峡。奄美诸岛自东北—西南主要包括大岛、喜界岛、德之岛、冲永良部岛、与论岛。❼ 这些岛屿之间的海峡、水道是中国东海通往太平洋的海上交通要道。

　　奄美海峡，亦称为奄美水道，位于奄美诸岛中大岛与吐噶喇列岛中的

---

　　❶ Ana G. López Martín, *International Straits：Concept, Classification and Rules of Passage*, p. 103, 205.

　　❷ The Tokara Islands（吐噶喇列岛 *Tokara – rettō*）：https：//pediaview. com/openpedia/Tokara_Islands，访问时间：2018 年 7 月 25 日。

　　❸ "Tokara Islands"，https：//pediaview. com/openpedia/Tokara_Islands，访问时间：2018 年 7 月 25 日。

　　❹ 吐噶喇海峡位置图：https：//legacy. lib. utexas. edu/maps/ams/japan/txu – oclc – 6900707 – nh52 – 11. jpg，访问时间：2018 年 7 月 25 日。

　　❺ Ana G. López Martín, *International Straits：Concept, Classification and Rules of Passage*, p. 103, 205. 也有数据认为，该海峡宽 30 海里，那么该海峡属于《联合国海洋法公约》第 36 条意义上的国际海峡，所有船舶、飞机在海峡中央领海所不能覆盖的水道享有完全的航行和飞越自由。

　　❻《中国军方批驳日方炒作：吐噶喇海峡是用于国际航行的海峡》，环球网，2016 年 6 月 16 日，http：//world. huanqiu. com/exclusive/2016 – 06/9045845. html，访问时间：2018 年 9 月 9 日。

　　❼ The Amami Islands（奄美诸岛 *Amami – guntō*）：https：//pediaview. com/openpedia/Amami_Islands，访问时间：2018 年 9 月 9 日。

横当岛之间，是从中国东海到太平洋的航线所经过的重要海峡。该海峡的宽度超过24海里，中间留下的水道没有为日本的领海覆盖，可以行使公海航行自由。2015年中国军舰结束太平洋的训练穿过奄美水道返回。❶

奄美诸岛中的其他海峡/水道。大岛、喜界岛、德之岛、冲永良部岛以及与论岛之间也形成了联结东海与太平洋的海峡，无论其宽度是否超过24海里，都构成《联合国海洋法公约》第36条或第37条的海峡，所有国家船舶和飞机都可以行使航行权、飞越权。

④ 冲绳诸岛与先岛诸岛之间的海峡。这些岛屿包括组成冲绳诸岛的冲绳岛、久米岛、庆良间列岛和组成先岛诸岛的宫古列岛、八重山列岛。❷

宫古海峡（Miyako Strait）。又称宫古水道、宫古–冲绳水道、宫古–冲绳公海水道等，位于琉球群岛的宫古岛与冲绳岛之间，宽度大约为250千米。该海峡中有广阔的适用公海航行自由的水道，已经很难将其视为地理或法律上的海峡。❸ 即使将其视为《联合国海洋法公约》中的海峡，也属于第36条规定的国际海峡，所有船舶、飞机享有充分的航行和飞越自由。正因为如此，美国和日本严密监视这里的海域，南部海有那霸军事基地。❹ 自2008年以来，宫古海峡是中国军舰（包括核潜艇）和军用飞机出入太平洋的最主要的海峡。❺

石垣水道（石垣海峡）和与那国海峡。位于台湾东侧的石垣岛和与那国岛之间形成的海峡。这两个海峡的宽度都超过24海里，属于《联合国海洋法公约》第36条意义上海峡，外国军舰和飞机享有完全的航行自

---

❶ 《中国军舰返航路线罕见通过水域距日领海仅22公里》，环球网，2015年3月3日，http：//mil. huanqiu. com/china/2015 – 03/5803069. html，访问时间：2018年9月9日。

❷ The Okinawa Islands（冲绳诸岛 *Okinawa Shotō*）：https：//pediaview. com/openpedia/Ryukyu_Islands.

❸ 地理意义上的海峡指连接公海或专属经济区的自然形成的狭长水道，法律意义上的海峡之宽度不超过24海里的、连接公海或专属经济区的自然形成的狭长水道。参见 Alexander Lott，*The Estonian Straits：Exceptions to the Strait Regime of Innocent or Transit Passage*，Martinus Nijhoff，2018，pp. 7 – 8.

❹ "Miyako Strait"，https：//en. wikipedia. org/wiki/Miyako_Strait；"Miyako Strait"，https：//pediaview. com/openpedia/Miyako_Strait，访问时间：2018年9月9日。

❺ "Japan to deploy missile batteries in Okinawa to safeguard strait"，http：//www. asahi. com/ajw/articles/AJ201802270039. html，访问时间：2018年9月9日。

由和飞越自由。2004 年中国潜艇曾通过该水道。❶

3. 菲律宾群岛水域与群岛海道

菲律宾属于《联合国海洋法公约》第四部分的群岛国。紧邻巴士海峡的巴示戈岛、巴坦群岛和巴布延群岛将吕宋海峡分隔成几个水道，如巴林塘海峡（Balintang Channel）和巴布延海峡（Babuyan Channel）。❷ 巴林塘海峡是其中最小的水道，巴布延海峡宽度约 15 海里。此外，菲律宾吕宋岛与波利略岛之间的波利略海峡（Polillo Strait）海峡宽度为 10 海里，圣贝纳迪诺海峡（San Bernardino Strait）最宽为 24 海里，最窄处仅有 2 海里。❸

靠近菲律宾群岛吕宋岛、萨马岛外围以及群岛水域内部有数量庞大的海峡，主要包括波利略海峡、圣贝纳迪诺海峡、马克达海峡（Maqueda Channel），巴士海峡以南的巴林塘海峡和巴布延海峡、佛得岛水道（Verde Island Passage）、民都洛海峡（Mindoro Strait）、苏里高海峡（Surigao Strait）、巴西兰水道（Basilan Passage）、圣关尼可海峡（San Juanico Strait）、保和 - 宿雾海峡（Bohol - Cebu Strait）、塔尼翁海峡（Tanon Strait）、锡布图水道（Sibutu Passage）等海峡及水道。其中，巴拉望岛和民都洛岛之间的佛得岛水道、民都洛海峡、利纳帕坎海峡（Linapacan Strait）、巴拉巴克海峡（Balabac Strait）是从中国南海进入菲律宾群岛水域（如苏禄海、苏拉威西海）的主要水道，而要从苏禄海、苏拉威西海这些菲律宾群岛水域通往太平洋，圣贝纳迪诺海峡、苏里高海峡是最主要的出口。从苏禄海穿过巴西兰水道、锡布图水道到苏拉威西海可以航行至印度尼西亚的第二条、第三条群岛海道，或向东至太平洋。上述这些海峡主要适用《联合国海洋法公约》第四部分的相关内容。❹ 鉴于菲律宾没有完成

---

❶ Peter A. Dutton, "International Law and the November 2004 '*Han* Incident'", *Asian Security*, 2006, Vol. 2, No. 2, pp. 87 – 101.

❷ 巴林塘海峡（Balintang Channel）和巴布延海峡：https：//www. oceangrafix. com/chart/zoom? chart =91010.

❸ Ana G. López Martín, *International Straits：Concept，Classification and Rules of Passage*, p. 86, 90. See also "Luzon Strait", https：//en. wikipedia. org/wiki/Luzon_Strait，访问时间：2018 年 9 月 9 日。

❹ Ana G. López Martín, *International Straits：Concept，Classification and Rules of Passage*, p. 206.

指定群岛海道，上述海峡位于菲律宾群岛水域中，可能主要适用《联合国海洋法公约》第四部分第 52 条下的无害通过，或者根据第 53 条（12）行使群岛海道通过权。

长期以来，菲律宾一直对所谓"条约线"一类的水域的法律地位有不同于《联合国海洋法公约》关于群岛水域的法律定义，它一般地将其具有公约中群岛水域地位的所有海域都视为内水，这导致它与一些国家就菲律宾群岛内水域的法律地位产生分歧。❶ 不过 2016 年的《菲律宾海域法》草案基本上符合《联合国海洋法公约》关于群岛水域的规定，❷ 但此后该草案一直没有启动参议院投票。相反，菲律宾近年来加强了其群岛水域的生物与环境保护，甚至有将整个菲律宾群岛水域指定为"特别敏感海域"（Particularly Sensitive Sea Area）的意图，这样可以规制在群岛水域的航行。❸ 根据《联合国海洋法公约》第 53 条，"群岛国可以指定适当的海道和其上的空中航道，以便外国船舶和飞机继续不停和迅速通过或飞越其群岛水域和邻接的领海"❹。对于指定的群岛海道，外国行使群岛海道通过权。但根据第 53（12）条，即使没有指定群岛航道，对于正常用于国际航行的航道，仍然适用群岛航道通行制度。此外，根据《联合国海洋法公约》第 52 条规定，"所有国家的船舶均享有通过群岛水域的无害通过权。"❺ 不过《联合国海洋法公约》第 53 条规定是群岛国自己的选择，并不是强制性义务，❻菲律宾

❶ Lowell B Bautista, "International Legal Implications Of The Philippine Treaty Limits On Navigational Rights In Philippine Waters", *Australian Journal of Maritime & Ocean Affairs*, 2009, Vol. 1, No. 3, pp. 88 –96.

❷ Philippines Maritime Zones Act, http：//www. senate. gov. ph/lisdata/2350620109！. pdf, accessed on Aug. 27, 2018.

❸ Alberto A. Encomienda, "Archipelagic Sea Lanes Passage and The Philippines Situation", Myron H. Nordquist, Tommy Koh and John Norton Moore, ed. , *Freedom of Seas*, *Passage Rights and the 1982 Law of the Sea Convention*, Brill Nijhoff, 2009, p. 405.

❹ 《联合国海洋法公约》第 53 条第 1 款。

❺ 同❶, p. 90.

❻ Alexander Proelß, ed. , *The United Nations Convention on the Law of the Sea：A Commentary*, Beck/Hart Publishing, 2017, p. 397.

一直不愿意指定群岛海道，❶ 2011 年菲律宾政府还是启动了指定群岛海道的工作，其《菲律宾群岛海道法》（House Bill No. 4153 and Senate Bill No. 2738）立法草案指出了 3 条海道，但没有指定其他正常国际航行使用的海道，❷ 因此也没有获得国际海事组织的采纳。❸ 2012 年菲律宾众议院通过了该法案，其后一直在参议院等待审议，后来菲律宾没有推动这项法案，也没有完成指定群岛海道。菲律宾外交部海事中心秘书长埃恩科米恩达（A. A. Encomienda）解释说，菲律宾没有指定群岛海道的主要考虑就是整个菲律宾群岛水域属于特别敏感海域。❹

《菲律宾群岛海道法》草案指定的 3 条群岛海道分别如下。

第一条：自东向西，从太平洋（菲律宾称为"菲律宾海"）穿过巴林塘海峡至南海。

第二条：自东向西，从菲律宾群岛太平洋一侧的苏里高海峡，穿过保和海、苏禄海、那苏巴塔水道、巴拉克海峡至南海。

第三条：自南向北，从苏拉威西海开始，向北经过巴西兰海峡、经苏禄海，穿过民都洛海峡进入南海。

但是，根据第 53 条（4），菲律宾所指定的群岛海道应当包括所有"正常通道"。一般认为，菲律宾群岛内主要的国际航道如下。❺

---

❶ "菲律宾不希望外国潜艇、军舰通过时太过靠近马尼拉。菲律宾认为它的情况与印度尼西亚不同，因为它的濒临太平洋，其海峡位于国土内部，宽度小于 12 海里，因此可以宣布为领海。菲律宾也反对有关国际组织批准其群岛海道的要求，因为存在分歧的情况下，所有通常用于国际通行的航道都会成为群岛海道。" Mark J. Valencia and James Barney Marsh, "Access to Straits and Sealanes in Southeast Asian Seas: Legal, Economic, and Strategic Considerations," *Journal of Maritime Law and Commerce* 16, 1985, No. 4, p. 526.

❷ *Philippines Archipelagic Sea Lanes Act*, https://www. senate. gov. ph/lisdata/2350520108!. pdf, 访问时间：2018 年 9 月 10 日；Hugo Caminos and Vincent P. Cogliati - Bantz, *Legal Regime of Straits - Contemporary Challenges and Solutions*, 2014, pp. 201 - 202. 菲律宾有意尽量将指定群岛海道的数量设定在最低限度。参见 Hugo Caminos and Vincent P. Cogliati - Bantz, *Legal Regime of Straits - Contemporary Challenges and Solutions*, 2014, p. 203.

❸ US State Department: *Limits of the Sea No. 142 – Philippines' Maritime Claims and Boundaries*.

❹ Alberto A. Encomienda, "Archipelagic Sea Lanes Passage and The Philippines Situation", pp. 405 - 406.

❺ Lewis M. Alexander, *Navigational Restriction within UNCLOS: Geographical Implications for the United States*, ed. by J. Ashley Roach, Leiden: Brill Nijhoff, 2017, p. 77; Mark J. Valencia and James Barney Marsh, "Access to Straits and Sealanes in Southeast Asian Seas: Legal, Economic and Strategic Considerations," *Journal of Maritime Law and Commerce* 16, 1985, No. 4, 514.

（1）南北向航道：南海—吕宋岛西部——民都洛岛海峡—苏禄海—巴西兰海峡—苏拉威西海，可以接上印度尼西亚的航道，或者从苏禄海到锡布土海峡，可以衔接印度尼西亚的航道。

（2）东西向航道：从南海穿越巴林塘海峡和巴布延海峡至太平洋的航道。

（3）东西向航道（吕宋岛以南）：南海—佛得岛水道—锡布延海—圣贝纳迪诺海峡—太平洋。

（4）东西向航道（经过苏禄海）：南海—巴拉巴克海峡—苏禄海—苏里高海峡—太平洋。

与一般认定的"正常用于国际航行的航道"相比较，菲律宾指定的群岛海道缺少了东西走向的海道，即第（3）—南海—佛得岛水道—锡布延海—圣贝纳迪诺海峡—太平洋这条海道。这条海道是美国希望供其核潜艇航行的海道。❶

4. 印度尼西亚群岛水域与群岛海道

印度尼西亚是世界上最大的群岛国，位于南海、太平洋、印度洋的交界处，连接这些大洋的关键水道就位于印度尼西亚的群岛水域，它们主要通过下列的海峡、水道，其中，马六甲海峡、龙目海峡、巽他海峡、翁拜海峡被美国列入 16 个关键战略海峡之中。

（1）巽他海峡（Sunda Strait）。位于爪哇岛与苏门答腊之间，连接南海、爪哇海与印度洋，最宽处为 31 海里，最窄处为 4 海里。该海峡是印度尼西亚群岛海道之一，通向印度洋的出口。

（2）龙目海峡（Lombok Strait）。位于印度尼西亚的巴厘岛与龙目岛之间，连接爪哇海与印度洋，宽度为 11 海里至 32 海里不等。❷ 该海峡是印度尼西亚群岛海道之二，通向印度洋的出口。龙目海峡的水文条件适合潜

---

❶ Mark J. Valencia and James Barney Marsh, "Access to Straits and Sealanes in Southeast Asian Seas: Legal, Economic and Strategic Considerations," *Journal of Maritime Law and Commerce* 16, 1985, No. 4, p. 526.

❷ Ana G. López Martín, *International Straits: Concept, Classification and Rules of Passage*, p. 90.

艇在水下航行。❶

（3）望加锡海峡（Makassar Strait）。位于苏拉威西岛与加里曼丹岛之间，宽62海里，印度尼西亚群岛中段的海峡。北通苏拉威西海，南接爪哇海与弗洛勒斯海，❷是中国南海经过菲律宾群岛、印度尼西亚群岛通往澳大利亚的海上通道，美国军舰在西太平洋、印度洋之间来往的最重要的海上通道。❸印度尼西亚群岛海道之二中的一段，通过望加锡海峡。

（4）卡里马塔海峡（Karimata Strait）。位于印度尼西亚的加里曼丹岛与苏门答腊岛之间，连接中国南海与爪哇海，宽度为66海里。❹该海峡可连接印度尼西亚群岛海道之一，通过巽他海峡通往印度洋。

（5）阿拉斯海峡（Alas Strait）。位于印度尼西亚龙目岛和松巴哇岛之间，宽度为6海里。❺该海峡是爪哇海通向印度的海峡之一，西侧为龙目海峡。

（6）巴厘海峡（Bali Strait）。位于印度尼西亚的巴厘岛与爪哇岛之间，宽2海里，是爪哇海通向印度的海峡之一。❻巴厘海峡东侧为龙目海峡。

（7）翁拜海峡（Ombai Strait）。最宽的地方为32海里，最窄的地方为17海里。该海峡连接印度尼西亚北面的班达海和西南面的萨武海，是印度尼西亚公布的第三条群岛海道，通向帝汶岛和印度洋的出口之一。❼翁拜海峡的水文条件适合潜艇在水下航行。❽

（8）马鲁古海峡（Maluku Strait）。位于马来西亚群岛东部海域，在苏拉威西岛与马鲁古群岛之间，是印度尼西亚东部各海区北出太平洋的重要航道之一。印度尼西亚公布的第三条群岛海道东北部段就位于马鲁古海峡。

---

❶ Mark J. Valencia and James Barney Marsh, "Access to Straits and Sealanes in Southeast Asian Seas: Legal, Economic and Strategic Considerations," *Journal of Maritime Law and Commerce* 16, 1985, No. 4, p. 543.

❷ Ana G. López Martín, *International Straits: Concept, Classification and Rules of Passage*, p. 90.

❸ 同上。

❹ 同上。

❺ 同上，p. 92.

❻ 同上，p. 91.

❼ 同上，p. 92.

❽ 同❶。

（9）萨佩海峡（Selat Sape）、弗洛勒斯海峡（Selat Flores）、阿罗海峡（Selat Alor）、潘塔儿海峡（Selat Pantar）等。这些海峡位于印度尼西亚南侧靠近印度洋，是联结爪哇海、弗洛斯海与印度洋的通道。从南海、太平洋到印度洋，这些海峡是重要的海上通道。

1998 年，印度尼西亚向国际海事组织海事安全委员会（Maritime Safety Committee）建议了 3 条群岛海道。2002 年印度尼西亚政府通过了《关于外国船舶和飞机行使 2002 年指定的群岛海道通过权之权利义务的第 37 号政府规章》（第 37 号政府规章，2002 年 6 月 28 日）（以下简称《2002 年群岛海道通过权规章》），就群岛海道的通过事宜进行了详细规定。❶

印度尼西亚指定的第一条群岛海道主要为南海与印度洋之间的航道，从纳土纳海穿过爪哇海西部，经过卡里马塔海峡到巽他海峡，通向印度洋。在该海道第 1 - 3 坐标点上有一条通往新加坡海峡附近的支线（IA - 1 至 1 - 3）。

第二条群岛海道始于印度尼西亚东北部的苏拉威西海，向西南方向穿过望加锡海峡、弗洛勒斯海，终点到龙目海峡出口，通向印度洋。

第三条群岛海道始于两个坐标点，分别位于苏拉威西海边缘的 IIIE - 2 和太平洋的 IIIA - 1，汇于马鲁古海峡的 IIIA - 2，穿过马鲁古海峡经塞兰海西部边缘进入班达海，在班达海分为 3 条支线，一条向南穿过班达海到翁拜海峡（IIIA - 8 至 IIIA - 9），再穿过萨武海到印度洋，中间支线穿过勒蒂海峡（Leti Strait）通向帝汶海（IIIA - 8、IIIB - 1 至 IIIB - 2），东南方向支线通向澳大利亚以北的阿拉弗拉海（IIIB - 1、IIIC - 1 至 IIIC - 2）。❷

印度尼西亚指定的群岛海道从北到南穿越了其群岛水域的大部分，但并没有指定东西走向的群岛海道。在来自美国和澳大利亚的压力下，经过国际海事组织认定，印度尼西亚接受已有的 3 条群岛海道属于"部分指

---

❶ Law of the Sea Bulletin 52, UN Doc, pp. 23 - 24, http：//www. un. org/Depts/los/doalos_publications/LOSBulletins/bulletinpdf/bulletin52e. pdf; Dikdik Mohamad Sodik, "The Indonesian Legal Framework on Baselines, Archipelagic Passage, and Innocent Passage", *Ocean Development & International Law*, Vol. 43, No. 4, 2012, pp. 330 - 341; Adrian J Halliwel, "How "One Of Those Days" Developed - Indonesian Archipelagic Sea Lanes And The Charting Issues", https：//www. iho. int/mtg_docs/com_wg/AB-LOS/ABLOS_Conf3/PAPER7 - 1. PDF.

❷ 参见 Law of the Sea Bulletin 52, UN Doc, pp. 23 - 24；刘新山、郑吉辉：《群岛水域制度与印度尼西亚的国家实践》，《中国海商法年刊》，2011 年第 2 期，第 102 - 108 页。

定"（partial designatio）。● 这意味着其他国家仍然可以根据《联合国海洋法公约》第 53 条（12），"可通过正常用于国际航行的航道，行使群岛海道通过权"。❷ 公认的印度尼西亚群岛内正常航行的东西航道是：马六甲海峡向东南至爪哇海—加斯帕海峡或卡里马塔海峡—阿拉弗拉海。然后可以继续穿越托雷斯海峡（Torres Strait）至澳大利亚东南沿海和西南太平洋。❸ 这是一条从马六甲—新加坡海峡穿越印度尼西亚群岛水域通往澳大利亚的航道，对美国军事部署至关重要。对于这条东西方向的航道，美国额外关注。

2016 年 3 月，美国与印度尼西亚在华盛顿就印度尼西亚的海洋政策和法律进行了一次对话，其间印度尼西亚反对美国 2015 年度"航行自由计划"将印度尼西亚列入其中。该年 10 月美国向印度尼西亚提交了一份外交照会，表示："美国的理解是印度尼西亚并没有要求外国军舰行使无害通过或群岛海道通过权时提供提前通知，也没有对在毗邻印度尼西亚领水的水域中'无合法理由而停泊、下锚及巡航'行为适用《1962 年第 8 号规章》规定的限制"。❹ 该照会还认为，《2002 年群岛海道通过权规章》所指定的通过印度尼西亚群岛的群岛海道是部分指定，对于《联合国海洋法公约》第 53 条反映的通过印度尼西亚群岛其他部分的用于国际航行的所有正常航道，所有船舶与飞机仍然有权行使群岛海道通过权。国际海事组织（IMO）发布的《船舶航道》第 H 部分第 6.7 节提供了额外的指南。该照会还特别提到，"印度尼西亚群岛水域及领海内的无害通过适用于所有国

---

❶ 国际海事组织海事安全委员会于 1998 年 5 月 19 日通过 MSC 72（69）号决议，认定印度尼西亚指定的 3 条群岛海道属于"部分指定"。参见 The IMO Maritime Safety Committee："Adoption, Designation and Substitution of Archipelogic Sea Lanes"［MSC 72（69）］，http：//www. imo. org/blast/blastData. asp？doc_id=6794&filename=72%2869%29. pdf. 另参见 *Digest Of United States Practice In International Law*（2003），pp. 760－762；Dhiana Puspitawati，"The East/West Archipelagic Sea Lanes Passage Through the Indonesian Archipelago"，*Maritime Studies*，2005，Vol. 140，pp. 3－4.

❷ 刘新山、郑吉辉：《群岛水域制度与印度尼西亚的国家实践》，《中国海商法年刊》，2011 年第 2 期，第 106 页；Chris Forward，"Archipelagic sea－lanes in Indonesia－their legality in international law"，*Australian and New Zealand Maritime Law Journal*，2009，23（2）：143－156.

❸ Lewis M. Alexander，*Navigational Restriction within UNCLOS：Geographical Implications for the United States*，ed. by J. Ashley Roach，Leiden：Brill Nijhoff，2017，p. 76；Dhiana Puspitawati，"The East/West Archipelagic Sea Lanes Passage Through the Indonesian Archipelago"，2005，pp. 3－4.

❹ CarrieLyn D. Guymon，ed.，*Digest of United States Practice in International Law*（2016），Office of the Legal Adviser United States Department of State，p. 523.

家的所有船舶,《联合国海洋法公约》第 52 条(1)反映了这一点。"❶

印度尼西亚在向国际海事组织提交指定群岛海道的建议时,事先同美国、日本、澳大利亚、英国有过磋商。日本和英国没有实质性的反对,但美国、澳大利亚非常关心穿过印度尼西亚群岛水域的东西走向的海道。1996 年印度尼西亚与美国、澳大利亚就群岛海道问题达成了 19 条规则(19 Rules Agreed by the US, Australia and Indonesia on the exercise on archipelagic sea lanes passage),涉及美国最为关心的军舰和军用飞机的通过问题。❷

5. 关键位置:点、线、面

马汉所说的"战争就是处置位置",这种位置包括静态因素,如处于交通要冲的海峡,由于其地理位置,其存在本身就是关键点。另外,有些因素的重要性往往因一方的行为引起另一方的回应,这种互动使某些地理位置对双方都变得重要起来,这就是一方的行为取决于另一方的行为,地缘政治的重要性正是这样产生的,这样某些地理因素的重要性就是动态因素导致的。例如,美国针对中国的军事部署,尤其是在日本各处的军事基地(包括日本的军事部署);在菲律宾的军事部署及与菲律宾在军事上的合作。根据 2014 年美国—菲律宾军事合作协议,美国可以使用菲律宾的 5 个空军基地:巴拉望岛的安东尼奥·包蒂斯塔空军基地(Antonio Bautista Air Base)、菲律宾首都马尼拉北面的巴萨空军基地(Basa Air Base)、吕宋岛中部帕拉延市的马格赛赛堡基地(Fort Magsaysay Base)、棉兰老岛的伦维亚空军基地(Lumbia Air Base)、中东部城市宿务的麦克坦 – 贝尼托·埃本空军基地(Mactan – Benito Ebuen Air Base),❸ 将自然引起中国的回应——所谓的"拒止战略"就是正常的军事部署回应,这反过来又引起

---

❶ CarrieLyn D. Guymon, ed., *Digest of United States Practice in International Law* (2016), pp. 523 – 524.

❷ Dhiana Puspitawati, "The East/West Archipelagic Sea Lanes Passage Through the Indonesian Archipelago", *Maritime Studies*, 2005, Vol. 140, pp. 5, 9 – 11. 具体内容参见本书附录《美国、澳大利亚、印度尼西亚关于行使群岛海道航行权的 19 条规则》及评注。

❸ 参见 Agreement Between the United States of America and the Philippines Amending the Agreement of April 28, 2014, https://www.state.gov/documents/organization/259256.pdf; Eleanor Albert, "The U. S. – Philippines Defense Alliance", 访问时间:2016 年 11 月 21 日; https://www.cfr.org/backgrounder/us – philippines – defense – alliance, 访问时间:2018 年 8 月 2 日。这些基地的位置参见 https://www.cfr.org/content/publications/PhilippineMilBaseMap_v1.jpg.

美国的担心。无论是中国通往印度洋、太平洋，还是美国等国家从印度洋和太平洋通往中国近海，海峡、航线（无论是群岛国指定的群岛海道还是正常使用的航道）构成关键的点、线关系。有三种情况会体现出某些海域会形成关键的面：一是军事部署的攻击范围、防御范围体现一定大小的范围；二是军用船舶、飞机在关键点、线之间的运动，其力量投射也构成了关键的面；三是某些海域预计是战事发生地——如美国军方和智库策划海上经济战时将各种封锁区、交战区放在安达曼海、纳土纳海附近，巽他海峡和龙目海峡附近的印度洋，日本列岛外侧太平洋附近、朝鲜海峡附近，这些海域也成为关键位置。

中国从南海通向太平洋、印度洋的方向主要有马来西亚、印度尼西亚和菲律宾，大多数关键的海上交通要道需要穿越这两三个国家的有关海峡和海道，与此对立的力量也是通过这些海峡和海道进入中国沿海。两种力量在上述关键的点、线、面展开竞争，"战争就是处置位置"的实质就是海洋控制（sea control）之争。在当代，海洋控制是一种海军战术，意指"在特定海域、特定期间内阻止敌人在某时间进入某海域，同时确保自己有力量在某时间内利用某海域。海洋控制所诉诸的战术包括：突击控制（sortie control）、咽喉点控制（chokpoint control）、海上公开行动（open sea operation）、区域防御（local defence）"。❶ 中国对于这些战术目标或许比较熟悉，但对"确保自己有力量在某时间内利用某海域"这样的目标必须要给予足够的重视，否则即便能够阻止敌方控制海洋但自己不能使用，战术效果仍然极为有限。

6. 和平时期的航行权问题

中国与周边国家如朝鲜、韩国、日本、菲律宾、印度尼西亚、越南、马来西亚、文莱等国的位置关系大致属于海上相向国家，大部分海洋空间不足 400 海里，如果主张仅仅局限于在自己的领海、专属经济区和公海活

---

❶ ［美］罗杰·W. 巴尼特：《海军的战略和文化：海军所想所为什么不一样》，吴东风、孙迪辉、李园芳译，北京：中国市场出版社，2014 年，第 54 - 56 页；Gamaliel Rodriguez Ballester, "The Right of Innocent Passage of Warships: A Debated Issue", *Revista De Derecho Puertorriqueno*, 2014, Vol. 54, p. 97; Stansfield Turner, "Naval Balance: Not Just a Numbers Game," *Foreign Affairs*, 1977, Vol. 55, No. 2, pp. 339 - 354.

动，那就是一种自我设限的立场。而且，中国除台湾地区东部毗邻太平洋的海域之外，并没有直接毗邻的公海海域。中国海军、空军要进入公海，必须穿越一些国家的海峡、群岛水域等关键的海域，这需要相应的国际法立场。

具体而言，中国需要在关键海域确保军舰和飞机拥有方便、安全的航行权和飞越权。关键在于中国对以下有争议问题上立场的取舍，甚至涉及中国一贯的立场可能发生变化：①领海中军舰是否享有无须事先批准的无害通过权；②在专属经济区是否有军事活动的权利；③军舰和军用飞机在国际海峡、群岛海道中的航行和飞越的"通常方式/正常方式"，是否包括舰载飞机的起降，如航空母舰的正常通行方式是否包括起降飞机？核动力船舶（如核动力航母）是否要受到海峡沿岸国、群岛国的特别规制？潜艇过境通行是否要事先通知？飞机是否可以自由出入国际海峡入口上覆水域？

二、勿自我设限的航行自由立场

为了掌控周边海洋乃至远洋的基本情况，为了中国舰队本身的安全，为了不给中国海军活动的法律基础自我设限，为了不使中国海军沦为要塞舰队，中国应当考虑持何种法律立场才能享有尽可能大的行动自由。

1. 在周边地缘政治条件下对领海中军舰的无害通过权的思考

中国在 1992 年的《中华人民共和国领海及毗连区法》第 6 条第 2 款规定外国军舰进入中国领海，须经中国中央政府批准。1996 年中国批准《联合国海洋法公约》的时候，也做了相同内容的保留。不过中国不是唯一这样要求的国家。军舰行使无害通过权这类任务时对于海上弱国来说意义不大，其角色不过是其他海洋大国海军任务所针对的对象。如果中国将自己定位为一个海上弱国，这类海军任务同样没有太大的意义。然而，事实上中国现在可能难以将自己定位为一个海洋小国、弱国，否则建设海洋强国与此相矛盾。在海上强国的政策导向和身份自我定位之下，将这类海军任务放在中国周边关键的点、线、面构成的地缘政治中来看，其重要性就不言而喻。中国军舰是否需要在周边国家领海内行使无害通过权，取决于海军存在、战略遏制、海洋控制、投放武装力量这些任务对中国是否是必要的。从中国海军发展势头、战略环境来看，答案似乎一目了然。被美国命名的中国的"拒止战略"需要中国海军力量越过"第一岛链"投射力量——这与美国向濒海投射武装力量的方向正好相反。❶ 鉴于领海无害通过的船舶行为受到严格限制——禁止演习、武器测试、情报收集，但从技术上来看，在很多的情况下军舰在其他国家领海内行使无害通过权并不是孤立的行为，该行为往往是进行军事活动演习、侦察的前奏或后续环节。如果中国有这些必要的任务需要执行，那么主张对军舰行使无害通过权施加最少的限制也符合中国的国家利益。

　　中国海军要进入太平洋、印度洋，基本都要经过一些几乎难以绕过的国际海峡、群岛水域、群岛海道。如果中国坚持军舰进入、通过领海需要经过政府批准，这样可能会面临一个不利于中国的法律困境。假设一些两岸同属一个国家的海峡属于《联合国海洋法公约》第 37 条意义上国际海峡的范畴，而且海峡沿岸国使用直线基线或者弧线包络法（envelope of arcs）在海峡入口划定海峡封口线，这使得外国船舶、飞机进入海峡行使海峡过境通行权之前必须要穿越其领海。原则上，任何一个国际海峡，只要符合第 37 条规定，所有国家的军舰、飞机自然有权本着过境通行的目的出入于该海峡，一个自然的推论就是其也有权出入这些海峡入口、出口的领海。然而，《联合国海洋法公约》第三部分第二节并没有类似第四部分第 53 条（4）的规定："这种海道和空中航道应穿过群岛水域和邻接的领海。"第 53 条（4）将群岛海道通过权延伸至领海，但国际海峡中的过境通行权是否延伸至领海则没有明确规定，虽然这是一个自然的推论，❷ 但如果相关国家以进入其领海需要事先批准，那么中国的法律立场不利于中国在此时提出坚定的主张。例如，日本采用弧线包络法划定吐噶喇列岛、奄美诸岛、琉球群岛海域的领海基线，❸ 这导致两个群岛中的许多海峡的出口、入口的领海基线是封闭的，进入这些海峡之前必须先进入日本的领

---

　　❶　Thomas G. Mahnken, et al., *Tightening The Chain: Implementing a Strategy of Maritime Pressure in the Western Pacific*, Washington D. C., The Center for Strategic and Budgetary Assessments, pp. 13 – 17.

　　❷　Jia BingBing, *The Regime of Straits in International Law*, 1998, pp. 6 – 7.

　　❸　部分日本领海基线的存在导致日本的一些国际海峡出入口为其领海所包围，效果图可参见 http://fall. fsulawrc. com/collection/LimitsinSeas/maps/ls120. html, 2018 年 9 月 25 日访问。

海。虽然相关争端更多的是关于国际航行海峡的过境通行权问题,❶ 但在这种情况下,主张不需事先批准的无害通过权更有利于中国海军舰队出入太平洋。

据报道,中国军舰也有通过他国领海的航行活动。例如,2015 年就有中国在美国近海及领海通过的报道:"这 5 艘军舰上星期进入美国与俄罗斯交接的白令海国际海域,之后掉头南下,并迅速穿过美国所属阿留申群岛两座岛屿之间的水域,离开白令海。其间,中国军舰曾进入这些岛屿 12 海里以内的美国领海。"❷ 美国北方司令部的评论是中国军舰的行为符合国际法,把中国军舰通过美国领海的行为视为无害通过。❸

2. 军舰和军用飞机在国际海峡中的过境通行权

海峡是连接各个大洋的通道,是海上交通线的咽喉。尽管许多狭窄的海上通道被称为海峡,但其地理概念与法律概念还是有所不同。许多被称为水道、海道的通道本质上符合海洋法中的海峡定义,而有些被称之为海峡的通道,也有上百千米乃至更宽,如宫古海峡宽度约 250 千米。❹ 无论其名称如何,它们事实上比《联合国海洋法公约》第三部分 "用于国际航行的海峡" 的范围广。公约第三部分仅仅规制部分海峡,这并不妨碍之外

---

❶ 2004 年日本就试图阻碍中国潜艇通过石垣海峡(Ishigaki strait),其理由是侵犯了日本主权。参见 Peter A. Dutton, "International Law and the November 2004 'Han Incident'", 87, p. 91。从日本九州岛到奄美诸岛之间,只有大隅海峡适用 3 海里领海基线,其海峡入口没有被领海基线封闭,其余海峡入口基本上都有封闭的领海基线。2003 年、2012 年、2014 年中国海军曾多次进行经过大隅海峡出入太平洋,2015 年中国军舰结束太平洋的训练穿过奄美水道返回。2016 年中国海军舰队曾通过吐噶喇海峡引起日本非议,认为中国入侵日本领海。当时中国国防部发言人曾表示,"吐噶喇海峡是用于国际航行的领海海峡,中国军舰通过该海峡符合《联合国海洋法公约》规定的航行自由原则。"不过这个问题更多地与国际海峡过境通行权有关。参见《中国军方批驳日方炒作:吐噶喇海峡是用于国际航行的海峡》,环球网,2016 年 6 月 16 日,http://world. huanqiu. com/exclusive/2016 - 06/9045845. html,最后访问时间:2018 年 9 月 9 日。

❷ 《中国军舰似有意穿越美国领海》,http://www.crntt.com/doc/1039/2/3/5/103923557.html? coluid = 148&kindid = 7550&docid = 103923557&mdate = 0909100411,2020 年 9 月 9 日访问。

❸ Sam LaGrone, "Chinese Warships Made 'Innocent Passage' Through U. S. Territorial Waters off Alaska", http://news. usni. org/2015/09/03/chinese - warships - made - innocent - passage - through - u - s - territorial - waters - off - alaska,访问时间:2015 年 10 月 6 日。

❹ 没有国际条约去可靠地界定海峡的地理范围,也没有习惯国际法去划定其范围。参见 Uwe Althaus, "International Straits: Peacetime Rights and Obligations", Jörg Schildknecht, et al., ed., *Operational Law in International Straits and Current Maritime Security Challenges*, Springer, 2018, p. 54.

的海峡同样适用于航行自由。中国发展海上力量无疑会提高通过海峡的频率。无论海峡地理位置在何处，只要属于繁忙的海上航线之后，中国也利用它们，尤其是一些关键的海峡、运河，哪怕它们距离中国非常遥远，如黑海海峡、直布罗陀海峡、北极航线所经过的海峡等。❶ 但最重要的还是从中国沿海通向太平洋、印度洋必须经过一系列的海峡，它们是中国走向海洋强国必须通过的首要海洋咽喉。本章主要讲涉及中国周边的海峡。

在 1982 年《联合国海洋法公约》中，海峡可以分为以下三大类。❷

第一，适用第三部分第二节中"过境通行"规定的海峡："在公海或专属经济区的一个部分和公海或专属经济区的另一部分之间的用于国际航行的海峡"。❸

第二，适用于无害通过制度的海峡：

①海峡是"由海峡沿岸国的一个岛屿和该国大陆形成，而且该岛向海一面有在航行和水文特征方面同样方便的一条穿过公海，或穿过专属经济区的航道"；❹ ②"在公海或专属经济区的一个部分和外国领海之间的海峡"。❺

第三，不适用第三部分第二节中"过境通行"规定的海峡：

①包括内水的海峡，根据第 7 条所规定的方法划定直线基线之前，该水域已经是内水［第 35 条（a）］；②有关海峡中的通行是由长期有效的特定公约部分或全部进行规制的［第 35 条（c）］；③海峡中的通行由符合本公约的

---

❶　R. Douglas Brubaker（2001）"Straits in the Russian Arctic", *Ocean Development & International Law*, 32：3, 263 –287；R. Douglas Brubaker, *The Russian Arctic Straits*, Martinus Nijhoff Publishers and VSP, 2004；Robert Aguirre, *The Panama Canal*, Martinus Nijhoff, 2010.

❷　Alexander Lott, *The Estonian Straits：Exceptions to the Strait Regime of Innocent or Transit Passage*, Martinus Nijhoff, 2018, pp. 7 –46；Ana G. López Martín, *International Straits：Concept, Classification and Rules of Passage*, p. 66；Donald R. Rothwell, "Peacetime Maritime Operations", in Karine Bannelier, et al., *The ICJ and the Development of International Law：The Enduring Impact of the Corfu Channel Case*, Taylor & Francis, 2011；S. S. Nandan and D. H. Anderson, "Straits Used for International Navigation：A Commentary on Part III of the United Nations Convention on the Law of the Sea 1982", *British Year Book of International Law*, 1989, Vol. 60, p. 165；Mary George, "Transit Passage and Pollution Control in Straits under the 1982 Law of the Sea Convention", *Ocean Development & International Law*, 2002, Vol. 33, No. 2, pp. 189 –205.

❸　《联合国海洋法公约》第 37 条中规定的海峡。

❹　《联合国海洋法公约》第 38 条（1）。

❺　《联合国海洋法公约》第 45 条（1）（b）。

协议所规制,但该协议不属于"长期有效"类别［第311条（2）］;❶ ④"穿过某一用于国际航行的海峡有在航行和水文特征方面同样方便的一条穿过公海或穿过专属经济区的航道"（第36条）;❷ ⑤群岛国划定群岛基线导致海峡覆盖了群岛水域（《联合国海洋法公约》第四部分）。

上述种类海峡中,《联合国海洋法公约》第36条中的海峡中间存在专属经济区或公海,适用航行自由和飞越自由原则,除非存在国际水文组织、国际民航组织在航行和飞行安全方面的技术安排,无论是民用船舶还是军舰等政府船舶,在法律上,其通过是不受沿海国的限制,因此本章一般不考虑这种海峡的航行问题。这类海峡包括日本列岛中的多数海峡——津轻海峡、大隅海峡、宗谷海峡、屋久海峡、石垣水道（石垣海峡）和与那国海峡、宫古海峡（中间水道很宽,其实很难称为海峡）,韩国与日本之间的朝鲜海峡,中国与菲律宾之间的巴士海峡,印度尼西亚与菲律宾之间的巴拉巴克海峡。对于群岛国水域中的海峡,其适用的法律是《联合国海洋法公约》第四部分"群岛国"的相关规定。下面将主要考察第37条下海峡的过境通行、第45条下海峡的无害通过。

位于中国周边海上交通要道的海峡相当一部分是属于第36条意义上的海峡,❸ 适用第37条规定的国际海峡并不多,最主要的是新加坡—马六甲海峡、日本的根室海峡、吐噶喇海峡、种子岛海峡等。《联合国海洋法公约》第39条有关船舶和飞机在国际海峡行使过境通行权的规定是清楚的,但现实中涉及军用飞机、军舰、潜艇等武器的过境通行时,尚未澄清的问题较多。第38条、第39条（1）（c）赋予过境通行的船舶和飞机继续不停地不受阻碍的通行和飞越的权利,但必须是按照过境的"通常方式"［第39条（1）（c）］。通常方式的含义并不无言自明,尤其是对于军舰、军用飞机。

---

❶ Ana G. López Martín, *International Straits: Concept, Classification and Rules of Passage*, p. 66.

❷ 《联合国海洋法公约》第36条。

❸ 根据美国的路易斯·亚历山大（Lewis M. Alexander）的统计,总共265个国际性海峡中,宽度超过24海里的有60个,中间存在公海或专属经济区水道。参见 Lewis M. Alexander, *Navigational Restriction within UNCLOS: Geographical Implications for the United States*, ed. by J. Ashley Roach, Leiden: Brill Nijhoff, 2017, pp. 83 – 99; Lewis M. Alexander, "Exceptions to the Transit Passage Regime: Straits with Routes of 'Similar Convenience'", *Ocean Development & International Law*, 1987, Vol. 18, No. 4, pp. 480 – 481.

（1）国际海峡的地理范围与军舰的航行与军用飞机的飞越

第三次联合国海洋法会议谈判伊始，美国就异常关注军舰和军用飞机在国际海峡中的航行与飞越自由问题。美国的官方立场一直是军舰享有在领海无害通过，而且军舰在无害通过中还享有自卫的权利，但这种主张并没有被绝大多数国家的接受。即使在那些接受此种立场国家的领海中行使无害通过权，诸如炮火训练、为了武力护航而放置小艇这些警戒措施是被禁止的——这些属于非无害通过的行为。在领海中，为了避免对军舰产生的威胁，一般避免进入外国领海。但是，在国际海峡中，情况则有所不同，因为国际海峡中的水域同海峡沿岸国的领海有重叠之处。军舰虽然担负继续不停和迅速过境的义务，但军舰安全航行也属于特别需要考虑的重要问题。尽管如此，可以在公海上从事的军事行动并不能在过境通行时实施，过境通行权就是"无害通过 ＋"（Innocent Passage plus），"过境通行权是无害通过权的轻微扩展"，"过境通行并不限制军舰在无害通过中享有的权利"。❶ 但这种"＋"或轻微扩展的具体内容无明确界限，国际海峡中的过境通行仍然存在法律上的模糊之处，频繁行使该项权利的海洋大国通常在确保军舰、飞机安全航行、飞行的前提下，谨慎平衡过境通行权与沿岸国家的权利和利益。❷

下列实践和考虑源于美国在缺乏国际海峡范围的界定时对有关国际法模糊之处的长期主张：

过境通行权适用于整个海峡，这是一项基本规则。❸ 当军舰和军用飞机在国际海峡通过的时候，一些海峡可能有沿岸国家制定的分道通航制。反映美国立场的一份研究认为，军舰可以不适用分道通航制，但一般会遵守国际海事组织制定的避免碰撞的规则，这种立场对潜艇在水下航行有利。❹

---

❶ Uwe Althaus, "International Straits: Peacetime Rights and Obligations", 2018, pp. 53 –54, 57.

❷ 关于该问题的一般性争论，参见 Jon M. Van Dyke, "Transit Passage Through International Straits", in Aldo Chircop, Theodore McDorman and Susan Rolston, ed., *The Future of Ocean Regime – Building: Essays in Tribute to Douglas M. Johnston*, Brill, 2009, pp. 177 –232; Stuart Kaye, "International straits: Still a matter of contention?", in Karine Bannelier, et al., ed., *The ICJ and the Development of International Law: The Enduring Impact of the Corfu Channel Case*, Taylor & Francis, 2011.

❸ 同❶, pp. 54, 56.

❹ 同❶, pp. 55 –56.

国际海峡必须是那些可以利用的、并不必然是实际用于国际航行的海峡。❶

如果在海峡中通行的军舰一直适用分道通航制，则受到的限制太大，即使军舰位于海峡中线位置也是如此。❷

在任何情况下，出于确保通行船舶的安全而需要而进行武装保护措施的任何演习都满足了继续不停地通航的标准。❸

沿海国应当指定通道（corridor），使船舶指挥官有足够的活动空间去操作必要的武装保护措施，同时防止沿岸国家指控违反了过境通行权。❹

根据《联合国海洋法公约》第 38 条 (2)，过境通行指"在公海或专属经济区的一个部分和公海或专属经济区的另一部分之间的海峡继续不停和迅速过境的目的而行使航行和飞越"，但这并不意味着不可以往返多次通行，也不意味着通行必须要完成。可以在海峡中进行返航操作。武装保护或紧急情况下，船舶要求进行返航。然而返航操作不能过频以至于在有关海域构成巡航活动，否则就违反了继续不停地通过的义务，没有沿岸国同意，此类行为是禁止的。但国际法中没有指标和定义去判断在哪种节点上才构成巡航活动。这也是国际法中的灰色领域，也给船舶指挥员和法律顾问提供了某种灵活的空间。❺

过境通行权从何处开始、何处结束，并没有普遍有效的界定。只有沿海国家领海所覆盖的区域在法律上是确定的。《美国指挥官手册》将"靠近概念"（concept of approach）引入国际海峡——过境通行权始于在外国领海中靠近海峡但仍然在该海峡覆盖水域以外的过程中。但是靠近究竟始于何时，仍然不清楚。可以行使过境通行权的地理空间缺乏界定，军舰指挥官在适用过境通行概念时面临意外的法律风险，更坏的情况是遭遇军事上的反击措施。❻

在国际海峡覆盖的水域之外可能存在一些迫切的船舶操作方面的考虑

---

❶ The Judge Advocate General's Legal Center and School, *Operational Law Handbook*, 2014, p. 169.

❷ *Commander's Handbook on the Law of Naval Operations*, 2007, pp. 2 - 6, 2. 5. 3. 1.

❸ 同上，p. 2.

❹ Uwe Althaus, "International Straits: Peacetime Rights and Obligations", 2018, p. 56.

❺ 同上。

❻ 同上。

（例如武装保护措施），从船舶操作方面的立场来看也要求行使过境通行权。作为纯政策考虑也鉴于没有准确的国际海峡的界限，军舰指挥官可以行使过境通行权，在受到威胁时还应当主张使用这项权利以避免给人滥用过境通行权的印象。但这种利用法律灰色领域的做法仅限于例外情况，而且使用的时候要求极大的克制，因为极可能引起沿岸国家与船旗国之间的紧张。❶

国际海峡的地理范围没有划定，这使得无害通过与过境通行之间的确切划分并未解决，海峡沿岸国家因此也难以识别通过的船舶究竟是行使的无害通过权还是过境通过权。❷

（2）"通常方式"

《联合国海洋法公约》第39条（1）（c）中的"通常方式"是过境通行中最容易产生疑问的概念。民用船舶和飞机在国际海峡的过境通行没有引起理解困难，问题在军舰、潜艇、军用飞机等军事装备的"通常方式"上的具体含义。一份反映了美国政府立场的文件对国际海峡中军舰、飞机的过境通行的"通常方式"有如下理解。❸ 因为存在《联合国海洋法公约》第54条，这些理解同样适用于群岛海道通过权：

在过境通行中，行使的所有额外权利必须是安全、继续不停地通行所附带的。所主张的权利必须服务于该目的，否则公海自由与过境通行权就无差别。自然，只有为了武装保护/安全方面的理由或确保航行中的安全通过才允许发射、回收飞行器、小艇。禁止为了攻击行动而起飞飞行器，无论是位于海峡之内还是之外。❹

为了安全通过海峡的目的，允许军舰采取必要的措施，并且可以使用航行雷达、声呐、编队航行。❺

医疗救护飞机只有为了履行救助职责时才允许在紧急情况下飞越适用

---

❶ Uwe Althaus, "International Straits: Peacetime Rights and Obligations", 2018, p. 56.

❷ 同上，pp. 56 – 57.

❸ Uwe Althaus, "International Straits: Peacetime Rights and Obligations", Jörg Schildknecht, et al., ed., *Operational Law in International Straits and Current Maritime Security Challenges*, Springer, 2018, pp. 51 – 66.

❹ 同❶，pp. 61 – 62.

❺ 同❶，p. 62.

无害通过的海域。❶

在通常情况下，国际海峡中不能实施海上补给行为。只有为了满足继续不停地通过才可以进行海上补给，而且只有在进入海峡之前不可预见的情形下才允许海上补给。❷

潜艇穿过海峡时在水下航行既属于通常方式的组成部分，而且构成了过境通行所附带的通常方式。水面航行的潜艇比较脆弱，因为大多数潜艇缺乏适当的武器装备和灵活性，因而不能进行对等的反击。因此，潜艇通过海峡是可以水下航行，此举是武装保护所必要的。❸

允许在过境通行的船舶上起飞和回收飞机，这并不影响军用飞机有权利穿越或飞越海峡，不用考虑飞机可以在国际海峡之外执行的军事任务。这是因为，在本质上过境通行权仅仅约束通行中的飞机的行为，换言之，支配位于过境通行权所适用区域的飞机的行为。举例说明：飞机从一个尚未进入海峡的航母大队（carrier strike group）起飞，这些飞机离开海峡之后去执行就近空中支援任务，那么，尽管这些飞机有作战任务，但它们仍然享有不受阻碍地通过海峡的权利。在此种背景中，重要之处在于作战行动是否发生在海峡过境通行制度所适用的区域，与战斗机或航母大队的通过行为有关的目标或军事任务没有相关性。这反过来意味着，海峡沿岸国家不能仅仅因为在政治上可能不同意舰队的军事任务就阻碍或否决飞机或航空母舰的过境通过权。然而，在适用过境通行权的区域，飞机不得起飞和降落，除非是确保继续不停以及安全通行所必须的。❹

上述例子明显不同于这种情况：起飞的战斗机不是确保安全过境通行，而是在不适用过境通行权的区域从事军事行动。许多军事手册常常包括这样一条注释：飞机的起降——尤其是构成航母大队的飞机——是航母大队附带的"通常方式"。然而，这种注释倾向于忽略以下事实：海峡中过境通行所要求的通常方式是为了安全通行的目的，不能不考虑当时情景而进行抽象的定义。在进入海峡之前或离开海峡之后部署飞机起降，"通常方式"的这种限制性解释可能在有效部署过程中被规避。既然存在这种

❶ Uwe Althaus, "International Straits: Peacetime Rights and Obligations", 2018, p. 62.
❷ 同上。
❸ 同上。
❹ 同上，pp. 62 –63.

选择，除非存在极端的例外情况，通行过程中飞机的起飞就不属于绝对必要。倘若军事行动所在的区域距离海峡很近，出于安全的理由（security reasons），在离开海峡之后飞机不大可能起飞，那么在海峡之内也可以这样做，以便确保航母大队的安全通行。❶

在国际海峡中通行的军舰有可能受到攻击，此时军舰是否有自卫的权利，这也一直是海洋大国所留意的问题。一个法律问题是：在国际法中是否存在公认的共同基础，使军舰可以诉诸个体自卫权（相对于整个国家的自卫）。北约一些国家在 2012 年的"伊斯坦布尔联席会议"（Istanbul Syndicate）上达成的共识认为，国际法中似乎不存在这样的共同基础，但都同意，迫近的、真实的威胁要达到了迫在眉睫的水平才可以采取自卫措施。❷

美国参议院对外关系委员会在加入《联合国海洋法公约》的议案中就用于国际航行的海峡、群岛海道通过权提出以下的理解，代表了美国长期一贯的立场：

（A）所有船舶和飞机，包括军舰和军用飞机，无论其装载货物、武器装备、推进方式、船旗、始发地、目的地、航行目的，都有权按照通常方式行使过境通行权和群岛海道通行权；（B）"通常方式"尤其包括：（i）潜艇在水下通行；（ii）军用飞机的飞越，包括按照军事编队方式飞越；（iii）为了水面舰艇的安全而从事必要的活动，如航行编队和其他武装保护措施；（iv）在通过的时候进行补给；（v）发射和回收飞行器；（C）海峡并不限于地理名称或类别，还包括所有不受公约第四部分规制但属于公约第 45 条所指的联结公海或专属经济区的一部分与公海或专属经济区的另一部分等所有水域；（D）"用于国际航行"这个术语包括所有能够被用于国际航行的海峡。❸

不过这些立场剥离了具体的场景，将航行权推向了一个极端的可能性。例如，"在通过的时候进行补给""发射和回收飞行器"与作战行动没

❶ Uwe Althaus, "International Straits: Peacetime Rights and Obligations", 2018, p. 63.
❷ 同上，pp. 63-64.
❸ Executive Report 110-09: Convention On The Law Of The Sea, at https://www.foreign.senate.gov/imo/media/doc/executive_report_110-09.pdf, visited on Jan. 24, 2018.

有做区分。

（3）中国的思考

对中国来说，从沿海出入太平洋、印度洋需要通过大量的海峡，如果仅从《联合国海洋法公约》中所提及的海峡，特别是第36条、第37条意义上的海峡来看，那么需要通过的海峡主要是济州海峡、朝鲜海峡/对马海峡、日本列岛之间的海峡、巴士海峡、新加坡—马六甲海峡等。其他如菲律宾、印度尼西亚各岛屿之间的海峡主要适用群岛水域/群岛海道的通过制度，这部分内容稍后分析。目前中国的海军编队，尤其是辽宁舰航母编队主要通过宫古海峡、巴士海峡出入太平洋。宫古海峡中间有250千米左右宽的海域，有较充分的空间可以让军舰个体和整个舰队做好警戒、确保航行安全（不受沿岸国或第三方的威胁）。原则上，济州海峡、朝鲜海峡/对马海峡、宗谷海峡、巴士海峡、新加坡—马六甲海峡等这些有两个以上沿岸国家构成的国际海峡也是海上通道，但从黄海、东海通往太平洋的主要通道仍然是日本的一些海峡，或日本作为沿岸国的国际海峡，鉴于日美军事同盟的存在，预计这部分海峡给中国带来的困扰比较大。

从日本大隅海峡开始，自东北向西南到中国台湾，琉球群岛中位数众多的岛屿之间的海峡/水道，绝大多数是中国从东海、黄海通向太平洋的通道，在法律上，它们基本都属于《联合国海洋法公约》第36条或第37条中所指的海峡，中国有权利在其中行使航行自由权或过境通行权。日本宣布5个海峡中适用3海里的领海宽度，如果除了领海外中间线附近尚有可供航行的水道，此类海峡属于第36条意义上的海峡。美国认为，"日本在海峡中维持了公海水道（a channel of high sea）的存在，所有船舶和飞机可以行使航行与飞越的公海自由。"❶ 当然，这里美国没有将这类海峡中的公海与专属经济区进行区分，这同美国一直倾向于把领海之外的海域视为航行自由意义上的公海的长期做法有关。事实上这些海峡存在至少专属经济区的水域，它们适用《联合国海洋法公约》第36条意义上的海峡。中国有权利根据《联合国海洋法公约》第58条所援引的第87条行使公海航行自由，鉴于这些海峡除却领海之外、紧邻领海的水道其实非常狭窄，当然也有义务尊重海峡中3海里领海的主权。据说日本不喜欢在这些海峡

❶ *Limits in the Sea*, No. 120; *Straight Baseline and Territorial Sea Claims Japan*, p. 13.

中适用过境通行的概念，❶ 可能是因为《联合国海洋法公约》第 37 条海峡的过境通行所适用的范围及于整个海峡。如果适用 3 海里领海宽度的标准，中间留下可适用公海航行自由的水道，或许日本适用 3 海里领海标准是希望达到这样的效果：航行船舶和飞越的飞机就不应该再通过或飞越其领海。然而，美国对此的意见是，"倘若海峡某处缺乏供安全航行的航行和水文特征，那么根据《联合国海洋法公约》第三部分规定，该处优先适用过境通行权。"❷ 美国的这种立场可能意味着过境通行权适用于整个海峡范围，这样的话，日本所希望达到的效果就会落空。❸ 与海峡的过境通行权相比，公海航行与飞越自由不受船旗国以外国家的限制，前者要受《联合国海洋法公约》第三部分第二节有关规定的限制。不过，目前并不太清楚日本这 5 个海峡的地理和水文特征是否出现美国所设想的情况。❹

除了 5 个领海宽度为 3 海里的海峡之外，日本其他适用 12 海里领海宽度的海峡，只要最窄处超过 24 海里，原则上可能存在适用公海航行自由的水道，这类海峡都适用《联合国海洋法公约》第 36 条所说的"关于航行和飞越自由的规定"。事实上，日本的多数海峡属于第 36 条意义上的海峡，在这类海峡中航行的军舰、飞越的军用飞机拥有公海航行的自由。这类海峡包括大隅海峡、宫古海峡、石垣水道（石垣海峡）和与那国海峡等。

但是，即使某海峡宽度超过 24 海里，且中间存在穿过公海或专属经济区的水道，如果出现了第 36 条所指的不存在"在航行和水文特征方面同样方便的一条穿过公海或穿过专属经济区的航道"这种情况，航行的船舶不得不通过领海甚至内水，则该类海峡可能落入第 37 条意义上的国际海峡

---

❶　Alexander Proelß, ed., *The United Nations Convention on the Law of the Sea: A Commentary*, Beck/Hart Publishing, 2017, p. 286.

❷　*Limits in the Sea*, No. 120: *Straight Baseline and Territorial Sea Claims Japan*, p. 14. 美国 2007 年版《海军指挥官手册》的规定更为明确："If the high seas corridor is not of similar convenience (e. g. , to stay within the high seas corridor would be inconsistent with sound navigational practices), such aircraft enjoy the right of unimpeded transit passage through the airspace of the strait."

❸　日本的这种立场只是一种推断，并无证据。另有一说认为，日本规定部分海峡 3 海里领海宽度是为了规避日本的无效政策方面的考虑。

❹　无论美国与日本对这些海峡中的实际航行有无分歧，美国在日本关键海域的航行和飞越不存在障碍，因为美日军事同盟以及有关美国武装部队地位协定都授予美国充分的权利出入其在日本的军事基地，例如《美国在日本武装部队地位公约》第 3 条。参见 *Agreement regarding the Status of United States Armed Forces in Japan*, https: //www. mofa. go. jp/region/n - america/us/q&a/ref/ 2. html, 2018 年 9 月 13 日访问。

范畴，适用过境通行制度。❶ 对于日本公布的 5 个适用 3 海里领海标准的海峡，虽然领海之外的海峡中央留下了一条狭窄的水道供航行，但该水道可能在水文或方便性上不适宜航行，或不适宜特定船舶（如吃水线较深的航母）的航行，航行的船舶有权通过领海乃至内水——第三部分第 2 节所规定的"过境通行权"适用于海峡的整个水域，这或许意味着，出于海峡过境通行权的目的，在这类海峡中并不区分领海和内水。美国的路易斯·亚历山大则认为，在海峡中的领海水域，通过的船舶适用无害通过。❷

对于那些适用 12 海里标准的海峡，倘若海峡最窄之处不满 24 海里，这类海峡基本落入《联合国海洋法公约》第 37 条的范畴，如根室海峡、种子岛海峡、吐噶喇海峡。

美国所主张的在海峡中行使过境通行权的内容，其实对中国军舰和军用飞机通过这些海峡驶往太平洋是非常有利的。其中，潜艇在水下航行、航空母舰起降飞机、执行警戒措施、进行海上补给都属于过境通行的"通常方式"。有两种情况值得注意：一是舰载预警飞机起飞后在海峡上空飞越，其雷达处于打开状态以便执行警戒措施；二是电子侦察船以其全功能状态通过《联合国海洋法公约》第 37 条意义上的海峡，两种情况都对航母舰队的安全至关重要，但表面上可能与第 39 条 1 （c）的规定有冲突："不从事其继续不停和迅速过境的通常方式所附带发生的活动以外的任何活动。"这需要解释预警飞机、侦察船的"通常方式""附带发生"两个用语。如果预警飞机、侦察船这种具有独特功能的船舶和飞机所"附带发生"的行为自然包括预警和侦察功能，那么其行为就没有违反第 39 条 1 （c）的精神，然而这样做自然也会取得海峡沿岸国家的军事信息，这在沿海国家看来无疑违反了第 39 条 1 （b）、（c）。一种具体场景可能与此相关：通过时可以起降飞机，但必须是为了通过船舶、飞机之安全的目的——尤其是航母舰队，在现代远距离攻击武器的威胁下，如果不事先获得预警信息，安全威胁其实无从而知，因此提供警戒措施与预警飞机的起降本质上可能是一个整体。不过基本见不到这方面的国家实践，美国也没有相

---

❶ 这主要取决于海峡沿岸国家在海峡中划定的领海基线位置。

❷ 参见 Lewis M. Alexander, "Exceptions to the Transit Passage Regime: Straits with Routes of 'Similar Convenience'", p. 483。

关的明确主张。❶

目前，中国海军舰队主要经过宫古海峡等宽度超过 24 海里的海峡出入太平洋。在通过这些海峡时，中国应有权从事侦察、警戒、演习、水文测量等军事活动，但其他宽度小于 24 海里的海峡，中国有权利行使过境通行权。在拥有 4～6 支左右服役的航母舰队之后、数个航母舰队同时行动时，全部军舰和飞机通过宫古海峡可能不再是军事上最合理的通行方式。可能同时利用任何方便通行、方便布置警戒措施的海峡最为安全。例如，假设有两个以上的航母舰队同时到太平洋执行任务，那么每个航母舰队分别通过一个方便的海峡更有利。这样，在选择通航的海峡之时，无论属于《联合国海洋法公约》第 36 条还是第 37 条中的海峡，都可以同时利用。这样做还有军事上的理由，根据海上武装冲突法，敌国领海、领土都是交战区。日本的一些海峡、附近海域、附近陆地军事部署基地，都可能属于交战区，中国在有关海峡行使过境通行权是中国军队熟悉战场细节的重要途径。从实际情况来看，中国主要还是经过宫古海峡进入太平洋，少数时候也经过对马海峡、大隅海峡、吐噶喇海峡，❷ 在日本众多的海峡中占很小的比例。至于是否要通过某一海峡，还取决于政治、军事等多方面因素，甚至特定的水文条件也是考虑因素之一。但中国应当主张，只要满足了《联合国海洋法公约》的要求就属于国际航行海峡，中国船舶和飞机都享有过境通行权，无论该类海峡是否实际上在国际上被频繁使用。2004 年中国潜艇进入日本石垣海峡时完全可以诉诸该海峡中的过境通行权回应日本的指责。❸

---

❶　美国在 "The Commander's Handbook on The Law of Naval Operations，2007，（NWP 1 - 14M/ MCWP 5 - 12. 1/COMDTPUB P5800. 7A）" 认为可以使用 "电子探测装置（use of their electronic detection）"。参见 The Commander's Handbook on The Law Of Naval Operations，2007，2. 5. 3. 1.

❷　2018 年美国兰德公司发布了德里克·格罗斯曼（Derek Grossman）等人撰写的《中国远程轰炸机的飞行：飞行员及影响》（*China's Long - Range Bomber Flights：Drivers and Implications*）对 2018 年来中国从一些海峡中的飞越有一个统计，从日本宫古海峡中飞越的次数最多，其次是巴士海峡。Derek Grossman，et al，*China's Long - Range Bomber Flights：Drivers and Implications*，pp. 9 - 10，60 - 65，https：//www. rand. org/pubs/research_reports/RR2567. html，2018 年 11 月 22 日访问。

❸　日本主张国际航行海峡是实际使用的海峡，而其他海洋大国则倾向于宽泛地解释国际航行海峡的概念，强调自然因素可供航行即满足了 "用于国际航行的海峡" 的概念。如果 2004 年中国潜艇通过石垣海峡时采用了后一种立场，就完全可以用过境通行权来反驳日本的指责。对于中国没有从过境通行权这个角度来为自己行为的合法性辩护，连美国海军律师团成员彼特·A. 达顿（Peter A. Dutton）也感到诧异。参见 Peter A. Dutton，"International Law and the November 2004 'Han' Incident'"，2006，pp. 90 - 91。该次事件的背景，可参见王逸峰、叶景：《从中日核潜艇事件看我核潜艇的突防》（上），《舰载武器》，2005 年第 1 期，第 27 - 31 页。

2016 年，中国军舰通过吐噶喇海峡时引起日本媒体的非议，声称中国军舰入侵了日本领海。中国外交部发言人回答日本记者道：

> 首先，我要纠正你关于中国军舰"侵入"日本领海的说法，这不符合事实，中方军舰没有"侵入"日本领海。第二，我有一个建议，日方表态及日本媒体进行报道之前，先好好学习和研究国际法。根据《联合国海洋法公约》规定和有关国际实践，在用于国际航行的领海海峡内，所有船舶享有过境通行权，无需向沿海国提前通报。你提到的吐噶喇海峡是用于国际航行的领海海峡。也就是说，中国军舰通过吐噶喇海峡系根据《联合国海洋法公约》在用于国际航行的领海海峡行使过境通行权。我还想提醒你注意，船舶在用于国际航行的海峡中享有的过境通行权与船舶在领海中的无害通过权不可混为一谈。❶

中国外交部发言人的回答援引了《联合国海洋法公约》，给中国的过境通行寻找了国际法上的理由，是一种很好的迹象。2004 年中国潜艇通过石垣水道（石垣海峡）时曾引起日本的抗议，认为中国潜艇入侵了日本领海，甚至要求道歉。中国当时的回应竟然没有援引国际海峡的过境通行权，是一件非常遗憾的事情。❷

3. 军舰和军用飞机在群岛水域、群岛海道的通过权

群岛国、群岛水域是第三次联合国海洋法大会中产生的海洋主张，属于激进的"圈海运动"中的一部分。无论是否具有群岛国身份，群岛水域不会自动产生，必须根据 1982 年《联合国海洋法公约》相关规定划定群岛基线，如果没有群岛基线，则不能主张群岛水域，各个岛屿根据其自身地位来决定其应享的海洋权利。❸ 目前总共有 20 个国家主张群岛国家身份，❹ 有些国

---

❶ 参见 "2016 年 6 月 17 日外交部发言人华春莹主持例行记者会"，中国外交部网站，http://www.fmprc.gov.cn/web/wjdt_674879/fyrbt_674889/t1373155.shtml，2018 年 11 月 22 日访问。

❷ Peter A. Dutton, "International Law and the November 2004 'Han Incident'", *Asian Security*, 2006, Vol. 2, No. 2, pp. 87 - 101; Peter Dutton, *Scouting, Signaling, and Gatekeeping: Chinese Naval Operations in Japanese Waters and the International Law Implications*, U. S. Navy War College, 2009, p. 16.

❸ Hugo Caminos and Vincent P. Cogliati - Bantz, *Legal Regime of Straits - Contemporary Challenges and Solutions*, Cambridge University Press, 2014, p. 169.

❹ Kevin Baumert and Brian Melchior, "Practice of Archipelagic States: A Study of Studies", *Ocean Development & International Law*, 2015, Vol. 46, p. 63.

家的主张不符合《联合国海洋法公约》第四部分的规定而无效。对中国的
海洋航行来说，最重要的群岛国家是菲律宾和印度尼西亚两个国家，两国
中的若干海道和海峡是中国从南海通往太平洋、印度洋的最主要通道。

以下涉及与海上航行相关的是群岛水域、群岛海道两种情形。

（1）群岛水域中的无害通过权

根据《联合国海洋法公约》第52条，所有国家的船舶在群岛水域享
有无害通过权，但群岛国可以基于安全考虑、在非歧视性基础上暂停无害
通过。群岛水域的无害通过权在范围和性质上等同于领海的无害通过。在
第三次联合国海洋法会议中一些国家要求军舰的通过需要事先通知乃至授
权。❶ 印度尼西亚1962年的"1962年第8号规章"（Regulation. Under
Regulation No. 8 of 1962）要求军舰和政府船舶的通过必须事先通知，
"1996年关于印度尼西亚水域的第8号法案"（Act No. 8 of 1996 Regarding
Indonesian Waters）指出所有国家的船舶享有通过其领海和群岛水域的无害
通过权（使用了等同于无害通过的"peaceful crossing rights"这样的术
语），没有要求事先授权或批准。联合国海洋法国际法庭前法官雨果·卡米
诺斯（Hugo Caminos）与文森特·P. 克里雅提－般茨（Vincent P. Cogliati –
Bantz）两位认为，群岛水域中的无害通过与领海中的无害通过在性质和范
围上是可以等同的。❷ 不过有这样的事实差异：根据《联合国海洋法公约》
第25条，沿海国可以以武器演习为理由暂停无害通过，但第52条（2）
没有含有这样的意思。该条中"安全理由"留下了一些条约解释和适用上
的空间。印度尼西亚"1996年第6号法案"规定"印度尼西亚政府可以在
领海或群岛水域中若干区域临时推迟外国船舶和平穿越权，如果推迟是为
了保护其安全所必需的，包括部队或武器训练的目的"。❸

尽管群岛水域中的无害通过权可与领海中的无害通过权在原则上是相
同的，但是群岛水域与领海具有不同的法律地位，前者是"自成一类"，

---

❶ Hugo Caminos and Vincent P. Cogliati – Bantz, *Legal Regime of Straits – Contemporary Challen-
ges and Solutions*, Cambridge University Press, 2014, p. 181.

❷ 同上。

❸《1996年印度尼西亚共和国第六号法案关于印度尼西亚领水》（1996年8月），陈鸿瑜编译：
《东南亚各国海域法律及条约汇编》，台湾暨南国际大学东南亚研究中心，1997年，第142页；Hugo
Caminos and Vincent P. Cogliati – Bantz, *Legal Regime of Straits – Contemporary Challenges and Solutions*,
2014, p. 183.

属于群岛国领土组成部分，它们对外国船舶在群岛水域中的活动更为敏感，所有多数群岛国曾要求军舰的通过必须经过事先授权或批准。根据《联合国海洋法公约》第52条（1）所援引第53条的规定，群岛水域中的无害通过要受制于群岛海道通过权的限制，后者与海峡的过境通行权相似，也适用于飞机，受到的限制比无害通过权要少。❶

（2）群岛海道通过权

群岛国根据《联合国海洋法公约》第53条指定了群岛海道，在这类海道的通过适用群岛海道通过制度。群岛海道通过权是群岛国倡导的无害通过制度与海洋大国维护的航行与飞越自由之间的妥协。❷ 在第三次联合国海洋法会议中，美国的立场是群岛国家的主权不得妨碍群岛海道通过权，其担心承认群岛国地位导致广大海洋空间受群岛国主权支配，因此接受群岛国地位的前提条件是群岛内水域中的航行自由不受影响。曾担任美国国务院海洋法律顾问的 J. 彼特·A. 波恩哈特（J. Peter A. Bernhardt）在其任职期间发表的一篇反映美国政府立场的论文中这样认为，"可以将群岛海道通过权视为一项存在于群岛国家之群岛水域的地役权……作为解释性立场的一部分，美国认为，群岛海道通过的特别权利优于主权的一般性权利，如果说主权从属于地役权这样的立场不是冒犯的话。"❸ 可以认为，群岛海道概念的引入就是为了允许军舰、军用飞机、潜艇不受阻碍地通过群岛水域。❹

雨果·卡米诺斯与文森特·P. 克里雅提一般茨认为，《联合国海洋法公约》第53条（3）中的群岛海道通过权与第38条（2）中的海峡过境通行权具有相似之处，但有四个不同点。❺ 第一，第53条（3）仅仅提及过境权（right of transit），而第38条（2）则详细规定了航行自由（freedom

---

❶ Alexander Proelß, ed., *The United Nations Convention on the Law of the Sea: A Commentary*, Beck/Hart Publishing, 2017, p. 392.

❷ 在第三次联合国海洋法会议中，印度尼西亚曾主张无害通过制度适用于群岛海道通过。参见 J. Peter A. Bernhardt, "The Right of Archipelagic Sea Lanes Passage: A Primer", *Virginia Journal of International Law*, Vol. 35, 1995, p. 762.

❸ J. Peter A. Bernhardt, "The Right of Archipelagic Sea Lanes Passage: A Primer", *Virginia Journal of International Law*, Vol. 35, 1995, p. 727.

❹ Hugo Caminos and Vincent P. Cogliati-Bantz, *Legal Regime of Straits - Contemporary Challenges and Solutions*, 2014, p. 185.

❺ 同上，pp. 185–186.

of navigation）。谈判记录并没有区分权利和自由两种用语之间的差别。第二，第 53 条（3）中"正常方式"适用于通过权，但第 38 条（2）中没有这个用语。不过，第 54 条援引了第 39 条，第 39 条（1）（c）规定了"通常方式"适用于通过权。第三，第 53 条（3）提到"无障碍地"（unobstructed）群岛海道的通行，第 38 条没有这样的规定。印度尼西亚在第三次联合国海洋法会议谈判过程中引入了这个术语。❶ "无障碍地"这个条件既可能与第三国义务有关，还可能同群岛国有关。如果是同第三国义务有关，可以认为这个条件包括在"继续不停和迅速"之中。如果同群岛国的义务相关，那么这个条件包括在群岛国所承担的"不得妨碍或中断通行"这样的义务之中。❷ 第四，第 38 条（2）中的通行权适用于为了进入、离开或从海峡沿岸国返回的目的，但是，对于群岛海道通行，在航道沿途没有其他国家的情况下没有考虑这一点。不过，群岛海道通过权对群岛国主权限制比国际海峡过境通行权对海峡沿岸国家的限制要大。❸

　　群岛海道通过权适用的范围不仅仅限于群岛水域，而且及于毗邻的领海 [第 53 条（1）和第 53 条（4）]。群岛海道通过权的法律定义就是连接专属经济区或公海的狭窄海道，进入群岛水域或群岛海道之前必须先要穿越群岛国的领海。要行使群岛海道通过权，就必须享有靠近（approaches）群岛海道、正常用于国际航行的海道、空中航道的相关权利，否则群岛海道通过权就毫无意义（例如只有船舶的无害通过权而飞机没有飞越权），尤其是在群岛国的领海中。正因为如此，这些权利是领海中无害通过权的附加权利，它们在不同情况下适用于靠近位于领海且与群岛海道相邻接的那部分航道。❹ 在这一点上，群岛通过权（the right of archipelagic passage）同海峡过境通行权相似。美国的立场是，《联合国海洋法公约》第 53 条还

---

　　❶ J. Peter A. Bernhardt, "The Right of Archipelagic Sea Lanes Passage: A Primer", *Virginia Journal of International Law*, 1995, Vol. 35, p. 742.

　　❷ 美国倾向于认为，第 42 条穷尽了海峡过境通行时海峡沿岸国家的管辖权问题，第 54 条将其适用于群岛的情况。因此，第 53 条（3）中的"无障碍地"用语为群岛国创设了不得妨碍通过的义务，船舶和飞机承担"继续不停、迅速"通过的义务。参见 J. Peter A. Bernhardt, "The Right of Archipelagic Sea Lanes Passage: A Primer", *Virginia Journal of International Law*, 1995, Vol. 35, p. 743, footnote No. 119.

　　❸ 同❶, p. 727.

　　❹ 同❶, pp. 736, 765 - 766.

适用于所有通常驶向或驶离群岛海道的通行，而非仅仅严格地适用于群岛内的海道。❶ 一个自然的结论就是，为了群岛海道通行的目的，船舶的航行和飞机的飞越可以保持连续性。有三种情形可以说明：

第一，潜艇在群岛海道可以水下航行，那么在进入群岛国领海但尚未进入群岛海道之时，潜艇在领海中为了进入海道的目的，可以在水下航行。

第二，飞机（包括军用飞机）的群岛海道飞越权始于进入领海但尚未进入群岛海道之时。第 53 条（4）中"海道和空中航道应穿过群岛水域和邻接的领海"的措辞表明群岛海道、航道包括毗连领海中的自然延伸部分。

第三，群岛海道通过权与群岛国领海内的无害通过权二者并非相互独立适用，因为根据第 25 条领海中无害通过制度，群岛国可以暂时停止无害通过，而根据第 53 条（3）群岛海道通过权不应受阻，所以群岛国暂停其领海中的无害通过，那么群岛海道通过权自然也会受到影响。❷

另外可以设想的情况是，群岛国根据第 52 条（2）暂时停止群岛水域中的无害通过权，如印度尼西亚在爪哇海、菲律宾在苏禄海这些群岛水域暂停无害通过，事实上会导致途经爪哇海的印度尼西亚所指定的第一条群岛海道、途经菲律宾苏禄海的通常用于国际航行的航道受阻。这是一个至今为止尚需要群岛国协调的问题。

第 53 条（4）中"并应包括用作通过群岛水域或其上空的国际航行或飞越的航道的所有正常通道"以及第 53 条（12）"如果群岛国没有指定海道或空中航道，可通过正常用于国际航行的航道，行使群岛海道通过权"的规定表明，群岛国指定的群岛海道应当全面，群岛海道通过权不仅包括群岛国指定的海道和空中航道，而且包括"正常用于国际航行的航道"，无论群岛国是否指定后者，所有国家的船舶都有通过权。❸ 例如，印度尼

---

❶ Hugo Caminos and Vincent P. Cogliati-Bantz, *Legal Regime of Straits - Contemporary Challenges and Solutions*, 2014, p. 187；J. Peter A. Bernhardt, "The Right of Archipelagic Sea Lanes Passage：A Primer", *Virginia Journal of International Law*, 1995, Vol. 35, p. 765.

❷ J. Peter A. Bernhardt, "The Right of Archipelagic Sea Lanes Passage：A Primer", *Virginia Journal of International Law*, 1995, Vol. 35, p. 765.

❸ 第 53 条（12）的措辞似乎不包括飞机的飞越权，因为该款只有"通过航道"（through the routes）而没有"飞越"（overflight）的意思，这就产生了飞机飞越权的问题。不过适用航母舰队在这类海道通过的时候，不允许飞机飞越对海军大国来说是不大现实的。参见 Alexander Proelß, ed., *The United Nations Convention on the Law of the Sea：A Commentary*, Beck/Hart Publishing, 2017, p. 403.

西亚指定了三条南北方向群岛海道，但从马六甲—新加坡海峡开始通过其群岛水域至东帝汶、澳大利亚的群岛海道也被认为是"正常用于国际航行的航道"，美国认为群岛海道通过权不仅仅适用于指定的海道，而且存在于其他虽然没有被指定、但正常用于国际航行的海道。国际海事组织在其航行指南中认定印度尼西亚的指定属于"暂时指定"。❶"正常用于"这个标准取决于使用频率、使用的类型（商业或非商业使用），需要根据海上航行和空中航行的变化而做出决定，这些并非由群岛国单方决定。❷ 在指定群岛海道时，国际海事组织一般有介入和采纳。

群岛国在指定群岛海道时，需要考虑到军事机动性（military manoeuvrability），在这种背景下，空中航道常常被用来向海军行动部队提供空中支援。❸ 从《联合国海洋法公约》第 53 条（1）"群岛国可指定适当的海道和其上的空中航道，以便外国船舶和飞机继续不停和迅速通过或飞越其群岛水域和邻接的领海"和第 53 条（4）"这种海道和空中航道应穿过群岛水域和邻接的领海，并应包括用作通过群岛水域或其上空的国际航行或飞越的航道的所有正常通道"的措辞来看，空中航道是群岛海道组成部分，只要存在或指定群岛海道，那么空中航道就存在。一个可能的情况是一条群岛海道适合航行但不适合飞机飞越，反之，适合飞机飞越但不适合船舶通过，雨果·卡米诺斯与文森特·P. 克里雅提-般茨认为，这种情况下，群岛国应当指定群岛海道，因为根据第 53 条（1）、（4）规定，没有指定海道就不存在空中航道，而且"应包括用作通过群岛水域或其上空的国际航行或飞越的航道的所有正常通道"，否则第 53 条（12）就会自动使用。❹

美国参议院对外关系委员会在加入《联合国海洋法公约》的议案中就群

---

❶ *Digest of United States Practice in International Law*, 2003, pp. 760–762; A. Havas, "Archipelagic Sea Lanes Passage Designation: The Indonesian Experience," in Nordquist et al. (eds.), *Freedom of the Seas*, *Passage Rights and the* 1982 *Law of the Sea Convention*, Martinus Nijhoff, 2009, pp. 385–391, 455–457; IMO, "Guidance For Ships Transiting Archipelagic Waters (circular SN/Circ. 206)", *Annex – Guidance To Ships Transiting Archipelagic Waters*, https://www.mardep.gov.hk/en/msnote/pdf/msin1266anx1.pdf; U. S. State Department, "Limit of of the Sea – No. 141 Indonesia's Maritime Claims and Boundaries".

❷ Hugo Caminos and Vincent P. Cogliati – Bantz, *Legal Regime of Straits – Contemporary Challenges and Solutions*, 2014, p. 188.

❸ 同上，p. 189.

❹ 同上，p. 190.

岛海道通过权提出了拟定的解释性声明："群岛海道通过权并不依赖群岛国对特定海道以及/或空中航道的指定。若没有此类指定或仅有部分指定，可以在所有正常用于国际航行的航道中行使群岛海道通过权。"❶

① 菲律宾群岛水域中的通过权问题

菲律宾没有指定群岛海道，预计以后也不会指定。外国的船舶和飞机可以有两种方式通过菲律宾群岛水域，一是依据《联合国海洋法公约》第52条行使群岛水域中的无害通过权，二是依据第53条（12），在正常用于国际航行的航道中行使群岛海道通过权。对于民用船舶、民用飞机而言，行使这两种通过权在效果上并无差异。然而对于军用船舶（包括潜艇）、军用飞机而言，无害通过受到的限制很大。长期以来，对于军舰的航行权、军用飞机的飞越权最为看重的是美国，预计美国应该在这一问题上向菲律宾施加压力。然而，2014年美国国务院发布的《海洋边界No. 142 - 菲律宾：群岛其他海洋主张及疆界》中对此几乎没有给予关注。

不过，美国与菲律宾之间的一系列双边军事条约至少在其有效期间确保美国有充分的自由出入菲律宾的群岛水域。例如，美国与菲律宾于1998年签署的《关于访问菲律宾的美国武装部队待遇的协定》（Agreement Regarding The Treatment Of United States Armed Forces Visiting The Philippines）第8条规定，经菲律宾政府批准，美国的船舶及飞机可以进入菲律宾。❷毫无疑问，"进入菲律宾"这个概念包括了出入菲律宾的陆地领土、领海、内水、群岛水域。又如，2014年美国同菲律宾签署的《美菲加强防卫合作协议》多处提到菲律宾准许美国武装部队"进入"（access）预定的设施及场所（若干海、空军基地），这无疑也准许美国进入菲律宾的陆地领土、群岛水域。❸

在美国与菲律宾之间存在军事协定的情况下美国所需要的航行自由不会受到什么大的影响，但美国所追求的是不取决于双边协定的法定权利，因此

❶ Executive Report 110 - 09: Convention On The Law of The Sea, at https: //www. foreign. senate. gov/imo/media/doc/executive_report_110 - 09. pdf, 访问时间: 2018年1月24日。

❷ Agreement regarding the treatment of United States armed forces visiting the Philippines, https: //www. state. gov/documents/organization/107852. pdf, 访问时间: 2018年8月26日。

❸ Agreement Between the Government of the United States of America and the Government of the Republic of the Philippines on Enhanced Defense Cooperation, https: //www. state. gov/documents/organization/244799. pdf, 访问时间: 2018年8月26日。

美国的"航行自由计划"中也有针对菲律宾的行为，尤其是菲律宾曾经将群岛水域苏禄海视为内水的做法。❶

②印度尼西亚群岛水域中的通过权问题

印度尼西亚在《关于外国船舶和飞机行使 2002 年 6 月 28 日指定的群岛海道通过权之权利义务的第 37 号政府规章》第 4 条（3）中明确表示，"外国船舶和飞机行使群岛海道通过权时不得从事任何武力威胁或使用武力危害印度尼西亚共和国主权、领土完整或政治独立，或以任何方式违反《联合国宪章》所载的国际法原则。"军舰、军用飞机以符合《联合国海洋法公约》规定的方式行使群岛海道通过权并没有违反《联合国宪章》义务，也就不会触发群岛国的自卫权。因此，反映美国官方立场的伯纳德·奥克斯曼（Bernard Oxman）认为，"军舰或军用飞机单纯的通过行为，无论是单独或以编队方式通过，抑或是特遣部队，它们本身并不产生这样的权利"❷。

印度尼西亚第 37 号政府规章还规定，"不允许外国军舰和军用飞机在行使群岛海道通过权进行战争演习、实弹射击的武器测试"，"行使群岛海道通过权的船舶和飞机在通过时不得停留、下锚、来回通过，除非属于不可抗力或救助遇险的船舶或人员"（第 4 条）；"外国船舶和飞机，包括研究和测量船舶，在行使群岛海道通过权时不得从事海洋科学研究和水文测量，无论是用探测设备还是采样设备，除非经过准许"（第 5 条）；"外国核动力船舶或运载核原料的船舶……在行使群岛海道通行权时应当携带证书并遵守有关此类船舶之国际协定所确定的谨慎预防措施"［第 9 条（3）］。❸

印度尼西亚的以上规定属于《联合国海洋法公约》第 54 条所援引的第 39、40、42、44 条关于海峡过境通行相关的权利和义务。不过从军舰和军用飞机的通过来看，有以下几点需要注意。

---

❶　J. Ashley Roach and Robert W. Smith, ed., *Excessive Maritime Claims*, 3ʳᵈ, Martinus Nijhoff Publishers, 2012, pp. 27 – 28.

❷　Bernard Oxman, "Transit of Straits and Archipelagic Waters by Military Aircraft", *Singapore Journal of International & Comparative Law*, 2000, p. 408.

❸　"Indonesian Government Regulation No. 37 on the Rights and Obligations of Foreign Ships and Aircraft Exercising the Right of Archipelagic Sea Lanes Passage through Designated Archipelagic Sea Lanes", June 28, 2002, is available from DOALOS, *Law of the Sea Bulletin*, No. 52, 2003, pp. 20 – 40; http://www.un.org/Depts/los/doalos_publications/LOSBulletins/bulletinpdf/bulletin52e.pdf.

第一，印度尼西亚第37号政府规章第15条规定"本政府规章生效6个月后，外国船舶和飞机只能在本规章中指定的印度尼西亚群岛海道内行使群岛海道通过权。"考虑到印度尼西亚尚无指定东西走向的群岛海道，然而根据航行惯例却存在"正常用于国际航行的航道"，国际海事组织也确认印度尼西亚对群岛海道的指定属于"部分指定"，❶ 因此这条规定不符合《联合国海洋法公约》第53条（12）的规定。❷ 1996年印度尼西亚与美国、澳大利亚达成《美国、澳大利亚、印度尼西亚关于行使群岛海道航行的19条规则》（以下简称《19条规则》）第19条第3款中"在完成指定印度尼西亚群岛水域其他部分的群岛海道之前，可以根据1982年《联合国海洋法公约》在相关群岛水域行使群岛海道通过权"。这样的措辞表明，在印度尼西亚同澳大利亚、美国之间的关系而言，该规定相当于间接确认了东西走向的"正常用于国际航行的航道"。

第二，鉴于海峡过境通行权"不受阻碍"、群岛海道通过权"无障碍"，根据《联合国海洋法公约》第54条所援引的第42条（5）"享有主权豁免的船舶的船旗国或飞机的登记国，在该船舶或飞机不遵守这种法律和规章或本部分的其他规定时，应对海峡沿岸国遭受的任何损失和损害负国际责任"的规定，对于通过的国家违反第39条、第42条的情形，群岛国不能单方面停止通过权，只能要求违反国家承担国家责任。这一点与第25条关于领海中无害通过的规定不同。❸

第三，印度尼西亚规定外国核动力船舶在行使群岛海道通行权时应当携带证书，这对于核动力军舰（核动力航空母舰）、核动力潜艇这类享有豁免的船舶而言，豁免权意味着印度尼西亚应无权进行检查，或者不能以

---

❶ Dhiana Puspitawati, "The East/West Archipelagic Sea Lanes Passage Through the Indonesian Archipelago", *Maritime Studies*, 2005, Vol. 140, pp. 3 – 4; Hugo Caminos and Vincent P. Cogliati – Bantz, *Legal Regime of Straits – Contemporary Challenges and Solutions*, 2014, pp. 194 – 196.

❷ Hugo Caminos and Vincent P. Cogliati – Bantz, *Legal Regime of Straits – Contemporary Challenges and Solutions*, 2014, pp. 194 – 195.

❸ Bernard Oxman, Transit of Straits and Archipelagic Waters by Military Aircraft, 4 *Singapore Journal of International & Comparative Law* 377, 2000, p. 409.

未携带相关证书为由阻止通过。❶

　　第四，军舰、军用飞机的国际海峡过境通行、群岛海道通过权的相关行为是"过境"（transit）、"通过"（passage），并非军事活动，因此不大可能适用《联合国海洋法公约》第298条（1）（b）将军事活动排除在第十五章第二节争端解决程序之外。

　　第五，印度尼西亚、菲律宾、马来西亚、东帝汶、巴布亚新几内亚、所罗门群岛六个国家于2009年宣布"珊瑚礁、渔业及食品安全的珊瑚三角区倡议"（Coral Triangle Initiative on Coral Reefs，Fisheries and Food Security，CTI - CFF），❷ 印度尼西亚根据CTI - CFF在其群岛水域设立了9个海洋保护区，全都集中在印度尼西亚所指定的3条群岛海道所经过的水域以及正常用于国际航行的航道。❸ 一般而言，海洋保护区对海洋生物物种的保护、环境保护有专门的立法规定，这必然与群岛海道通过发生关系。印度尼西亚尚未就这些海洋保护区进行特别立法，无论如何，海洋保护区是否影响到群岛海道通过权，这无疑是其他国家要关心的问题。目前印度尼西亚、国际海事组织尚未就如何规制通过群岛海道的船舶达成新的共识。该问题还可能涉及《联合国海洋法公约》内部相关条款之间的协调。

　　（3）同一群岛水域中的无害通过权与群岛海道通过权之间的关系

　　1996年的《19条规则》中第19条规定："在某些群岛水域指定群岛海道并不妨碍根据《联合国海洋法公约》第52条（1）规定在群岛海道之外的相关群岛水域行使无害通过权"。❹ 2003年美国在就印度尼西亚2002年第37号政府规章"在指定群岛海道行使群岛海道通过权的外国船舶和

---

❶　印度尼西亚在 "Elucidation On Government Regulation Number 37，2002" 中提到了4项国际条约作为依据：1. Convention on the Physical Protection of Nuclear Materials；2. Irradiated Nuclear Fuel（INF）Codes；3. International Maritime Dangerous Goods（IMDG）Codes；4. Hazardous Materials and Noxious Substances（HNS）Codes.

❷　"Leader Declaration coral triangle initiative"，http：//coraltriangleinitiative. org/sites/default/files/resources/Leader% 20Declaration% 20coral% 20triangle% 20initiative_0. pdf。CTI - FF 实施范围，参见 http：//www. coraltriangleinitiative. org/about。

❸　Maria Maya Lestari，"New Consensus on Archipelagic Sea Lane Passage Regime over Marine Protected Areas：Study Case on Indonesian Waters"，http：//papers. iafor. org/wp - content/uploads/papers/acss2017/ACSS2017_36243. pdf.

❹　Dhiana Puspitawati，"The East/West Archipelagic Sea Lanes Passage Through the Indonesian Archipelago"，*Maritime Studies*，2005，Vol. 140，p. 11.

飞机之权利和义务"给后者的外交照会中提出了两点理解：第一，印度尼西亚指定的 3 条群岛海道属于部分指定，所有国家有权在所有正常用于国际航行的海道中行使群岛海道通过权；第二，美国表达了这样的立场："根据第 52 条（1）、国际海事组织《航道指南》第 H 部分 6.5 节规定，所有国家船舶在印度尼西亚群岛水域、领海中享有无害通过权，群岛水域中的内水除外。"❶ 这两项理解并列，似乎暗示了尽管印度尼西亚指定了群岛海道［即使印度尼西亚的指定满足了第 53 条（4）要求的"包括……所有正常通道"］，其他国家仍然享有第 52 条规定的群岛水域中的无害通过权。美国似乎认为，无害通过权和群岛海道通过权的理解是二者并列的选项，而非后者限制取代前者。按照美国的理解，其他国家的船舶既可以在群岛海道以外的群岛水域行使无害通过权，也可以选择行使群岛海道通过权。如果是前者，根据第 52 条所援引的第二部分第 3 节规定，享有无害通过权的仅限于船舶，那么军舰不能起降飞机，不能在船上发射降落或接载任何军事装置，潜艇必须在水面航行。

然而，第 52 条中"在第 53 条的限制下"（subject to）这样的措辞的意思是"从属于，屈服于……的权力，受他人支配"，这表明无害通过权从属于/受制于群岛海道通过权，暗示后者具有优先地位，也暗示后者存在的情况下，前者独立存在的必要性似乎就没有那么明显。一种解释认为，群岛水域的无害通过权存在例外情况，即群岛水域的一部分根据第 50 条称为内水，或者根据 53 条指定了群岛海道。❷ 这两种情况下似乎不适用无害通过。美国的立场似乎与《联合国海洋法公约》第 52 条规定不一致。是否在群岛海道通过权与群岛水域中的无害通过权之间随意切换，这个问题缺乏足够的国家实践。不过，《19 条规则》第 19 条"在某些群岛水域指定群岛海道不影响《联合国海洋法公约》第 52 条第一款规定的在群岛海道以外的相关群岛水域中的无害通过权"这样的措辞表面上似乎可以支持美国的行为。

（4）军舰和军用飞机通过群岛海道的法律问题

在群岛水域、群岛海道中，军舰的通过权和军用飞机的飞越权一直是

---

❶ *Digest Of United States Practice In International Law*（2003），p. 762.

❷ S. N. Nandan and S. Rosenne（eds.），*United Nations Convention of the Law of the Sea* 1982: *A Commentary*, vol. II, Nijhoff, Dordrecht, 1993, p. 456.

海洋大国关注的问题，这也是第三次联合国海洋法会议中的一个重要谈判内容。尽管群岛海道通过权可以与海峡中的过境通行权相类比，但位于群岛水域中的航行和飞越对于群岛国家来说还是太敏感了，毕竟群岛海道深入其领土内部，群岛国一般都会担心通过的军舰和军用飞机会对其主权、安全造成负面影响。海洋大国与主张群岛国身份的国家的国家利益并非完全一样，前者希望航行自由、飞越不受太多约束，后者侧重考虑国家安全。与在国际海峡中行使过境通行权的军舰和军用飞机一样，航母上的固定机翼舰载机是否可以起飞、是否可以起降军事装置以便设置警戒措施、是否可以进行补给、潜艇是否可以潜行，这些问题也是在群岛海道中通过时产生的问题。毫无疑问，海洋大国希望这些活动受到的限制越少越好，这也是它们在公约谈判中所持的基本立场。

① 所有船舶和飞机

《联合国海洋法公约》第 53 条（2）中"所有船舶和飞机"，指不考虑船舶的类型，运载的货物或推进方式，无论是否商用，也无论是否享有主权豁免，都享有群岛海道通过权。这一直是美国这样的海军大国的立场。❶ 就军舰和军用飞机来说，这自然包括常规动力与核动力船舶，各种水面军舰，包括航空母舰和潜艇（无论常规动力还是核动力）。飞机包括舰载机，也无论飞机的功能。

② 通过的"通常方式"

《联合国海洋法公约》第 39 条（1）（c）、第 54 条（援引第 39 条）中"通常方式"这个术语给军舰和军用飞机的航行及飞越留下了空间。❷ 根据美国长期坚持的立场，与在国际海峡中的过境通行权一样，群岛海道中航行的通常方式允许潜艇在水下航行，允许军用飞机携带通常设备按照战斗队形飞越海道，水面战舰航行时可以采取必要的安全措施，包括以编队的方式航行、起飞及回收飞机，这些都符合海洋大国的长期实践与主张。此外，群岛国不得停止群岛海道通过权，即使出于国家安全的理由暂

---

❶ J. Peter A. Bernhardt, "The Right of Archipelagic Sea Lanes Passage: A Primer", *Virginia Journal of International Law*, 1995, Vol. 35, p. 739.

❷ René-Jean Dupuy and Daniel Vignes, ed., *A Handbook on the New Law of the Sea*, 1991, Vol. II, p. 961. 《联合国海洋法公约》中文译本中，第 39 条使用了"通常方式"，但第 53 条第 3 款用了"正常方式"。这两个条款的英文都用了"normal mode"，因此中文中的这两个用语应该作为同一个意思理解。

时停止也不可。❶

③ 军舰及军用飞机在未指定但在"正常用于国际航行的海道"中的通过

群岛国没有指定群岛海道,但该群岛水域中公认存在"正常用于国际航行的海道",外国船舶、飞机在其中通过时可能产生一些法律冲突。印度尼西亚东西走向的群岛海道不属于印度尼西亚的指定,2003 年美国在印度尼西亚群岛水域通过时发生了一起事故:

> 2003 年 7 月,美国的"卡尔·文森号"航空母舰及其护卫舰途经印度尼西亚第一号群岛海道穿越印度尼西亚群岛水域(事先给予了通知)。舰队沿着该海道向东南航行,按计划抵达巽他海峡。然而,舰队沿着未经指定的用于国际航行的东西航道前进。在朝东南方向前进时,一架美国 F－18 战斗机接近一架印度尼西亚商业飞机,后者的导航员将美国的军用飞机报告给位于 Juanda 的空中交通控制台,后者接着将该情况报告给位于 Madiun 的印度尼西亚空军总部。印度尼西亚海军似乎相信穿越未经指定的东西海道的美国舰队在做无害通过。印度尼西亚空军派了两架 F－16 到事发地点。双方战斗机发生了近距离的机动行为。事件后来获得解决,没有造成事故和人员死亡。❷

该事件彰显同一行为可能具有两种法律性质,但两种通过权的识别是一个问题。印度尼西亚可能认为美国在未指定群岛海道的水域行使无害通过权,但军用飞机无权通过,所以派战斗机靠近。而美国可能认为其根据《联合国海洋法公约》第 53 条(12)行使的群岛海道通过权——在并非《联合国海洋法公约》缔约国的情况下美国一直主张航行权属于习惯国际法下的权利,飞机仍然享有飞越权,而且舰载飞机的起飞降落属于通过的正常

---

❶ Executive Report 110 – 09: Convention On The Law Of The Sea, https://www.foreign.senate.gov/imo/media/doc/executive_report_110 – 09.pdf, 2018 年 1 月 24 日访问;R. Beckman, "Archipelagic Sea LanesPassage in SoutheastAsia – Developments and Uncertainties", in K. C. Guan and J. K. Skogan, eds., *Maritime Security in Southeast Asia*, London and New York: Routledge, 2007, pp. 125 – 126; J. Peter A. Bernhardt, "The Right of Archipelagic Sea Lanes Passage: A Primer", 1995, p. 759.

❷ Hugo Caminos and Vincent P. Cogliati – Bantz, *Legal Regime of Straits – Contemporary Challenges and Solutions*, 2014, pp. 200 – 201.

方式。《19 条规则》第 19 条第 2 段似乎给予了美国这种权利。除非美国事先通知的时候就通过权的法律性质一并告之，否则类似的情况可能还会出现。这也说明，如果存在公认的"正常用于国际航行的海道"，群岛国家最好指定群岛海道。

即使印度尼西亚指定了所有的群岛海道，按照美国 2003 年给印度尼西亚的照会的意图，在其他群岛水域仍然存在无害通过的权利。如果这确实是美国的实际立场，那么美国似乎可以在群岛水域享有随处航行的权利。同一次航行，所行使的权利取决于船舶所在的位置，只要其位于群岛水域，总是存在一种可以使其合法的法律基础：要么是行使群岛海道通过权（在指定的或者通常用于国际航行的海道），要么是行使无害通过权（群岛海道之外的群岛水域）。不过，只要在群岛海道之外的群岛水域，飞机不能行使无害通过。这种情况更多的是将群岛水域（包括群岛海道）航行权推向极端，如果实践的实际情况是这样的话，可能会引起双边关系的挫折。

④ 中国的思考

中国未来以航空母舰为核心的舰队除了通过宫古海峡等日本岛屿之间的少数水道进入太平洋，或者通过马六甲—新加坡海峡进入印度洋，通过菲律宾、印度尼西亚的群岛水域、群岛海道也是必然而合理的选项。这种情况下，单独一艘军舰的通过与一个庞大的混合舰队通过的技术要求和安全要求完全不一样，后者要求更有助于确保舰队安全的通过方式。

就通过群岛水域、群岛海道而言，在印度尼西亚、菲律宾的群岛水域中行使群岛海道通过权应该属于优先考虑之列，其次才是在群岛水域中行使无害通过权。相比而言，群岛海道通过权比群岛水域中的无害通过权受到的限制少，尤其是前者允许潜艇在水下航行、允许飞机飞越群岛海道。印度尼西亚指定的三条北—南走向群岛海道基本可以为中国海军从南海通往印度洋提供足够的航道，东—西航道相对而言重要性不及北—南走向的海道重要。❶ 除了经过马六甲—新加坡海峡进入印度洋的航道之外，较为方便的应该是途经印度尼西亚指定的第一条群岛海道（从纳土纳海—卡里

---

❶ 印度尼西亚倾向认为，群岛海道的指定仅限于外国船舶所实际使用海道。这一点与美国的立场有差异，后者认为群岛海道包括所有可供使用的海道。参见 Mark J. Valencia and James Barney Marsh，"Access to Straits and Sealanes in Southeast Asian Seas: Legal, Economic and Strategic Considerations," *Journal of Maritime Law and Commerce* 16，1985，No. 4，p. 525.

马塔海峡—爪哇海—巽他海峡—印度洋），这也是印度尼西亚所指定的三
条群岛海道中最繁忙的一条航道。❶ 巽他海峡的水文条件不能供潜艇在水
下航行，而龙目海峡、翁拜海峡具备条件，因此通过第一群岛海道的潜艇
只能水面航行。❷ 不过，巽他海峡紧邻印度尼西亚首都雅加达，出于安全
考虑印度尼西亚对通过此处的军用飞机、船舶、潜艇也会特别关注，尤其
是航母舰队通过时起降飞机这样的行为。此外还需要注意的是，印度尼西
亚在这条海道所途经的纳土纳海、卡里马塔海峡、爪哇海设立了海洋保护
区。这类海洋保护区对通过的船舶施加了诸多额外义务，有可能造成海道
通过权从属于海洋保护区规则，结果是海洋保护区的相关规则与群岛海道
通过制度之间的不协调。❸ 印度尼西亚学界有这样一种主张，认为通过的
"正常方式""无障碍"（unobstructed）这样的概念在海洋环境保护语境中
需要修订和更新，需要达成新的共识防止"正常方式""无障碍"通过的
航行对毗邻群岛海道的海洋环境造成的影响。❹ 海洋保护区是未来海洋发
展中的重要内容，它对现有航行制度有何实质性的影响，国际法在这方面
的发展尚不明确，或者说尚缺乏足够的和清晰的嗣后实践。中国对此应给
予充分的关注。

预计菲律宾不大可能完成指定群岛海道的工作，而且还有可能将其整
个群岛水域作为"特别敏感海域区"进行立法保护，中国军舰可以根据
《联合国海洋法公约》第 52 条行使无害通过权，不过军用飞机不能行使该
权利，而且潜艇必须在水面航行。中国也可以根据《联合国海洋法公约》
第 53 条（12）规定，主张菲律宾群岛水域中存在 4 至 5 条"正常用于国
际航行的海道"，中国军舰和军用飞机可以行使通过和飞越权。其中有两

---

❶ Maria Maya Lestari, "New Consensus on Archipelagic Sea Lane Passage Regime over Marine Protected Areas: Study Case on Indonesian Waters", http：//papers. iafor. org/wp – content/uploads/papers/acss2017/ACSS2017_36243. pdf.

❷ Mark J. Valencia and James Barney Marsh, "Access to Straits and Sealanes in Southeast Asian Seas: Legal, Economic, and Strategic Considerations," 1985, p. 525.

❸ Hugo Caminos and Vincent P. Cogliati – Bantz, *Legal Regime of Straits – Contemporary Challenges and Solutions*, 2014, p. 204; Robert C. Beckman, "PSSAs and Transit Passage—Australia's Pilotage System in the Torres Strait Challenges the IMO and UNCLOS", *Ocean Development & International Law*, Vol. 38, No. 4, 2007, pp. 325 – 357.

❹ Maria Maya Lestari, "New Consensus on Archipelagic Sea Lane Passage Regime over Marine Protected Areas: Study Case on Indonesian Waters", supra.

条航道对中国从南海航行至太平洋至关重要：一是南海—菲尔德岛航道—锡布延海—圣贝纳迪诺海峡—太平洋的海道，这是"正常用于国际航行的航道"；二是南海—巴拉克海峡—苏禄海—保和海—苏里高海峡—太平洋的航道，这是菲律宾曾经打算指定的群岛海道。此外，中国同样应当留意菲律宾以海洋保护区制度来限制外国军舰在其群岛水域行使的各种权利。❶ 在行使群岛海道通过权时，受制于第 53 条（5）的规定，通过的船舶和飞机不应偏离中心线 25 海里以外，而无害通过则无类似限制。

根据美菲军事合作协议，美国使用菲律宾群岛上的 5 个军事基地，这是从南海通过菲律宾群岛水域至太平洋的航道所处复杂的军事环境。基于海上强国的偏好是获取充分的信息，所以美国在这些军事基地的部署构成了中国行使航行自由权的激励。当然，目前中美之间的力量对比事实上呈现弱—强关系，也可能导致位于南海的中国海军更愿意途经巴士海峡进入太平洋，避开美国的监视。此外，菲律宾没有指定群岛海道，即使未来中国的航母舰队可以在其群岛水域进行无害通过，但无害通过不包括飞机的飞越权，这意味着无法在航母上起降飞机，也无法为航母提供安全保护和警戒，从而使航母编队暴露在危险之中。

4. 潜艇的航行问题

潜艇属于军舰的范畴，一般规制军舰航行的国际法规则原则上都适用潜艇。然而潜艇可以在水面下航行，因此海洋公约中有若干针对潜艇的专门规定。下面有关潜艇航行的意见主要来自英美海洋大国的学界、政府立场，但对于中国也有参考意义。

1958 年《领海及毗连区公约》第 14 条第 6 款规定"潜艇要求在水面航行并展示旗帜"。由于该条独立于有关无害通过的规定，所以对该条有这样的理解：只有当情况表明，潜艇在水下航行危及沿岸国家的和平、良好秩序或安全时，才构成非无害通过。❷ 1982 年《联合国海洋法公约》第

---

❶ Mark J. Valencia and James Barney Marsh, "Access to Straits and Sealanes in Southeast Asian Seas: Legal, Economic, and Strategic Considerations," *Journal of Maritime Law and Commerce* 16, 1985, No. 4, p. 525.

❷ René-Jean Dupuy and Daniel Vignes, ed., *A Handbook on the New Law of the Sea*, 1991, Vol. II, p. 927.

20 条只是规定"在领海内,潜水艇和其他潜水器,必须在海面上航行并展示其旗帜"。早年英国的杰拉德·费茨莫雷斯(Gerald Fitzmaurice)针对1958 年《领海及毗连区公约》第 14 条第 6 款提出了一个激进的解释,认为潜艇在领海潜航或没有展示旗帜可能不是无害通过,但这并非潜艇潜航或没有展示旗帜。这种观点得到一些学者的赞同。❶ 如果出现被认为是非无害通过的情形,沿海国有权利采取措施让其浮出水面、驱离。

对 1982 年《联合国海洋法公约》第 20 条的理解有两种:第一种理解是潜艇在水下航行本身就构成非无害通过,因此违反了第 19 条关于无害通过的界定;第二种理解是潜艇在水下航行并不必然构成非无害通过,是否无害要取决于当时具体的情景。需要注意的是,第 19 条所列举的非无害通过的情形没有包括第 20 条的内容,有学者认为这意味着公约无意将潜艇在水面航行作为无害通过的必要条件,因此较好的办法是允许沿海国家自己关注该问题,确定潜艇通过的性质。❷ 无论如何,外国潜艇在沿海国领海水面下航行、停留自然会引起安全疑虑,甚至引发沿海国的激烈回应。根据潜艇所处的位置、当时航行的具体情况综合判断,一个合理的结论是,如果潜艇不是处于国际航行的必要位置而且长时间在沿海国领海水下潜航,那该潜艇的行为可构成非无害通过的初步证据。

关于潜艇在《联合国海洋法公约》第 37 条意义上的国际海峡中通过,公约中并没有条款规定潜艇可以在水下航行,但一个被广泛接受的解释是潜艇可以在水下航行,这是符合第 39 条中"通常方式所附带发生的"航行方式。根据第 39 条、第 54 条,潜艇在国际海峡、群岛海道航行时适用相同的规则。❸ 特别需要注意的是柴油动力潜艇需要定期上浮充电或补给空气,因此这类潜艇航行的通常方式包括水面航行和水下航行两种模式。❹

---

❶ René-Jean Dupuy and Daniel Vignes, ed. , *A Handbook on the New Law of the Sea*, 1991, Vol. II , p. 928.

❷ Alexander Proelß, ed. , *The United Nations Convention on the Law of the Sea: A Commentary*, Beck/hart Pullishing, 2017, p. 199.

❸ Bing Bing Jia, *The Regime of Straits in International Law*, pp. 151 – 152; Hugo Caminos and Vincent P. Cogliati – Bantz, *Legal Regime of Straits – Contemporary Challenges and Solutions*, Cambridge University Press, 2014, pp. 165, 215 – 217, 299; René – Jean Dupuy and Daniel Vignes, ed. , *A Handbook on the New Law of the Sea*, 1991, Vol. II, pp. 926, 929.

❹ J. Peter A. Bernhardt, "The Right of Archipelagic Sea Lanes Passage: A Primer", 1995, p. 759.

对中国来说，潜艇通过第 37 条意义上的国际海峡（在技术上来说，所有水道比较狭窄的海峡都面临相同的问题）固然可以在水下航行，但这取决于对有关航路的水文条件掌握的情况。至于通过菲律宾、印度尼西亚这些周边国家的群岛水域，群岛水域的无害通过权、群岛海道通过权都提供了一种法律基础。从必要性来说，水文特征是否支持潜艇在水下的航行、政治和战略环境是否支持潜艇单独在群岛水域航行要依据具体情况而定：航道的水文特征、政治与战略环境是否支持潜艇的安全航行。更可能的情况是潜艇与其他军舰组成编队航行。

5. 核动力船舶

核动力船舶指船舶的动力推进方式是核能，这与运载核原料的船舶不同，前者不属于运载核原料。《联合国海洋法公约》第 23 条也做了这样的区分，主要的军用核动力船舶是航空母舰、核动力潜艇。像美国、苏联海上力量主要体现为数量庞大的核动力航母和核潜艇，它们能否随其所愿地航行是体现其权力的关键。美、苏双方在"有关无害通过国际法规则统一解释的联合声明"中认可核动力船舶在领海享有无害通过的权利，而且不需要事先批准——"无论其推进方式"这样的用语实质上就是针对核动力船舶而提出的。❶

1982 年《联合国海洋法公约》有好几处涉及核动力船舶的通行问题——第 22 条、第 23 条，主要功能是出于安全航行（safe navigation）与海洋环境保护的目的，本身并不涉及批准的问题。在实践中，沿海国对于核动力船舶、运载核原料船舶的航行、通行、通过的规制方式有三种——禁止通行、事先通知、事先批准。禁止通行的一般限于运输核废料和危险物品，不是针对核动力船舶。菲律宾、委内瑞拉等国甚至禁止运输危险物

---

❶　"Union of Soviet Socialist Republics—United States: Joint Statement with Attached Uniform Interpretation of Rules of International Law Governing Innocent Passage", 1989, pp. 1444 – 1447. 有一种意见认为，从《联合国海洋法公约》第 19 条的内容来看，核动力船舶、装备核武器出现在领海本身并不构成对沿海国和平与安全的威胁。See Michael J. Matheson, "Oceans in a Nuclear Age", in David D. Caron and Harry N. Scheiber, *The Oceans in the Nuclear Age – Legacies and Risks*, Leidon/Boston: Brill Nijhoff, 2014, p. 354.

质（尤其是核废料）的船舶通过其领水。❶ 一些国家，如阿联酋、也门、吉布提、巴基斯坦、波兰、加拿大要求核动力船舶、运载危险和污染性物质的船舶事先通知其通过，而爱尔兰一直游说国际海事组织，要求这类船舶在领海中航行的话要事先通知。法国要求船舶进入其领水之前要申报货物的性质。一系列国际条约规定了提前通知的义务。❷

还有一些多边及双边国际条约规定，核动力船舶、运载核原料的船舶在进入领海前要事先获取批准。不过一缔约国是否按照条约推定要求核动力船舶进入其领海或港口是必须事先通知或批准，仍然取决于该国法律的具体要求。一些处于重要国际航线沿岸的国家要求核动力船舶进入其领海是需要事先同意/批准，如阿曼、伊朗、埃及、几内亚、马来西亚、马耳他、西班牙、秘鲁、沙特、也门。❸

中国的军用核动力船舶进出太平洋、印度洋，可能需要经过周边国家的领海、专属经济区、国际海峡、群岛水域、群岛海道。经过日本一些岛屿之间的海峡，菲律宾、印度尼西亚群岛水域，马六甲海峡会涉及相关各国关于核动力船舶通行的要求。中国应当坚持的首要原则是核动力船舶的通行不需要事先批准，其次是核动力与运输核原料、核废料、危险物品属于不同的范畴。

第三节　有利于中国海洋强国建设的相关政策和立场

一、符合中国海洋强国建设的相关立场

根据上面的分析，为了掌控周边海洋乃至远洋的基本情况，为了中国

---

❶ Marco Roscini, "The Navigational Rights of Nuclear Ships", *Leiden Journal of International Law*, 2002, Vol. 15, pp. 255–256. See also："An Act To Control Toxic Substances And Hazardous And Nuclear Wastes, Providing Penalties For Violations Thereof, And For Other Purposes"（Republic Act No. 6969）, http://lia. erc. gov. ph/documents/73, 访问时间：2018 年 8 月 31 日。

❷ Tullio Treves, "Navigation of Ships with Nuclear Cargoes: Dialogue between Flag and Coastal States as a Method for Managing the Dispute", in David D. Caron and Harry N. Scheiber, *The Oceans in the Nuclear Age – Legacies and Risks*, Leidon/Boston: Brill Nijhoff, 2014, pp. 217–235.

❸ Marco Roscini, "The Navigational Rights of Nuclear Ships", *Leiden Journal of International Law*, 2002, Vol. 15, pp. 253–257.

舰队本身的安全，为了不给中国海军活动的法律基础自我设限，为了不使中国海军沦为要塞舰队，中国应当综合考虑下列基本立场。

第一，军舰在领海的无害通过权是否应当事先批准或通知，中国应当根据国家利益重新考虑。从未来中国海上力量发展趋势、中国的偏好（2019 年《新时代的中国国防》白皮书指出，"中国军队……着眼弥补海外行动和保障能力差距，发展远洋力量，建设海外补给点，增强遂行多样化军事任务能力"）来看，无须通知与事先批准的无害通过更有利于越来越庞大的中国海军舰队的航行。当然，如前所述，困境在于这种立场也为外国，主要是美国海军在中国领海通过提供了法律理由。一个思路是沿海国有权对通过的军舰进行警戒、跟踪、在必要情况下进行拦截和驱离，因此从中国"弥补海外行动和保障能力差距、发展远洋力量"产生的比较收益来看，中国获益匪浅。

第二，关于国际海峡通行、群岛海道通过的通常方式，中国应当尽可能支持作广义的解释，为航母编队通行时提供空中警戒，为了安全航行而做出相应部署。

第三，潜艇在国际海峡、群岛海道之水面下航行属于通行、通过的通常方式，且无须事先批准。

第四，核动力船舶行使国际海峡过境通行权、群岛海道通过权不受特别管理，尤其不需要事先批准。

第五，在国际海峡、群岛国海道通过的船舶和飞机，无论其功能，都不受阻碍。

这类法律立场并非简单地来源于《联合国海洋法公约》中有关航行的规定，事实上公约乃至习惯国际法规则并不能提供清晰的答案。❶ 出于条约解释的目的，在缺乏嗣后协定的情况下，具有重要意义的是嗣后实践（subsequent practice），然而有相关实践的国家很少，主要是少数海权国家。诸如潜艇、航空母舰在国际海峡、群岛水域/群岛海道的通过，舰载军用飞机在国际海峡、群岛水域/群岛海道的起降行为，有丰富实践的国家也

---

❶ 正如联合国国际海洋法法庭庭长弗拉基米尔·弗拉基米罗维奇·戈利岑（Vladimir Vladimirovich Golitsyn）于 2017 年在美国海战学院的一次演说中表示，公约没有、从来也无意为产生的每个海洋问题提供答案。参见 Vladimir Golitsyn, "Freedom of Navigation: Development of the Law of the Sea and Emerging Challenges", *International Law Studies*, 2017, Vol. 93, p. 264.

仅有美国。不过美国的实践不大可能构成 1969 年《维也纳条约法公约》第三十一条（3）（B）所述"确定各当事国对条约解释之协定之任何嗣后实践"的组成部分，一方面，因为美国并非《联合国海洋法公约》缔约国，❶ 也因为有此类实践的国家数量太少，不具有普遍性，而且世界各国在航行自由与军事活动的关系上分歧太大，无法达成"各当事国对该条约解释之协定"。另一方面，美国主张航行自由权的时候，其多数时候将其主张建立在习惯国际法基础上。虽然如此，像航空母舰在国际海峡、群岛水域/群岛海道中的航行产生的一系列技术问题（如飞机的起降、执行警戒任务等），现有习惯国际法规则其实并不明确，因为缺乏被普遍接受的一致性国家实践。针对这种情况，《奥本海国际法》第九版指出，在确定习惯国际法时，"在某些领域内，最重要的也许是，在该领域内有直接关系的国家的实践和态度。因此，实践不一定是每一个国家都默示或明示作为法律予以遵守或接受的。"❷ 军舰的航行、舰载飞机的起降和飞越正是这类领域，少数有此实践和明确法律立场的国家极为重要。在这种意义上，美国的立场在某种程度上正制约着这方面国际法的发展。中国可能会建设成美国之外的世界上第二大海军力量，也属于为数不多的《奥本海国际法》所说的"有直接关系的国家"，预计中国在航行自由方面的法律立场、国家实践会对该领域的国际法的发展产生影响，这是毫无疑问的，问题在于发展的方向。如果上述中国的法律立场成为中国海军行动的基础，那么中国的国家实践可能促进的国际法是有利于中国发展远洋军事力量的。

二、一种更为平衡的思考

航行自由固然是一种世界上所有国家都能从中获益的主张，但强调军舰的航行自由、军用飞机的飞越自由，获益最大的国家毕竟是海洋大国。行使航行自由、飞越自由是所有国家的权利，但体现的却是海洋大国的权力。这一点中国应当有清楚、现实的认识。即使中国奉行决不称霸的国家

---

❶ 联合国国际法委员会于 2018 年二读通过的《与条约解释相关的嗣后协定和嗣后实践》草案条文结论 4 "嗣后协定和嗣后实践的定义"指出，第三十一条第三款（b）项下的嗣后实践必须是适用条约的行为。既然美国并非《联合国海洋法公约》的缔约国，在严格意义上，其行为就不能被视为是适用条约的行为。

❷ ［英］詹宁斯、瓦茨修订：《奥本海国际法》，第一卷第一分册，王铁崖，等译，北京：中国大百科全书出版社，1995 年，第 17 页。

政策，但拥有较大规模的海军在海上航行不可避免地体现了权力，也必然引起周边国家或其他国家的极度关注，甚至可能引发东亚国际关系的变动，这是中国建设海洋强国不可避免的外溢效应。美国实施的"航行自由计划"给世人留下的印象是极端的单边主义、炫耀武力，甚至故意挑战他国主权。中国应当在海军机动性的国际法保障与中国同周边国家的双边关系之间维持一种平衡，为此，中国行使航行权、飞越权应当注意下述问题。

一是美国的"航行自由计划"是用军舰实施的"行动＋外交抗议"的二元一体计划，典型特征是特意挑战目标国家的"过度海洋主张"，其中不乏炫耀武力、进行武力威胁的成分，同时也没有顾及他国合理的安全诉求，❶ 将自己的航行自由、安全建立在他国的不安全担心之上。中国应避免遵循这种模式不给双边关系造成困扰。

二是中国在行使航行、飞越权的时候，要避免美国滥用权利、非善意行使航行权的情况。当然历史经验与现实的国际关系比较复杂，中国在行使权力的时候，与相关对象国家的关系性质反过来会影响中国行使权利的过程与效果。因此，中国可根据军事活动的需要，以完成和平时期军事活动为目的去行使航行权，摒弃美国特意挑战目标国家的海洋主张的做法。对于与中国没有海洋争端的国家，中国可以选择尊重这些国家关于领海基线、专属经济区的范围等方面的规定。

三是周边国家如印度尼西亚、菲律宾对其群岛水域、专属经济区内的军事活动异常敏感，尤其是群岛水域深入其领土内部，它们对安全的担忧应属正常。如果在群岛水域、群岛海道起降舰载军用飞机（即通过的通常方式），在中国与这些国家缺乏密切军事协定的情况下，无疑会引起后者的疑虑和安全上的担心。因此在未来中国航母舰队通过周边群岛国家的群岛水域时可以考虑提前给予通知，尽量消解疑虑，当然在通过领海、海峡、群岛水域和海道之时事先通知不能视为一项法律义务。美国、苏联也

---

❶　包毅楠：《美国"过度海洋主张"理论及实践的批判性分析》，《国际问题研究》，2017 年第 5 期，第 125－126 页。

有向印度尼西亚政府事先通知的先例。❶ 美国、澳大利亚与印度尼西亚通过协商达成了《美国、澳大利亚、印度尼西亚关于行使群岛海道航过权的19 条规则》，建议外国军舰通过群岛海道时提前告知（inform）印度尼西亚有关方面。❷

四是海军所冀求的自由行动与沿海国的安全考虑和管理要求之间总是呈现紧张关系，但二者的需求都不失正当性、合理性。在海洋大国看来，下列因素制约了海军水面部队在和平时期出入关键海道和高效部署：可供通过的海洋空间狭小、提前通知的要求、沿海国纷繁复杂的管理制度、低能见度条件下的沿岸航行、难以进行情报和科学数据收集、沿海国的抗议、将出入权利作为讨价还价的筹码、漫长的反应时间。❸ 美国出入菲律宾群岛水域似乎没有产生严重的争端，一个最主要的原因是美国与菲律宾的军事同盟赋予了美国充分的出入自由，但美国在印度尼西亚群岛水域中的通行并非如此，双方缺乏美菲军事协定那样的机制是一个重要原因。这对中国是一个重要启示，即良好的双边关系有助于中国军舰和飞机的航行、飞越。这也自然产生了一个地缘政治上的后果：在存在美日、美菲军事协定的情况下，中国要在日本海峡、菲律宾群岛水域行使通行权、通过权就极有可能受到前述军事关系最大限度的制约。这也说明，在和平时期，对一个国家行使航行自由时与双边关系的实际情况相关。

小　结

对中国而言，航行自由也是双刃剑，为自己主张广泛权利的同时也就赋予了他国权利，为美国在中国近海从事侦察活动提供了其所需要的法律理由。在当下东亚的地缘政治中，这是一种自然的思路。然而美国是否那

---

❶ Mark J. Valencia and James Barney Marsh, "Access to Straits and Sealanes in Southeast Asian Seas: Legal, Economic, and Strategic Considerations", 1985, p. 525; Thomas Windsor, "Innocent passage of warships in East Asian territorial seas", *Australian Journal of Maritime & Ocean Affairs*, 2011, Vol. 3, 73–81.

❷ 参见附录二。

❸ Mark J. Valencia and James Barney Marsh, "Access to Straits and Sealanes in Southeast Asian Seas: Legal, Economic and Strategic Considerations," 1985, p. 545.

样做取决于美国自己的国际法立场、战略意图和行动能力，而非中国的法律立场。倒是中国海军出入周边国家的领海、专属经济区、国际海峡、群岛水域到大洋深处进行活动需要相应的法律基础。这需要根据国家利益来平衡其中的利弊。

第一，长期以来中国关于领海无害通过、专属经济区军事活动的传统立场反映了海军弱小国家的安全困境。海军弱小国家最担心暴露自己军事上的薄弱之处，而又无替代方案克服弱点，因此其偏好是阻止其他国家从事有危及自己安全的军事活动。相对于弱国，海上强国担心的不是暴露自身的弱点（强国、弱国力量对比悬殊的时候，这种弱点其实对后者意义不大），而是对信息的掌握不充分。在中国海军力量变强以后，倘若中国的海军实际行动与传统立场保持一致，那就变为一种自我设限的立场，这与海洋大国的强军经验背道而驰。在战时要获得对海洋的控制（sea control），只有在外线取得优势才能阻止外国海军在中国沿海取得控制权。

第二，有能力、有意愿在中国近海专门针对中国从事军事活动的主要是美国，可以预计，无论中国对航行自由持何种立场都不会影响美国实施其航行计划，❶ 因此中国采取积极的航行自由立场对中国眼下面临的安全问题不会有显著改善，也不会有明显恶化，但长期看可以确立有助于提高中国海军能力的国际法基础。

如果中国打算建立一支具有远洋作战能力的海军，与此相适应的偏好是重视各种海域中航行权的重要意义，尤其是必须认真对待中国海军在周边国家领海、专属经济区、国际海峡、群岛水域、群岛海道内的航行权问题。长期来看，一个可能的结果是中国和美国在一些问题上会有共同的需求和理解，这是两国利益的耦合使然。❷ 但这并不意味着中国会成为美国那样的超级海权国家，因为中国不具备历史上美国所拥有的那些天时地利等因素。❸

第三，作为应对美国强行在中国领海行使无害通过权、在专属经济区

---

❶ 袁发强：《航行自由制度与中国的政策选择》，《国际问题研究》，2016 年第 2 期，第 94 – 95 页。

❷ 牟文富：《互动背景下中国对专属经济区内军事活动的政策选择》，《太平洋学报》，2013 年第 11 期，第 58 页。

❸ 胡波：《国际海洋政治发展趋势与中国的战略抉择》，《国际问题研究》，2017 年第 2 期，第 101 页。

内进行军事活动和水文测量的行为，中国需要将海洋法中的航行权、飞越权从美国的显示武力、武力威胁行为中剥离出来，以正面的态度看待航行自由，坚决反对后者，并采取相应的军事反制措施，如诉诸拦截措施、建立安全警戒区。

　　在法律上反击美国的航行自由计划时，应着眼于其扰乱区域国际秩序、违反《联合国海洋法公约》第 300 条"诚意和滥用权利"这样的法律基础。"诚意和滥用权利"是一种可以控制过度行使那些公约所赋予的裁量性权利、权力（discretional right/power）的机制。在海洋法中，权利的行使方式很容易导致滥用权利，公海自由概念就存在固有的滥用权利的可能性。[1] 例如，美国在他国专属经济区内炫耀武力、甚至武力威胁，特意挑战其他国家主权的一个法律理由就是行使公海自由权。

---

　　[1] Alexander Proelß, ed., *The United Nations Convention on the Law of the Sea: A Commentary*, Beck/Hart Publishing, 2017, pp. 1938, 1942.

第五章　海上经济战：地缘政治与国际法

到目前为止，上述考察的范围是和平时期中美两国在海上的冲突及符合中国国家利益的政策选择，这种海洋法规则层面上的政策选择无关乎两国之间的武装冲突与否。本章在海上武装冲突中实施的海上经济战（maritime economic warfare）的视角下考察中国面临的海上风险，研究的焦点集中在海上经济战的法律背景、相关国际关系（涉及交战双方、中立方、军事同盟等关系）如何影响海上经济战展开的地理空间。所谓的海上风险概念，其实深受地缘政治态势与国际法（包括海洋法和海上武装冲突法）的双重影响。问题源于建设海洋强国使中国相当部分的力量、权力、利益分布在海洋空间，这使得中国越来越关注海上风险。例如，在"21世纪海上丝绸之路"构想中，中国将与有关国家一道共同建设通畅、安全、高效的运输大通道。❶ 这意味着会产生许多有形或无形的海上资产、权力和利益，它们在和平与战争时代的安全就成了中国必须考虑的问题。长期以来美国在策划对中国发起海上经济战，这是中国应当严肃对待的，它不但对"21世纪海上丝绸之路"构想的实施和中国资产安全带来严重的挑战，也对中国的海上交通线带来全方位的威胁。

第一节　海上风险的实质：海上经济战

一、美国对中国预谋的海上经济战

1. 海上武装冲突背景下中国面临的海上风险

任何国家，只要对海洋运输、海上贸易有依赖，都会面临各种海上风

---

❶ 《推动共建丝绸之路经济带和21世纪海上丝绸之路的愿景与行动》，中国发展改革委网站：http：//www.sdpc.gov.cn/gzdt/201503/t20150328_669091.html，访问时间：2015年7月。

险，但中国所面临的风险主要来源于一种对地缘困境的担心，即中国的能源供应等国际贸易所依赖的海上航线的脆弱性。❶ "目前中国石油进口量的80%来自中东和非洲，经印度洋和马六甲海峡等通道运至中国。印度洋地区是中国最可靠的石油进口地区，到2020年超过85%的石油进口必须通过印度洋航道，印度洋通道的安全直接影响到中国经济的可持续发展。"❷中国所做的许多工作也被解释为是来改善这种困境的，例如，联结巴基斯坦瓜达尔港的中巴经济走廊、穿越缅甸到中国云南的中缅油气管道等。上述各种陆上交通枢纽建设也不能完全解读为是为了规避海上风险，它们对于提高区域经济一体化、加强区域联系纽带也是不可替代的。

到底中国在海上面临何种风险？谁对中国能造成巨大的海上风险？从预期的风险到造成实际的损害，这个具体过程是如何发生的？和平时期的海上风险主要来自新老形式的海盗、海上武装抢劫、海上恐怖主义。❸ 然而，这些威胁对中国不过是肌肤之痛，而且世界各国、国际海事组织也正在竭力促成合作共同打击对海上航行的威胁。联合国安理会也做出了相关决议，授权各国共同打击海盗及海上武装抢劫。❹ 中国也派出了军舰执行护航任务。海盗行为确实可能造成极大的麻烦，但并不能对中国安全构成致命的威胁，只不过是增加了海上贸易的总成本。真正值得我们注意的是在和平时期不大为人们关注的一种可能性：海权国家所展现的本色之一就是其海军在战争期间截断敌方海上航线、打击对方的国际贸易，❺ 这恐怕就是中国的能源供应被称为是中国的"阿喀琉斯之踵"的原因，因为美国

---

❶ 参见杨泽伟：《中国能源安全问题：挑战与应对》，《世界经济与政治》，2008年第9期；尹力军：《21世纪中国石油安全现状及对策》，《改革与战略》2008年第7期。

❷ 中国评论网社评：《印度洋是中国新一轮发展的"生命之洋"》，http://www.crntt.com/doc/1039/6/1/9/103961953.html? coluid = 137&kindid = 7930&docid = 103961953&mdate = 1022000404，访问时间：2015年10月22日。

❸ ［法］菲利普·赛比耶-洛佩兹：《石油地缘政治》，潘革平译，北京：社会科学文献出版社，2008年，第50 - 52页；James Kraska and Raul Pedrozo, *International Maritime Security Law*, Martinus Nijhoff Publishers, 2013, pp. 358 - 359.

❹ IMO："Code of Practice for the Investigation of Crimes of Piracy and Armed Robbery Against Ships", Resolution A. 1025（26）；James Kraska, *Contemporary Maritime Piracy - International Law*, *Strategy*, *and Diplomacy at Sea*, Oxford：Preager, 2011, pp. 145 - 159.

❺ G. Modelski and W. Thompson, *Seapower in Global Politics*, 1494 - 1933, London：Macmillan, 1988, pp. 11 - 13.

可以以其强大的海上力量威胁中国的石油进口通道。❶ 尽管我们就海上贸易、航线面临的威胁谈论甚多，对来自美国海上力量的威胁也有警觉，但到底美国海军如何可以在战争时期威胁中国的海上商业、贸易活动，对此并无深究，其原因在于这是一个中国几乎没有第一手经验的领域。

　　这一切只有放在有海上武装冲突的背景下才可以得到充分地理解，而且一国用海军力量截断另一国航线、打击其贸易的情况一般在武装冲突、海上经济战过程中才得以充分展开。中国需要特别注意的是，在海上武装冲突中实施的这类行为有国际法上的基础。少量的国际公约对此有较明确的规定，但绝大部分规则主要由历史上为数不多的几个海上强国的国家实践塑造成型的。本章主要关注中美两国之间可能发生的冲突背景下中国海上利益面临的威胁，因为只有美国才有能力对中国造成如此广泛的威胁。❷ 自然，本章内容多涉及美国所策划的海上经济战、亚太地区的国际关系及地缘政治如何有助于或妨碍美国发动针对中国的海上经济战、国际法在何种范围内成为支持或限制美国的行为。战争是双方的相互敌对行为，但中国海上力量相比于美国是属于弱小的一方，很难设想中国对美国发动海上经济战的情形。尽管中国可能在军事上也有相应的反击措施，但难以就中国如何通过军事行动保护中国的利益做出回答，因为这涉及海军战略、战术问题，这也不是本章重点。因此本章主要目的是勾勒海上经济战的法律背景、影响经济战的国际关系与地缘政治因素。在给定目前中美两国海上力量对比的情况下，一些相关分析可以初步估计中国采取的陆地通道建设的方式规避海上风险的策略在何种意义上是有效的或无效的，或效果可能不如预期。

　　海上经济战属于大国之间的顶级大战略，海权大国善用此道，而且和平时期就有针对性地进行规划。第二次世界大战盟军针对轴心国的经济封锁可能是有史以来规模最大的经济战。❸ 第二次世界大战以后几乎没有规

---

　　❶　Gabriel B. Collins, et al., *China's Energy Strategy: The Impact on Beijing's Maritime Policies*, Annapolis: Navy Institute Press, 2008, p. 13.

　　❷　印度、日本有一定能力对中国海上航线进行阻挠，但二者对中国的海上威胁远达不到美国威胁的程度，即使印度、日本与中国发生海上冲突，作者倾向于认为两国与中国的冲突应放在可能的中美冲突的大背景中。

　　❸　W. N. Medlicott, *The Economic Blockade*, 2 Volumes, His Majesty's Stationery Office & Longmans, Green & Co., 1952.

模巨大的海战和海上经济战，但此前海洋大国塑造的海上经济战惯例仍然发挥作用，构成海上经济战的蓝本。它一般按照这样的典型情形展开：宣战或发生事实上的武装冲突，同时伴之以封锁、捕获对方船舶，一般会有中立政策、战时禁制品的宣告。❶

2. 战争的另一个维度：经济战

经济战的目标是迅速促成敌方财政崩溃、经济瓦解，导致军事上的瘫痪。这种结局的好处是以相对低廉的成本获得胜利。❷ 1939 年 7 月英国编制并在第二次世界大战中实施的《经济战手册》这样描述经济战的目的："……瓦解敌方的经济、阻止敌方从事战争。""经济战是一种军事行动……与那些目标是为了击败敌人的行动一样……也是补充那些剥夺敌人赖以抵抗的物质手段的行动。"❸ "军事行动是经济战的武器，这揭示要使用武力去阻止敌人获得发动战争所需要的物资。它可以在海上、陆上及通过空中力量实施。"❹ 美国海战学院在 1967 年出版的《当代经济战》一书这样界定经济战："当代经济战就是物质资源战争。当代经济战争涉及对各国间物质资源的流动、使用这些资源产生价值过程的特意干扰……传统而言，经济战涉及操纵财富去影响权力。但本书所说的操纵是通过财富中介去干扰利用资源生产财富过程。"❺

在历史上，经济战就是西方列强所发动的海战的伴生物，海战就有针对敌方贸易的特性，目的是截断敌方贸易。❻ 英国海上经济战经验丰富，❼

---

❶ Christopher J. McMahon, "Maritime Trade Warfare – A Strategy for the Twenty – First Century?", *Naval War College Review*, 2017, pp. 16 – 38.

❷ Nicholas A. Lambert, *Planning Armageddon：British Economic Warfare and the First World War*, Harvard University Press, 2012, p. 1.

❸ Nicholas Tracy, ed., *Sea Power and the Control of Trade*, Aldershot：Ashgate, 2005, p. 446.

❹ 同上，p. 483.

❺ Neil H. Alford, *Modern Economic Warfare*, 1967, p. 1.

❻ Hugh F. Lynch, "Strategic Imperatives：Economic Warfare at Sea", in Richard J. Grunawalt, ed., *Targeting Enemy Merchant Shipping*, New Port：Navy War College, 1993, pp. 250 – 263；Marjorie M. Whiteman, *Digest of International Law*, Vol. 10, Washington：U. S. Department of State, 1968, p. 791；Bruce A. Elleman and S. C. M. Paine, *Commerce Raiding：Historical Case Studies, 1755 – 2009*, Naval War College Press, 2013.

❼ Nicholas A. Lambert, *Planning Armageddon：British Economic Warfare and the First World War*, Harvard University Press, 2012；Tor Egil Førland, "The History of Economic Warfare：International Law, Effectiveness, Strategies", *Journal of Peace Research*, 1993, Vol. 30, No. 2, pp. 151 – 162.

这同英国长达几百年的时间里一直是海权大国有关，因为近代重商主义、产业资本主义国家的财富与海上贸易是不可分割的，在海战中，强大海军能成功地对敌方进行封锁、控制敌方贸易，所诉诸的手段就是攻击敌方航运、阻隔与其他国家的贸易联系。❶ 第二次世界大战之后，美国对朝鲜、越南、古巴发动过海上经济战。❷ 在当代，国家财富的构成呈现多元化，因而经济战的内容、手段就更多样化，如当代的网络战、信息战有可能被纳入经济战的框架。❸ 海上经济战与海战中的作战手段本质上是一致的，如捕获敌方船舶及其船载货物，封锁、直接攻击敌方港口，宣布禁制品清单等，这些都是经典的海军作战手段。❹ 这些正是本章所关注中国面临的海上风险的主要方面，因此本章考察的范围限于通过海军实施的经济战。

　　由于中国没有近现代西方海权国家所从事的那类海战的经验，对海战双方的交战权、由此产生的作战策略比较陌生。特别需要注意的是，海战中的此类经济战行为不能仅仅从其军事属性来看，它们属于海战的交战方行使的交战权利（belligerent rights），是一种国际法上承认的传统权利。既然是交战权利，这也意味着其经济战属性也将受到国际法的限制。海战、海上经济战展开的具体法律框架将在下文讨论。

3. 美国智库、战略人士对中国谋划海上经济战

　　从预期的海上风险到造成实际的损害，这个具体过程是如何可能发生的？我们能预见这种实际的损害将主要由美国发动的海上经济战造成，实际上美国也有部分战略人士在策划这类作战方案。

　　（1）2008 年美国海军战争学院的加布里埃尔·B. 柯林斯（Gabriel B. Collins）、威廉·S. 莫瑞（William S. Murray）两位专家考虑在若干交通枢

　　❶　Douglas C. Peifer, "*Maritime Commerce Warfare*: The Coercive Response of the Weak?", *Naval War College Review*, 2013, Vol. 66, No. 2, pp. 83 – 109; Hugh F. Lynch, "Strategic Imperatives: Economic Warfare at Sea, pp. 250 – 263; Nicholas Tracy, ed. , *Sea Power and the Control of Trade*, Aldershot: Ashgate, 2005, pp. xiv – xv.

　　❷　Nicholas Tracy, *Attack on Maritime Trade*, pp. 215 – 220.

　　❸　Michael N. Schmitt ed. , *Tallinn Manual on the International Law Applicable to Cyber Warfare*, Cambridge University Press, 2013, p. 200.

　　❹　Neil H. Alford, Jr. *Modern Economic Warfare*, 1967, pp. 317 – 415.

纽点对中国实施远海封锁（distant blockade），截断中国能源供给线。●

（2）2011年，美国空战学院战略系教授道格拉斯·C. 派弗尔（Douglas C. Peifer）撰文支持远海封锁方案，他表示，在中国发展反介入武器的情况下，近海封锁风险较大，因此远海封锁是更为可行的选择。●

（3）2013年，正值中国倡议中美两国要克服现实主义国际政治视角下为争夺权力而引起的国际冲突、尝试建立新型大国关系之际，美国一位年轻学者西恩·米尔斯基（Sean Mirski）设想了美国采取的可予以执行的海上经济战战略的全貌：在中美两国发生冲突的情况下，美国利用强大的海军力量对中国周边海域进行封锁。"在中美战争的背景下，美国可以尝试剥夺中国最大的国家力量——其出口导向、快速增长的经济模式，并将其转变为主要的军事弱点。要这样做，美国将对中国实施海军封锁，设法阻断中国的大多数海上贸易。在恰当的条件下，美国通过严重削弱中国的经济将其拉回到谈判桌上，从而能够确保胜利。"● 不过，米尔斯基设想的冲突场景是有限战争而非无限战争，因为后者可能导致两大国之间的核冲突。美国的封锁战最终是一项消耗战（war of exhaustion）。● 具体而言，此类封锁在地理上分为两个层次：近海封锁（close blockade）、远海封锁。"近海封锁的典型是在敌方近海部署战舰搜索往来商船、扣押那些运载禁制品的船舶。"● "远海封锁在远处进行部署，尽管也占据敌方海上航道，但避免了靠近中国海岸所带来的军事风险，而且与近海封锁相似的方式扼制敌方贸易。"● 另外还构想了内线封锁（inner ring blockade）和外线封锁（outer blockade）作为对前述两类封锁的补充。内线封锁的功能是在中国海岸附近创立一种禁止通行的禁航区（impassable exclusion zone），是以武力（潜艇、远程空中力量、水雷）为后盾禁止商船通行的禁区。美国海军可

● Gabriel B. Collins, and William S. Murray, "No Oil for the Lamps of China?", *Naval War College Review*, 2008, Vol. 61, No. 2, p. 79 – 95.

● Douglas C. Peifer, "China, the German Analogy, and the New AirSea Operational Concept", *Orbis*, 2011, Vol. 55, No. 1, pp. 114 – 131.

● Sean Mirski, "Stranglehold: The Context, Conduct and Consequences of an American Naval Blockade of China", *Journal of Strategic Studies*, 2013, p. 5.

● 同上，pp. 5 – 6, 7.

● 同上，p. 12.

● 同上，p. 13.

以击沉穿越禁区的船舶。❶ 外线封锁指在中国近海的边缘地带建立一种过滤性检查区，如在马六甲海峡、巽他海峡、龙目海峡等海域。外线封锁的功能旨在通过检查（主要是查验海运提单）来甄别商船的最终航行地。这可能需要借助航行认证系统来实现。外线封锁甄别出船舶驶往中国、在中国注册、属于中国所有，美国则可以扣押。❷有了外线封锁，实施内线封锁就可以避免给美国的盟国及其他中立国带来困扰。上述封锁的目的在于隔离、捕获那些悬挂中国旗帜的船舶、阻挠中国的海上贸易。

（4）2016 年美国兰德公司撰写了《与中国开战：不可思议之议》报告，其中也严肃地考虑是否用封锁来削弱中国的作战能力，尤其是截断石油与液化天然气的海上运输通道。但该报告认为不用诉诸正式的封锁手段，仅仅凭交战区效应就可以拖垮中国。❸ 这其实是一种封锁的替代方案，其实具有间接封锁的功能，也是更为高级的海上经济战。

（5）2018 年，柯林斯在美国《海军海争学院评论》春季卷发文《对中国的石油封锁——战术上的诱惑及战略上的缺陷》，提出了针对中国海上经济战的改进建议，比如美国可以将缅甸转化为中立国，使中国无法利用缅甸的陆上输油管。❹ 柯林斯认为，"中国进口石油中绝大部分通过马六甲海峡进行运输，另一部分通过其他通道，美国可以有效阻断这些通道……超大型油轮还使用有深航道的龙目海峡，因为大型油轮的吃水加上安全航行所必需的船底空隙超过了马六甲海峡的 25 米深度。"❺他谈到远海封锁的好处："远海封锁可以在远离中国海岸的地方进行，这样降低来自中国拒止武器系统的威胁。亚洲从非洲、中东运载原油的油轮，其最重要进港航线是马六甲海峡和龙目海峡，来自美洲的最重要航道是菲律宾与日本之间的西太平洋通道。"❻远海封锁还包括动用武力使缅甸屈服："远

---

❶　Sean Mirski，"Stranglehold：The Context，Conduct and Consequences of an American Naval Blockade of China"，p. 14.

❷　同上，pp. 19 – 20.

❸　David C. Gompert, et al.，*War with China：Thinking Through the Unthinkable*，pp. 71 – 72，http：//www. rand. org/pubs/research_reports/RR1140. html，2017 年 12 月 18 日访问。

❹　Gabriel Collins，"A Maritime Oil Blockade Against China：Tactically Tempting but Strategically Flawed"，*Naval War College Review*：Spring 2018，Vol. 71，No. 2，pp. 61 – 62.

❺　同上，p. 60.

❻　同上，pp. 60 – 61.

海封锁还需要截断缅甸—中国的石油运输管道，最终可使从缅甸皎漂港（Kyaukpyu）运往云南的 40 万桶的原油被截断。只需很少的海军平台在场就可以阻止油轮在皎漂港码头卸货。还可以在冲突时期宣布该海域为禁航区，如果缅甸拒绝遵从，可以对其进行空袭、空中布雷或使用武力。"❶

（6）2020 年 4 月初，美国陆战队退役上校马克·凯西恩（Mark Cancian）与美国国际战略研究中心研究员布兰登·施瓦茨（Brandon Schwartz）在美国海军学院院刊上发文，主张美国重新启用私掠船制度，授权私人船舶攻击、拿捕中国商船，也就是由官方授权的私人海盗攻击中国船只、打击中国海上运输。❷ 虽然两人的言论仅仅可能属于私人立场，但主张恢复被 1856 年《巴黎宣言》所禁止、也早就被海军大国放弃使用的非法的古老私掠船制度，表明部分美国军方人士对攻击中国海上利益的想法已经近乎疯狂。

上述经济战构想尚属于学术范畴，但它们基本代表了美国军方的一种战略思路。可以预计，美国军方在进行更精细的策划和战争推演。不过美国军方的海上经济战策划人也意识到海上封锁未必能起到预期的效果，因为中国陆上交通也四通八达，与外界的经济联系不可能被切断，这些完全可以弥补一部分因海上封锁给中国带来的困难。因此，对于中国这样陆海兼备的国家，海上经济战并不能达到美国的战略目标。不过，海战的总体战性质在这里一览无余，这事实上也是海权国家行事的传统。无论是封锁、设立禁区、诉诸的过滤性检查手段，无不依赖制海权，如果中国的海军力量和美国大致相当，或者中国能够对其商船提供足够的护航，那美国就根本无力实施这样的封锁计划。

二、海上封锁

无论美国发动战争的动机如何，在国际法的框架下，其行为应当满足诉诸战争的正当理由（jus ad bellum）和战争行为的合法性（jus in bello）

---

❶ Gabriel Collins, "A Maritime Oil Blockade Against China: Tactically Tempting but Strategically Flawed", *Naval War College Review*: Spring 2018, Vol. 71, No. 2, p. 61.

❷ Mark Cancian and Brandon Schwartz, *Unleash the Privateers*!, https://www.usni.org/magazines/proceedings/2020/april/unleash – privateers, 访问时间：2020 年 4 月 22 日。

要求。❶ 前者主要指要符合《联合国宪章》及一般国际法下规定的使用武力的条件，后者主要指在使用武力过程中其军事行为应当符合一系列的武装冲突法、人道主义法的要求（如区分原则、必要性、合理性限制）。当然我们无法推断美国是否一定会遵守或违反这些国际法的要求。若发生大规模的武装冲突、继而展开大规模的海上经济战，那么以下作战行为就可能是选项：

① 封锁中国海岸线；

② 拿捕中国商船及其船载货物；

③ 控制美国公布的禁制品；

④ 捕获中立船舶装载的中国进出口货物（主要是禁制品）；

⑤ 直接攻击中国的港口；

⑥ 在公海上攻击中国的航运；

⑦ 攻击中国贸易航道上的油库码头；

⑧ 攻击中国的储藏、生产、制造和分发中心。❷

这是一个从事无限制性经济战的全面清单。如果美国一开始抱着有限战争的目的从事海上经济战，那么第①～④项是明显的选项，而第⑤项"直接攻击中国的港口"、第⑦项"攻击中国贸易航道上的油库码头"、第⑧项"攻击中国的储藏、生产、制造和分发中心"这些作战行为发生的可能性很小（假设美国设想的有限战争就是不去攻击中国陆上目标），但战争升级时会成为显而易见的选项。如果这些油库码头、储藏、生产、制造和分发中心位于第三方国家境内，是否成为军事目标还取决于中国、美国、第三国家之间的相互关系，例如是否直接参与战争行动，这就回到交战方地位、敌性的确定、中立等法律问题上，这已经远远超越本章关注的

❶ Wolff Heintschel von Heinegg, "The Current State of International Prize Law", in Harry H. G. Post, ed., *International Economic Law and Armed Conflict*, Martinus Nijhoff Publisher, 1994, p. 17 - 21; David Letts, "Beyond Hague VIII: Other Legal Limits on Naval Mine Warfare", *International Law Studies*, Navy War College Press, 2014, pp. 440 - 450; "Naval Blockade", in Michael N. Schmitt, ed., *International Law Across the Spectrum of Conflict*, Newport: Naval War College Press, 2000, p. 204.

❷ 这是参照 1939 年英国的《经济战手册》中的军事行动设想的，因为这是能够想象得到的美国实际上可能的用于海上经济战的作战手段。参见 Nicholas Tracy, ed., *Sea Power and the Control of Trade*, p. 483。

海上经济战的范畴了。首先，从发动经济战的角度来看，有限战争与总体战之间的界限很难维持，因为海上经济战本身就已经构成总体战的一部分。其次，海上封锁本身就意味着战争状态，因为封锁的法律要求决定了战争状态或武装冲突的存在。美国想维持和平封锁对中国进行经济战而又不爆发实际的战争恐怕难以成功，双方可能有动因去使战争升级。❶ 鉴于兰德公司的《与中国开战：不可思议之议》报告和西恩·米尔斯基设想均想通过有限的手段压制中国的经济力量，从而削弱物质基础，那就姑且认为可能发生的海上经济战将诉诸常规的海战手段，尤其是封锁、捕获、通过控制禁制品而阻止战时贸易。这是下文得以展开的前提。

海上经济战的基本措施就是封锁，这是海军强国惯常的作战手段。《圣雷莫国际海上武装冲突法手册》反映了海军大国的实践，其规则条款本身没有界定封锁，只是在解释性说明中这样定义封锁："为阻止所有国家船舶、飞机出入之目的而阻塞向敌方海岸或其中之一部分靠近。"❷《美国海军指挥官海上军事行动手册》第7.7.1节对封锁的定义为："封锁是一种为了防止所有国家的船舶、飞机——无论其属于敌国的还是中立国——进出敌国拥有、占有或支配下的特定港口、机场或沿海区域而实施的交战行动。尽管设计了临检、搜索的交战权以拦截禁运物品的流向，但封锁的交战权旨在阻止船舶、飞机穿越已确立并经公布、将敌国从国际水域/国际空间隔离开来的封锁线，无论这些船舶、飞机装载的货物为何。"❸ 封锁的法律标准包括由交战国政府正式宣布，通知所有受影响的国家，封锁必须有效、公正不偏以及对封锁的限制性条件。❹

米尔斯基还设想了在中国近海设立禁区（exclusive zone），此类禁区在《美国海军指挥官海上军事行动手册》也有规定，主要是禁止中立国船只

---

❶ 美国曾提出"和平封锁"（pacific blockade）的概念，即封锁但不存在战争状态。这种和平封锁是单方的主张，如果另一方拒绝接受或采取反击措施，这种和平封锁就不存在了。参见 Pitman B. Potter, "Pacific Blockade or War?", *The American Journal of International Law*, 1953, Vol. 47, No. 2, pp. 273 - 274；Marjorie M. Whiteman, *Digest of International Law*, 1968, Vol. 10, pp. 879 - 871.

❷ Louise Doswald - Beck, ed., *San Remo Mannual on the International Law Applicable to Armed Conflicts at Sea*, Cambridge University Press, 1995, p. 176.

❸ US Navy Department, *Commander's Handbook on the Law of Naval Operations*, NWP 1 - 14M, Washington DC: US GPO, July 2007, §7.7.1.

❹ US Navy Department, *Commander's Handbook on the Law of Naval Operations*, §7.7.2.

进出，或让中立国船只处于高度危险的境地，以达到截断敌国与中立国之间联系的目的。从第二次世界大战后的战争史来看，禁区制度是在有限战争的背景下发展出来的。2003 年美国入侵伊拉克过程中就实施过类似禁区制度的措施。❶

封锁要求正式宣告，同时必须就行使捕获权的条件、中立制度、禁制品清单、对商船进行攻击的条件进行公告。实践中，等同于封锁的军事行为并非真实地以封锁的名义出现，一些封锁用隔离（quarantine）、禁运、制裁的名义作出。❷

第二节 海上经济战的手段：临检、搜索及捕获

海战的总体战特征通过海上捕获概念可以体现出来。捕获指战时在海上合法地拿捕船舶、货物并将其作为战利品予以褫夺。捕获法与主张战时交战者权利有关。捕获法概念起源于有关海战中拿捕敌方海上财产的习惯国际法，这些财产包括发生国际武装冲突时的海上船舶及货物，如今也包括航空器。❸ 今人还把捕获法放在国际经济法与武装冲突法的背景中来考察，❹ 焦点在于海战中私人财产的法律地位。夏尔·卢梭在其《武装冲突法》中这样评论捕获权："长期以来与陆战规则不同，私有财产在海战中是不被尊重的。在海战中，人们认为保持把别人财产据为己有的古老习惯是合法的，因为，据说切断敌人的海上往来是粉碎敌人抵抗的唯一方法，

---

❶ US Navy Department, *Commander's Handbook on the Law of Naval Operations*, §7.9, appendix B and C.

❷ "隔离"也是美国海军海上作战行动的手段之一，诉诸隔离措施的情形是发生国际危机或危机国家安全的事件，它与封锁的区别在于后者是发生武装冲突时的作战行动，而前者不是。参见 US Navy Department, *Commander's Handbook on the Law of Naval Operations*, §4.4.8 Maritime Quarantine, NWP 1–14M, Washington DC: US GPO, 2007; Bruce A. Elleman and S. C. M. Paine, ed., *Naval Blockades and Seapower Strategies and Counter – Strategies*, 1805 – 2005, London and New York: Routledge, 2006, p.4.

❸ James Kraska, "Prize Law", in R. Wolfrum (ed.) *The Max Planck Encyclopedia of Public International Law*, Vol. Ⅷ, Oxford University Press, 2012, p.477.

❹ H. H. G. Post, ed., *International Economic Law and Armed Conflict*, Martinus Nijhoff Publishers, 1994.

没有海上往来任何国家都不能生存。"❶ 海战中拿捕另一交战方的船舶及其货物是一种古老的习惯,至少在欧洲中世纪已经形成。❷ 19 世纪晚期,一些国家如美国试图推动达成协议,约定在海战中不拿捕对方商船,然而因英国等海上大国的反对,此类倡议并未取得任何成果。❸ 1907 年《海牙第十一公约》规定了海战中拿捕商船的某些限制。直至今日,海战中对商船及其船载货物的拿捕仍然受习惯国际法的支配。第二次世界大战之后,捕获法在国际关系中似乎沉寂下来,在海上武装冲突中也没有特大规模的实践。❹ 然而,那些海上大国仍然制定、修订作战手册,其中就包括了捕获法规则。如英国国防部颁布的《武装冲突法手册》、美国的《美国海军指挥官海上军事行动手册》,甚至《美国法典》中也有"捕获"一编。1994年由圣雷莫国际人道法研究院主持召集各国专家起草的《圣雷莫国际海上武装冲突法手册》基本上是对既有国家实践的重述,传统的海上强国对捕获法起着决定性的影响。在和平时期的沉寂并不意味着它是一种僵死的法律,事实上它只不过是备而不用。在战时,能够捕获敌国财产是海权最显著的标志。

捕获法的核心是战时对敌方商船的拿捕,交战方将此视为交战者古老,甚至无须解释的权利。❺《圣雷莫国际海上武装冲突法手册》第 135 段规定如下:"敌国船只,不论商船或其他船只,以及在这些船只上的货物可以在中立水域外被捕获。临检和搜索不是捕获的要求。"❻ 敌方军舰或政

---

❶　[法]夏尔·卢梭:《武装冲突法》,张凝,等译,北京:中国对外翻译出版公司,1987年,第 207 页。

❷　[英]劳特派特修订:《奥本海国际法》,下册第二分册,王铁崖、陈体强译,北京:商务印书馆,1989 年,第 2 - 3 页。

❸　[英]劳特派特修订:《奥本海国际法》,下册第二分册,王铁崖、陈体强译,北京:商务印书馆,1989 年,第 4 - 5 页;夏尔·卢梭:《武装冲突法》,张凝,等译,北京:中国对外翻译出版公司,1987 年,第 206 页。

❹　Wolff Heintschel von Heinegg, "The Current State of International Prize Law", H. H. G. Post, ed., *International Economic Law and Armed Conflict*, Martinus Nijhoff Publishers, 1994, p. 6.

❺　1939 年《哈佛海战、空战中中立国权利及义务的公约草案》第 49 条(1)评注说:"本条陈述了一个国际法的无容置疑的规则,应视为无须解释性讨论"。参见 John P. Grant and G. Craig Barker, ed., *The Harvard Research in International Law: Original Materials*, Vol. 3, Buffalo and New York: William S. Hein & Co., Inco. 2008, p. 530, 532.

❻　中文译文参见中国国际法学会:《圣雷莫国际海上武装冲突法手册》,张勇译,见:《中国国际法年刊》(1996 年),北京:法律出版社,2017 年,第 593 页。

府船只，在海战中理所当然的是攻击或捕获的对象。在《圣雷莫国际海上武装冲突法手册》中，"攻击指暴力行为，不论为进攻或防御"，❶ 其使用的手段（means）包含导弹、鱼雷、水雷等武器，而捕获被归于"不含攻击的措施"（measures short of attack）。❷ 捕获法大部分规则都是围绕捕获敌方商船等问题而制定的。首先，捕获法属于国际法，但传统的国家实践是国内进行捕获法的立法，战时适用。其次，拿捕的敌国商船及货物要经过捕获法院审判，符合条件方可剥夺作为战利品。1907 年《海牙第十二公约》《关于建立国际捕获法院公约》打算设立独立的国际捕获法院，但该公约未生效，所以习惯的做法是捕获案件由交战国的国内法院进行审判。

一、海上经济战的启动与捕获法的适用

1. 国内的捕获立法

捕获敌方商船是古老的欧洲国家实践。成书于 1494 年的《海事法集》（*Consolato del Mare*）整理了中世纪欧洲的海事习惯，其中包括战时捕获商船的国家实践。❸ 捕获法大为发展的时期是 15 世纪中期到 19 世纪中期，因为近 400 年中，地理大发现之后欧洲建立和争夺海外殖民的争霸战争加大了海上经济战，战时捕获敌方商船成了重要的战争方法。虽然捕获法是国际法的一个部分，但是主要由国内法院执行。而早期的海军大国在海战中也是按照习惯捕获商船，并无供各国适用的成文法典。英国首部捕获法于 1692 年通过，之后每当战事肇始就再通过单独的法律。❹ 19 世纪中后期以来，欧洲海军强国都在战时就海军的捕获行为进行立法。❺ 值得一提的是，第一次世界大战期间中国北洋政府对德国宣战后制定了《捕获审检厅

---

❶　Louise Doswald – Beck, ed., *San Remo Mannual on the International Law Applicable to Armed Conflicts at Sea*, Cambridge University Press, 1995, p. 9.

❷　同上，p. 167, 176, 187.

❸　Edward Elliott, "Freedom of Neutral Commerce", *California Law Review*, 1915, Vol. 3, No. 4, p. 292. 《海事法集》中关于捕获法章节的英文翻译，参见 Sir Travers Twiss, ed., *The Black Book of the Admiralty*, Vol. Ⅲ, Longman & Co., 1874, pp. 539 – 547.

❹　R. G. Marsten, *Law and Custome of the Sea*, Vol. Ⅱ, Union: Lawbook Exchange, Ltd., p. xi.

❺　［法］夏尔·卢梭：《武装冲突法》，张凝，等译，北京：中国对外翻译出版公司，1987 年，第 244 – 247 页；［英］劳特派特修订：《奥本海国际法》，下册第二分册，王铁崖、陈体强译，北京：商务印书馆，1989 年，第 20 页注释 5。

条例》《海上捕获条例》《海军官署保管拿捕物件规则》，在上海设立了"海上审检法庭"，在北京设立"直隶高等审检法庭"作为上诉法院，总共审理了 15 起中国捕获的德国商船案件。❶ 不过今日中国并没有捕获法立法，一是此法多为战时实施的法律，二是中国奉行和平共处的国际法原则，制定战时实施的捕获法有些不合时宜。不过更主要的原因可能是中国对这个领域异常陌生。印度也于 1971 年颁布了"海军及航空器捕获法"（The Naval and Aircraft Prize Act）。从国家实践来看，捕获法是一种战时实施的法律，海上强国通常的做法是每逢战争就有新的立法。如英国执海上力量之牛耳期间，有 1864 年的海军捕获法、1894 年的捕获法院法、1914 年的捕获法院程序法、1915 年的捕获法院法、1916 年海军捕获程序法、1918 年海军捕获法、1914 年和 1939 年的捕获法院规则。❷ 这种立法节奏完全是战时需要所决定的。但在和平时期，此类法律都处于休眠期，战时才被激活。

《美国法典第十编·武装力量》第 655 编"捕获"第 7651 节（a）规定，美国捕获法"适用于美国授权或总统同意、批准而将船舶作为战利品拿捕的所有情形"。冷战结束后美国发动的战争都是美国总统主导的，国会没有事先授权。可以预料，美国海军今后启动捕获法的适用将是"总统同意、批准"，这可能与上文提及的美国对中国发动封锁的时机是重合的。如果是这样，海上经济战就正式展开了。

2. 捕获法院及管辖权

长期以来西方海洋国家实践的习惯是战时捕获敌方商船后要对其进行审判，所以捕获法主要是国内法院在适用，各国都通过立法规定对捕获商船进行审判的法院，这类法院的性质，"捕获法院不是国际法院，而是国

---

❶ 这 15 个判例，可参见 1936 年当选为国际常设法院中国籍法官郑天锡于 1919 年翻译整理的判例报告。这项工作可能是郑天锡于 1918 年任北洋政府司法部法律翻译监督或 1919 年任大理院大法官期间完成的。*Judgments of the High Prize Court of the Republic of China: with an Appendix Containing Prize Court Rules, Detailed Rules of the High Prize Court, Regulations Governing Capture at Sea and Regulations Governing the Sake - Keeping of Captured Property in the Naval Warehouse.*, translated by F. T. Cheng, Beijing, 1919. 另参见《外交文牍·参战案》，台北：文海出版社有限公司，1973 年。

❷ ［英］劳特派特修订：《奥本海国际法》，下册第二分册，王铁崖、陈体强译，北京：商务印书馆，1989 年。

内设立的法院。然而，依照国际法，每一国家只能为其捕获法院制定符合于国际法的法律和条例。"❶ 国内的审判就是终审，不存在国际性的上诉法院。❷ 1907 年《海牙第十二公约》拟设立国际捕获法院，但该公约没有生效，战时捕获的敌方商船的审判仍由国内法院进行。早年英国的高等海事法院审理捕获案件，后来该法院被并入高等法院，成为其中的海事法庭。英国枢密院司法委员会承担联合王国、英联邦的所有捕获法院审结的捕获案件的上诉。

　　美国并没有单独的捕获法院。根据《美国法典》第 655 章 "捕获" 第 7652 节 "管辖"、第 7653 节规定，美国审理捕获案件的初审法院为地区法院（district court），即捕获物被带到美国、自治体、领地的港口所在地的地区法院。但是，若被拿捕的船舶被带入战时盟国的领水，则美国不能行使管辖权，也不能在此领水内处置捕获物以供美国所用，除非有管辖权的政府同意美国行使管辖权或处置捕获物。

3. 拿捕船舶的起始时间

　　战争开始也就是捕获权产生的时间。这涉及战争状态的存在或战争状态的开始。欧洲古老的习惯是要求正式通知。在 1907 年《关于战争开始公约》即《海牙第三公约》中，战争的开始必须满足特定的形式，如宣战、最后通牒。但实际的情况是只有很少战争是经过正式宣布的。第二次世界大战之后关于战争的国际法更关注战争的事实状态，而且多用 "武装冲突" 概念，这当然也涉及武装冲突开始的时间。从捕获法实施的角度来看，宣布实施捕获法的时间至为关键。

　　既然美国捕获法 "适用于经美国授权或总统同意、批准而将船舶作为战利品拿捕的所有情形"，冷战结束后美国发动的战争都是美国总统主导的，国会没有事先授权。前总统乔治·沃克·布什发动反恐战争的那几年，美国学术界对内战时代的一个捕获法案例的重要性重新产生了兴趣，

---

❶　[英] 劳特派特修订：《奥本海国际法》，下册第二分册，王铁崖、陈体强译，北京：商务印书馆，1989 年，第 20 页。

❷　James Wilford Garner, *Prize Law During the World War: A Study of the Jurisprudence of the Prize Courts*, 1914 – 1924, New York: The Macmillan Company, 1927, pp. 28 – 29.

即"捕获案"（*Prize Cases*），其中涉及美国总统宣布封锁的权力问题。❶
可以预料，美国海军今后的捕获行为将主要经"总统同意、批准"，这可
能与上文提及的美国对中国发动的封锁的时机是重合的，这也将是启动美
国捕获法的时间。

4. 拿捕私有船舶和军舰等公有船舶的不同法律程序

海战中最主要的攻击对象是敌方船舶，无论商船或军舰，但商船只是
在例外的情况下才可以攻击。❷ 同样，海战中的"敌国财产"都属于拿捕
的对象，船舶是其中最主要的，无论是军舰还是商船。《圣雷莫国际海上
武装冲突法手册》第 135 段将拿捕的对象界定为"敌国船只"，只有少数
特定船只免受捕获。❸

虽然军舰和商船都是拿捕对象，在海战中二者的地位还是有区别的。
古老的习惯是拿捕敌方商船后，必须对其进行审判，经过判决后该商船
的所有权才被剥夺。❹ 而军舰无论什么情况被捕获后，直接被作为敌国公
共财产而据为己有，不需经过司法程序。❺ 非军舰的国有船舶若是用于商
业，则受捕获法的支配，即须通过捕获法院审判后捕获方才能取得所有
权。❻《圣雷莫国际海上武装冲突法手册》将商船界定为"除军舰、辅助
船只或诸如海关船或警务船等国家船只以外的，用于商业或私人目的的
船只"，这样商船就是一个内容非常广泛的概念，国有船舶从事商业运

---

❶ "Prize Cases", James Brown Scott, ed., *Prize Cases Decided in the United States Supreme Court*, 1789 – 1918, Buffalo and New York: William S. Hein & Co., Inc., 2000, p. 1413 – 1460; Stephen I. Vladeck, "Re – rethinking the *Prize Cases*: Some Remarks in Response to Professor Lee", *Saint Louis University Law JournaL*, Vol. 53, pp. 85 – 91.

❷ 《圣雷国际海上武装冲突法手册》第 59、60 条。

❸ 《圣雷国际海上武装冲突法手册》第 136、137 条。

❹ 《圣雷国际海上武装冲突法手册》第 138 条："捕获商船的行使应将该船作为捕获品而受审判。"

❺ ［法］夏尔·卢梭：《武装冲突法》，张凝，等译，北京：中国对外翻译出版公司，1987年，第 216 页；［英］劳特派特修订：《奥本海国际法》，下册第二分册，王铁崖、陈体强译，北京：商务印书馆，1989 年，第 14 页；Louise Doswald – Beck, ed., *San Remo Mannual on the International Law Applicable to Armed Conflicts at Sea*, pp. 208 – 209; US Navy Department, *Commander's Handbook on the Law of Naval Operations*, §8. 2. 1 Enemy Warships and Military Aircraft, NWP 1 – 14M, Washington D. C.: US GPO, 2007.

❻ ［法］夏尔·卢梭：《武装冲突法》，张凝，等译，北京：中国对外翻译出版公司，1987年，第 217 页。

营的情形也就自然属于商船范畴。"捕获的军舰或其他军用目标本身并非战利品（prize）"，❶ 在这种意义上，捕获法主要适用于捕获商船的情形。

二、对国际贸易的影响

拿捕交战方的船舶、飞机及货物的前提是要确定它们的敌性（enemy character）。主要以美国、英国、德国的海军作战手册来看，第二次世界大战以来的国家实践仍然遵循传统规则，没有变化。首先，表面上根据其悬挂的国旗或外部标记来确定船舶和飞机敌性。任何由交战方拥有或支配的船舶或飞机都具有敌性，即使它是在中立国旗帜或标记下运营。其次，至于敌船上的船载货物，若无证明其中立性质，一般推定其为敌货。为躲避交战方的捕获而进行的船舶及货物的转让不被承认。❷

根据船舶及货物敌性的确定方法，在经济战中中国海运将受到如下的威胁。首先是悬挂中国国旗的船舶、飞机及其载运货物面临被拿捕风险，这不言而喻。其次是中国政府、企业拥有、控制的船舶、飞机，即使它们不悬挂中国国旗或涂有显示中国国籍的标记，也会被拿捕。第二种情况表明，即便悬挂方便旗的船舶，只要实际所有人、控制人具有中国国籍，仍然符合船舶敌性的定义，战时可能会被拿捕，例如，中资船舶在巴拿马注册数量有 211 艘，❸ 这些船舶在战时会成为拿捕对象。

中立商船免于拿捕是一项基本国际法原则，但如果中立国与交战方有贸易往来，则面临另一交战方拿捕的危险。具体而言，如果中立商船、飞机从事维持敌方作战能力活动，就可以将其拿捕；如果中立商船为敌服务或运载禁制品，则船载货物也可以被拿捕。❹ 在爆发武装冲突时，若交战一方或双方宣布禁制品清单，❺ 中立国商船就要考虑是否继续还是中断与

---

❶ James Kraska, "Prize Law", in R. Wolfrum（ed.）*The Max Planck Encyclopedia of Public International Law*, Vol. Ⅷ, Oxford University Press, 2012, p. 483.

❷ Wolff Heintschel von Heinegg, "The Current State of International Prize Law", p. 9; U. S. Navy Department, *Commander's Handbook on the Law of Naval Operations*, §7.5.

❸ 参见《巴拿马商船注册的"利诱"》，http://uzone.univs.cn/news2_2008_674240.html，访问时间：2016 年 12 月 19 日。

❹ Wolff Heintschel von Heinegg, "The Current State of International Prize Law", p. 16.

❺ 关于战时禁制品在经济战中的功能，参见本章节。

交战方的贸易，而且从事海上运输的承运人也会犹豫是否继续其航程，这些都可能会导致战时贸易的中断。

三、攻击、捕获商船的广泛性与海上经济战的总体战特性

海上战争的总体性体现在海上攻击、捕获敌方船舶的广泛性。从《圣雷莫国际海上武装冲突法手册》来看，攻击、捕获对象的确定都是通过一般原则加例外情况清单的模式来确定的。海战中攻击的目标包括所有军事目标，商船和民用飞机在满足一定条件下也是军事目标，可以对其进行攻击，只有例外的情况下敌方船只才免受攻击。[1]战时敌方商船和飞机可予以捕获，甚至包括运送平民乘客的客船，免受捕获的只有有限的情况。免受捕获船舶的性质、从事的活动与一国之经济活动无关，而且还要符合下列条件：进行正常的无害使用，对敌方没有危害行为，接受临检和搜索，无阻碍战斗活动之情形，等等。[2]根据捕获法习惯规则，商船既可以被捕获，例外的情况下也可以被摧毁。[3]

经济资源、人民生活用品主要依靠对外贸易的国家，载运货物的船舶遭遇封锁、拦截、捕获，对其经济必然是一个巨大的打击。尤其需要注意的是，如果一个国家的经济主要靠石油、天然气等大宗原材料出口或者进口来支撑，在海上经济战中，这些物品极有可能被列入禁制品，阻拦装载这些禁制品的船舶驶入敌国港口成了海上经济战的重要内容。如果是敌船运载的这些货物，则当然可以将船、货作为战利品予以捕获。若中立国船只载运这些货物，则可以基于破坏封锁、运送禁制品的理由对其进行攻击、捕获。[4]

---

[1] 参见《圣雷国际海上武装冲突法手册》，1987年，第40、41、47、59、60条。
[2] 参见《圣雷国际海上武装冲突法手册》，1987年，第136、137条。
[3] 参见《圣雷国际海上武装冲突法手册》，1987年，第139、140条。
[4] 参见《圣雷国际海上武装冲突法手册》，1987年，第67、146条。

第三节 "21 世纪海上丝绸之路"上的
国际关系：海上中立区、交战区问题

捕获建立在对商船及其船载货物的敌性的确定前提之下。中美之间可能的海上武装冲突、对中国进行封锁的战略、捕获中国商船同样在敌性、中立地位的背景下展开。❶ 而敌性与中立是一对相互排斥的概念：敌性当然意味着非中立的，属于军事打击、捕获的对象，而中立意味着解除敌性，在特定条件下免受战争带来的风险。具体而言，中立地位在海上经济战中的法律意义在于以下三点：第一，确定船舶、货物的敌性，而一般情况下中立国的贸易不受影响；第二，确定交战区，其中双方可以在此从事海战行动、拿捕敌船；第三，与中立国贸易不受影响的规则相反，只要中立商船及船载货物涉及支持敌方战争能力，则仍可将其拿捕。❷ 在第二次世界大战之前，中立问题可以通过交战双方的宣战、中立国的中立宣告等简单的标准来判断，第二次世界大战之后海上经济战的国家实践倾向于遵循传统法律。❸ 不过在《联合国宪章》框架下，中立地位的认定再也不是一个简单问题。在假设的中美海上冲突中，亚太地区的国际关系在何种程度上可以决定船舶飞机的敌性？中立地位还有存在的空间吗？中美之间会存在古典海战的法律关系——任何一方都不能单方确定对方战争行为的非法性、从而保持战争中双方都是正当的敌人（just enemy）吗？这些问题对两国爆发的海上经济战有何影响？

一、战争状态/武装冲突

在《联合国宪章》正式生效以前，战争状态是宣战产生的法律效果，如 1907 年《海牙第三公约》。《联合国宪章》正式生效之后，诉诸战争一

---

❶ Mirski, "Stranglehold: The Context, Conduct and Consequences of an American Naval Blockade of China", p. 13.

❷ Maja Seršič, "Neutrality In International Armed Conflicts At Sea", in Budislav Vukas and Trpimir Sosic, ed., *International Law: New Actors, New Concepts – Continuing Dilemmas*, Koninklijke Brill NV., 2010, p. 593.

❸ 同上，p. 593.

般性地被禁止，宣战从原则上讲不再是一种技术性的中立术语，相反，在《联合国宪章》及强行法（Jus Cogens）规范下，使用武力被禁止，宣战不再是一种在国际法上有效的国际行为。❶ 然而许多战争都不经过宣战，再使用战争状态这种狭窄的术语描述实际上不符合现实，也可能导致以没有宣战为借口而逃避承担国际法义务。《联合国宪章》第二条（4）使用了"威胁或使用武力"、第三十九条使用了"和平之威胁""和平之破坏""侵略行为"这样的术语。1949 年日内瓦四公约共同第二条使用了"未经宣布的战争"和"武装冲突"两个术语，所以在用"国际武装冲突"这个术语时，其范围包括"战争"和"武装冲突"二者。《美国海军指挥官海上军事行动手册》使用了《日内瓦公约》中的"国际武装冲突"概念。❷ 总之，第二次世界大战后使用"国际武装冲突"这个术语来替代以前的"战争"这个概念，它更多指事实状态而非以前的形式化的战争状态。当然，使用"国际武装冲突"这个概念并没有湮没使用武力的合法性问题。因此，从中美可能的海上武装冲突来看，双方都不大可能像第二次世界大战前那样正式宣布与另一方处于战争状态，只要任一方使用武力，就会针对敌方商船及货物采取捕获措施。❸ 同时，产生的法律关系就受既有国际关系影响，如军事同盟、军事援助、基地使用等军事协定。更重要的是，产生了交战方和中立方的法律身份，这决定了参与海上经济战的各个主体，对它们进行识别可以清晰地展现出经济战是如何在各方之间展开的。

二、当代国际法中的中立问题

国际法中的"中立"指处于非武装冲突一方的特殊地位，中立方与交战方之间形成了特定的权利、义务关系，一方面中立方要做到不偏不倚，

---

❶ Elzbieta Mikos – Skuza, "International Law's Changing Terms: 'War' becomes 'Armed Conflict'", Mary Ellen O'Connell, ed., *What is War?: An Investigation in the Wake of* 9/11, Leiden: Martinus Nijhoff Publisher, 2012, p. 22.

❷ US Navy Department, *Commander's Handbook on the Law of Naval Operations*, § 5.1.2.1 International Armed Conflict.

❸ Wolff Heintschel von Heinegg, "The Current State of International Prize Law", p. 8.

另一方面中立方要免受冲突的不利影响。❶ 历史上关于中立制度主要是由海洋大国的国家实践发展起来的，《中立国家和人民在陆战时的权利和义务公约》（《海牙第五公约》）、《关于中立国在海战中的权利和义务公约》（《海牙第十三公约》）是传统中立国家地位的习惯国际法之一部分，其核心原则涉及 "中立国的领土不得侵犯"（《海牙第五公约》第一条）、"交战国军舰在中立国领水内的任何敌对行为，包括捕获和行使搜索权在内，均属侵犯中立，应严加禁止"（《海牙第十三公约》第二条）。《圣雷国际海上武装冲突法手册》关于中立的规定吸收了第二次世界大战后国际法的发展。

从传统国际法来看，国家有权自主决定是否参战还是中立，通过发布 "中立宣言" 来宣告其态度。中立决定是政治性质的，但产生了法律上的效果，即中立法的适用。❷ 但在《联合国宪章》之下，一个国家是否可以按照传统的习惯那样发表中立宣言后就可以简单地置身事外，这是一个引起争议的问题：《联合国宪章》及强行法已经一般地禁止使用武力，联合国安理会有权认定存在危及和平与安全的侵略行为并决定采取强制措施，其他国家有义务遵守安理会的决定，在此情况下中立到底还有多大的重要性？❸ 或者，安理会依职权做出了在危及国际和平与安全的情况下，一会员国维持中立地位是否与其《联合国宪章》中承担的义务不符合？联合国成立之初，法学家出于乐观主义情绪，认为宪章中使用武力的安排使得传统的中立与宪章精神不符。❹ 这仅仅是理论上如此，它必须假设安理会对

---

❶ 参见《圣雷国际海上武装冲突法手册》，1987 年，第 13 条 (d)；Michael Bothe，"Neutrality，Concept and General Rules"，in R. Wolfrum (ed.) *The Max Planck Encyclopedia of Public International Law*，Vol. Ⅶ，Oxford University Press，2012，p. 617；US Navy Department，*Commander's Handbook on the Law of Naval Operations*，§7. 1.

❷ Michael Bothe，"Neutrality，Concept and General Rules"，in R. Wolfrum (ed.) *The Max Planck Encyclopedia of Public International Law*，Vol. Ⅶ，p. 620.

❸ [英] 劳特派特修订：《奥本海国际法》，下册第二分册，王铁崖、陈体强译，北京：商务印书馆，1989 年，第 142 页；Louise Doswald - Beck，ed.，*San Remo Mannual on the International Law Applicable to Armed Conflicts at Sea*，pp. 87 - 88；Michael Bothe，"Neutrality，Concept and General Rules"，in R. Wolfrum (ed.) *The Max Planck Encyclopedia of Public International Law*，Vol. Ⅶ，p. 619；"Committee on Maritime Neutrality"，*International Law Association Reports of Conferences*，1996，Vol. 67，p. 371.

❹ "Neutrality and the United Nations Charter"，Marjorie M. Whiteman，*Digest of International Law*，1968，Vol. 11，pp. 148 - 149.

所有武装冲突都能做出有效的决议。这个问题需要根据安理会依职权采取的具体措施而定。安理会采取的措施分为"武力以外之办法"（根据第四十一条）和"军事行动"（根据第四十二条）。如果安理会按照宪章第四十一条做出决议采取武力以外的办法，从军事角度来看，联合国其他会员国与被第四十一条所制裁的国家之间并不存在武装冲突，这种情况下中立还是存在的。《奥本海国际法》第八版这样认为："在所有安理会决定所有会员国或若干会员国只参加尚不构成战争的措施的执行行动的场合，联合国会员国就仍继续维持中立（或者至少维持非交战国的地位）。"❶ "只有安理会按照宪章第四十二条的规定命令联合国会员国对侵略者宣战或采取具有战争的意图的武力行动的情形下，它们才可以被认为丧失了它们继续维持中立的权利。而且只有在它们事实上采取了要它们采取的行动时，它们才必须被认为完全终止了它们的中立。"❷

根据第三十九条做出的决定（是否存在和平之威胁、和平之破坏、侵略行为）本身并不迫使希望保持中立的第三国偏离其中立义务。❸ 而根据宪章的设计，安理会根据第四十二条做出的使用武力的决议，由第四十三条至第五十条规定的实施机制付诸行动，如安理会指挥及其军事参谋团指挥的部队，因此第四十二条下的军事行动是由安理会直接针对目标国家做出的，但在实践中从未付诸。现实中宪章第四十二条的运作方式是安理会授权会员国使用武力，在宪章第五十一条的单独或集体自卫的背景中理解其法律性质比较适当。但授权使用武力的决议并不能解释为迫使会员国参加，而是基于自愿，因此授权使用武力的安理会决议并不能迫使不希望参加军事行动的国家终止其中立地位。《联合国宪章》对中立法的影响倒是体现在这一点上：如果非交战的第三国遵照安理会做出的决议而背离其中立地位，不能被认为违反了传统的中立法。❹

因此，在《联合国宪章》的国际法框架中，以下几种情形的中立状态是可能存在的。第一，在宪章第四十一条下，安理会采取的非武力措施，

❶ ［英］劳特派特修订：《奥本海国际法》，下册第二分册，王铁崖、陈体强译，北京：商务印书馆，1989年，第143页。

❷ 同上，第144页。

❸ Anrea Gioia, "Neutrality and Non‑Belligerency", H. H. G. Post, ed., *International Economic Law and Armed Conflict*, Martinus Nijhoff Publishers, 1994, p. 70.

❹ 同❸, pp. 72–75.

其他会员国处于非交战状态而可以维持事实上的中立地位；❶ 第二，在宪章第四十二条下，即使安理会授权采取包含使用武力的措施，但其他会员国并没有实际采取安理会要求的行动，可能维持中立地位；第三，安理会不能或没有就有关情势做出决议，此时会员国可以维持中立地位，典型的如 20 世纪 80 年代爆发的两伊战争的情形。❷

　　在不考虑《联合国宪章》对使用武力规定的情况下，《圣雷国际海上武装冲突法手册》（以下简称手册）对中立做了一个狭义的界定——"非冲突一方的国家"，因此在手册的法律框架中，只要没有实际的军事行动则中立地位是可能存在的。尤其注意的是以下几种情况：一是在手册第 7 条提到的"当安理会以其在《联合国宪章》第七章中的职权确认武装冲突中的一方或多方对违反国际法而使用武力负责"的情形下，中立地位仍然存在，只不过中立国应承担不协助非法行为的义务；二是如手册第 8 条所示，即便安理会"已采取适用经济措施的预防和执行行动"，中立地位也存在，但不得作为违反宪章义务的辩解；三是在手册第 9 条提到的"安理会决定使用武力或授权一个特定国家或一些国家使用武力"情形下，一国没有实际参与此类军事行动，在狭义上也处于中立状态，那么"所有关于中立的规则应当适用于非冲突的国家""保护中立船舶免受攻击，保护中立水域和中立船舶之航行自由"。❸ 为何安理会决定使用武力并没有使会员国自动处于法律上的武装冲突之中，一个解释是，"《联合国宪章》并不强迫一会员国参加武装执法行动，它仅仅是授权采取这些行动，将参加与否

　　❶　Anrea Gioia, "Neutrality and Non‑Belligerency", H. H. G. Post, ed., *International Economic Law and Armed Conflict*, Martinus Nijhoff Publishers, 1994, p. 71.

　　❷　Maja Seršič, "Neutrality In International Armed Conflicts At Sea", in Budislav Vukas and Trpimir Sosic, ed., *International Law: New Actors, New Concepts - Continuing Dilemmas*, Koninklijke Brill NV., 2010, p. 584; Detlev F. Vagts, "The Traditional Legal Concept of Neutrality in a Changing Environment", *American University Internationl Law Review*, 1998, Vol. 14, No. 1, pp. 89 - 90; Mark W. Janis, "Neutrality", *International Studies Series*, US Naval War College, 1991, Vol. 64, pp. 150 - 151; "Neutrality and the United Nations Charter", M. Whiteman, *Digest of International Law*, 1968, Vol. 11, pp. 144 - 145; Robert Kolb and Richard Hyde, *An Introduction to the International Law of Armed Conflicts*, Hart Publishing, 2008, p. 277.

　　❸　Louise Doswald‑Beck, ed., *San Remo Mannual on the International Law Applicable to Armed Conflicts at Sea*, London: Cambridge University Press, 1995, p. 88.

的选择权留给会员国自己决定。"❶

可以设想一下中美两国武装冲突，主要是在海上经济战背景下中立地位的可能性以及实际表现，困难之处在于有关中美冲突都是基于美国的战略规划、想象，至于实际情况会如何，则不得而知。不过在思考那些情形时须注意受中美两国都是安理会常任理事国这个事实的影响。两国不一定能促成安理会达成决议，但要阻止达成决议只需要行使其否决权即可。因此安理会可能无法根据宪章第七章就有关情势做出决议，中美冲突中存在中立空间是极可能的，但这涉及更为复杂的国际关系，比如美国在东亚、亚太地区的军事同盟关系，更需要考虑冲突之际国际关系的动态变化。如果存在中立地位的可能性，那么海战区域的范围就可能受到影响。

三、"21 世纪海上丝绸之路"上的国际关系对经济战的影响

中国的海上交通线可以简单地用西向和东向两个方向来描述，前者指沿西太平洋—东南亚—印度洋的航线，后者指沿西太平洋—中部太平洋—北美/南美的航线。东向航线经过整个太平洋，处在美国的制海权支配之下，在中国与美国—日本同盟发生冲突时，中国极有可能无法确保这些航线的安全，从策略上看属于可以放弃利用的航线。西向航线大致沿着中国黄海—东海—南海—马六甲/巽他海峡—印度洋，然后至非洲、波斯湾、红海—地中海、欧洲等地。西向航线是一条中国能源运输的最重要通道，所谓中国能源安全问题的内容之一就是处于运输中的能源面临高度的战争风险，尤其是油轮运输的情况。这是一个大致的围绕中国的弧状海洋地带，涉及的国家众多，跨越西太平洋和印度洋，几乎与"21 世纪海上丝绸之路"经过的国家和地区重叠，其中的国际关系异常复杂，必然影响到下列事项。

1. 海战的交战区与中立水域

战争存在一个作战区/交战区（war zone）的问题，即作战行动可以在

---

❶ Robert Kolb and Richard Hyde, *An Introduction to the International Law of Armed Conflicts*, Hart Publishing, 2008, p. 278.

某空间里合法的发生，而在另一空间发生则为非法。传统的战争可以按照其空间位置而分为陆战、海战、空战类型，这种划分至今也没有发生太大的变化，即便网络空间形态产生后，海、陆、空战争类型仍然存在。战区的范围包括交战国的领陆、领水以及公海，而中立国的领土则不在战区之内。长期以来，海战区域包括交战国的领海和公海这两个空间区域。❶《圣雷国际海上武装冲突法手册》将"海战区域"（area of naval warfare）限制在以下区域："（a）交战国的领海、内水、陆地领土、专属经济区、大陆架和群岛水域；（b）公海，以及（c）中立国的专属经济区和大陆架。"❷可见当代"海战区域"概念反映了战后海洋法的发展，尤其是 1982 年的《联合国海洋法公约》，被禁止采取敌对行动的中立水域包括中立国的内水、领海（若是群岛国的话则包括其群岛水域），但交战国可以行使通过权。❸ 对于中立的国际海峡和群岛海道，非沿岸国的交战国可以行使通过权，但中立地位不因此而受到影响。❹ 不过，在国际航行海峡沿岸国为交战国的情况下，海峡内水域也构成海战区域。❺ 海战区域也与捕获行动发生地点有关。《圣雷国际海上武装冲突法手册》第 135 段表明捕获敌国船只的区域限于"中立水域外"。这一切表明海战区域也是捕获敌方商船的区域。

　　武装冲突爆发（作战行动开始）后，中立法的适用取决于有关国家是否宣称其中立地位，或以其他方式表明对冲突的中立态度，❻ 然而实际的情况却是有关国家并不总是明确表态。在可能的中美海上冲突中如何识别中立国、中立水域？发生实际的海上武装冲突之前，只能通过眼下的国际政治关系、军事关系来预测，实际海战区域、中立水域的分布究竟如何，则以具体情形而定。下面主要从现有的军事同盟关系来考察交战国、中立国地位的情况。

---

❶　［法］夏尔·卢梭：《武装冲突法》，张凝，等译，北京：中国对外翻译出版公司，1987年，第 159 页。

❷　参见《圣雷国际海上武装冲突法手册》，1987 年，第 10 条。

❸　参见《圣雷国际海上武装冲突法手册》，1987 年，第 10、14、15、20 条。

❹　参见《圣雷国际海上武装冲突法手册》，1987 年，第 23 – 25 段。

❺　Hugo Caminos and Vincent P. Cogliati – Bantz, *Legal Regime of Straits*：*Contemporary Challenges and Solutions*, Cambridge University Press, 2014, p. 20.

❻　Wolff Heintschel von Heinegg, "The Current State of International Prize Law", pp. 8 – 9.

2. 军事同盟与海战区、中立水域的分布：地缘政治分析

在考虑海战时中国面临的地缘政治态势之际，美国组建的军事同盟是一个必须面对的问题。目前的现实是澳大利亚、日本、韩国、泰国、菲律宾、新加坡等国家与美国存在不同程度的军事合作或军事同盟关系，它们之间的关系最早可追溯至冷战初期。❶ 从地理位置来看，这些国家大致位于中国周边，与前述"弧状海洋地带"基本重合。美日同盟由 1954 年的《防卫互助协定》及此后一系列相关协定（尤其是 1960 年的双方签订的《相互合作与安全条约》）所建立，它是第二次世界大战后美国在亚洲维持军事存在的基石。日本安倍政府时期为推动正常化国家战略而出台的 2015 年新版《日美防卫合作指针》仍然以美日同盟条约为中心为自卫队的行动做文章。❷ 美国与澳大利亚的军事同盟最早可追溯至 1951 年的《防卫互助协定》，2008 年两国还签订了美国使用澳大利亚海军基地及设施的协议，其中美国的动机无疑有针对中国的成分。美韩军事同盟基于 1950 年的《防卫互助协定》，最近的相关协议于 2014 年签订。美国、泰国之间的军事联系可追溯至 1951 年的《军事援助协定》，2014 年还签订了关于采购与服务的补充协定。美国、新加坡之间的军事合作协定发轫于 1958 年的"有关马来西亚购买美国军事装备、材料和服务的协议"及此后一系列的军事合作协定，尤其是 1998 年双方签订了"在防务和安全领域中建立密切合作伙伴之战略框架协议"，强化了双方在防御和安全领域内的合作。美国、菲律宾两国于 1951 年签署了《共同防御条约》，此后双方一直在强化合作，1998 年两国签订了《军队互访协议》，❸ 2014 年两国还签订了《强化防卫合作协定》。此外，美国与马来西亚、印度尼西亚、巴基斯坦、

---

❶ 与这些军事同盟、军事合作相关的双边协议清单，参见 State Department of the United States, *Treaties in Force: A List of Treaties and Other International Agreements of the United States in Force on January 1, 2019*, https://www.state.gov/wp-content/uploads/2019/06/2019-TIF-Bilaterals-6.13.2019-web-version.pdf, 访问时间：2019 年 10 月 10 日。

❷ Guidelines for Japan-U.S. Defense Cooperation, http://www.mod.go.jp/e/d_act/anpo/pdf/shishin_20150427e.pdf, 访问时间：2016 年 12 月 24 日。

❸ 该协议的文本，参见 The Visiting Forces Agreement Between the Philippines And U.S.A., http://chanrobles.com/visitingforcesagreement1.htm#.XkNi5Re-so8, 访问时间：2020 年 2 月 12 日。2020 年 2 月 8 日菲律宾总统杜特尔特宣布终止《军队互访协议》。https://www.manilatimes.net/2020/02/08/news/national/send-vfa-termination-notice-to-us-duterte/681417/, 访问时间：2020 年 2 月 12 日。

伊拉克这些国家也有不同程度的军事合作。甚至1950年美国、伊朗签订的《防卫互助协定》在法律上仍然有效，当然由于双边关系的现状，该协定其实没有多大现实意义。美国与巴基斯坦于1954年签署的《防卫互助协定》至今仍然有效，只是在中巴关系尚好的情况下，它可能不会发挥美国所期待的作用。

上述在军事上的结盟起源于冷战初期，出于遏制社会主义国家阵营的目的，地缘政治上的构想是美国立足于亚欧大陆的边缘地带的遏制战略。❶冷战结束后美国对这些军事安排并未弃之不顾，反而通过双边协议不断强化这些军事同盟、合作关系，在美国所谓"再平衡""重返亚太""印太战略"政策背景之下，这些动作格外明显，如美国着力强化与菲律宾、澳大利亚、日本的军事关系。美国同上述国家的军事关系中，大致分为两类，一类是签订"防卫互助协定""共同防御条约"的国家，如韩国、日本、澳大利亚，它们组成了真正的军事同盟；另一类是属于武器贸易、军事技术及信息交流、人员交流一类的军事合作关系，这类军事关系在战时是否会形成典型的同一阵营的战争集团，应取决于当时的情况。构成军事同盟关系的国家，尽管根据相关条约在原则上自动成为交战一方，但一个更为适用的判断方式是看其具体的行为决定，如是否参加实际作战行为，或者虽然不参加实际的作战行动但宣布符合同盟关系的军事立场，或者宣布中立地位，但宣布中立地位的可能性不大。至于那些仅仅提供军事协助、服务、军事基地的国家，是否实际参加作战行动是确定其法律地位的关键。

军事同盟、军事合作关系在海战中有两方面的影响。首先，决定了交战国家的身份，即哪些国家可能参与实际的海战中，但这仅仅立足目前国际关系进行预测，与实际的情势可能不一致。①从静态的军事关系来看，韩国、日本、澳大利亚极有可能成为美国战时具有交战国身份的同盟。若如此，韩国、日本、澳大利亚的领海、专属经济区将成为海战区域，在法律上中国商船在这些区域可能被捕获，反之，中国也可以拿捕对方商船。②伊朗、越南、缅甸、巴基斯坦可能维持事实上的中立状态，它们的领海

❶　[美]罗伯特·D.卡普兰：《即将到来的地缘战争》，涵朴译，广州：广东人民出版社，2013年，第112－115页。

海域属于中立水域，中国、美国都无权在此捕获对方商船。③从目前看，印度是否保持中立尚不确定，这取决于美国和印度在"印太战略"框架中合作的程度，也取决于印度本身的战略目标。只要印度在捕获的意义上对中国商船采取行动，则不再具有中立地位。④印度尼西亚、马来西亚、新加坡的情况比较特殊，因为此三国属于马六甲海峡—新加坡海峡—南海航线的沿岸国，这是"用于国际航行的海峡"。当这个海峡的沿岸国处于中立地位，根据海上交战规则，作为交战国的中国、美国都享有过境通行权，但"交战各方在过境通行时，不得对敌方进行攻击，也不得将中立水域用作避难处所或行动基地"。❶《美国海军指挥官海上军事行动手册》第7.3.6段规定交战方的武装部队不得在中立海峡水域中行使"临检""搜索"的交战权利，❷而临检、搜索通常是捕获敌方商船的一个步骤。但如果海峡沿岸国的印度尼西亚、马来西亚、新加坡与美国一起作为交战国，则中国船舶在马六甲海峡—新加坡海峡可能被捕获。当然，中国也可以在该水域捕获美国船舶。

海战区域与中立水域的分布，也影响实施海上经济战的地理空间，不过受影响空间范围有限。鉴于中立水域仅限于中立国的领海、具有中立地位的国际海峡和群岛水域及群岛国领海，且领海不超过12海里的范围，因此中立水域不过是中立国周边狭窄的海域，而更为宽广的专属经济区和公海都属于交战区。而中国船舶所经过的航线的绝大部分海域并不位于这些国家的领海。至于印度尼西亚的巽他海峡、龙目海峡，鉴于印度尼西亚具有群岛国的身份，这两个海峡以内的水域属于群岛水域，和平时期受群岛海道通过权支配，战时根据印度尼西亚是否为中立国或交战国，它们可能为中立水域交战区。即使印度尼西亚、马来西亚、新加坡具有中立国身份，中国商船在马六甲—新加坡海峡的中立水域中也没有任何安全可言，

---

❶ 《圣雷国际海上武装冲突法手册》，1987 年，第 30 段。

❷ US Navy Department, *Commander's Handbook on the Law of Naval Operations*, §7.3.6, which reads："Belligerent forces may not use neutral straits as a place of sanctuary or as a base of operations, and belligerent warships may not exercise the belligerent right of visit and search in those waters." 另参见：Jörg Schildknecht, "Belligerent Rights and Obligations in International Straits", J. Schildknecht et al. (eds.), *Operational Law in International Straits and Current Maritime Security Challenges*, Springer, 2018, pp. 67 – 82.

因为任何交战方不能利用此类中立海峡的水域作为庇护场所。[1] 即便如此，印度尼西亚、马来西亚、新加坡以及菲律宾的中立地位的意义极为有限，因为在美国具有海上优势地位、完全掌控了制海权的情况下，在靠近马六甲海峡的安达曼海、靠近新加坡海峡南海海域、靠近印度尼西亚巽他海峡外侧的印度洋海域，除了沿岸国 12 海里的狭长领海之外，都属于关键的海战区域，中国船舶在该海域中面临捕获的风险。[2] 从美国军事布局来看，美国在中东国家（巴基斯坦、阿富汗、科威特、阿曼、卡塔尔、阿联酋、沙特阿拉伯）、印度洋的迪戈加西亚、新加坡、澳大利亚、菲律宾、日本、韩国都有军事基地，美国海军可以方便地在这些关键的海战区域建立米尔斯基设想的外线封锁圈。即使马六甲—新加坡海峡属于中立海峡而影响美国的军事行动，但美国完全可以在外线封锁圈所在的海域攻击中国的贸易航线（通过临检、搜索、捕获等方式），不用依赖在马六甲—新加坡海峡水域中的交战和捕获行为。因此所谓的中国"马六甲困境"的本质在于位于那些可能关键的海战区域内中国是否有制海权、能否确保运输船队的安全。类似的情况也适用于中国通往太平洋至北美、南美的航线，美国只需在少数海峡出口处的太平洋建立封锁圈即可攻击中国的贸易航线，如靠近宫古海峡、巴士海峡的太平洋海域。

现在可以回过头来看看所谓"马六甲困境"的问题。尽管投入使用的中缅油气管道等确实避开了马六甲—新加坡海峡，但这些油气管道在有关国家海岸的起点距离美国的军事基地非常近，完全在其海军、空军的作战范围之内。如中东的军事基地距离巴基斯坦的瓜达尔港非常近，而美国在印度洋上的迪戈加西亚基地的海军、空军力量抵达缅甸沿海、马六甲海峡的入海口附近的孟加拉湾、安达曼海海域也是极为方便，[3] 位于新加坡、菲律宾的军事基地盘踞在南海周边，南海海域本身就是其加强海军活动的空间。就这种态势来看，通过巴基斯坦、缅甸的通道或开凿所谓的克拉地峡运河来破解马六甲海峡困境其实是没有效果的，尤其是缅甸通道、克拉

❶ 《圣雷国际海上武装冲突法手册》，1987 年，第 17 段。

❷ Christopher J. McMahon, "Maritime Trade Warfare – A Strategy for the Twenty – First Century?", *Naval War College Review*, 2017, p. 29.

❸ Douglas C. Peifer, "China, the German Analogy, and the New AirSea Operational Concept", 2011, pp. 128 – 129; Andrew S. Erickson, et al, "Diego Garcia and the United States' Emerging Indian Ocean Strategy", *Asian Security*, 2010, Vol. 6, No. 3, pp. 214 – 237.

地峡运河本身严重依赖海上运输航线，而美国在孟加拉湾、安达曼海就可以轻易地截断通往缅甸、泰国克拉地峡的中国船舶。例如，米尔斯克就提到，美国可以胁迫缅甸，如果拒从，则美国可以打击中缅油气管道，甚至封锁缅甸的海港。❶ 这大致就是美国拟定的"外线封锁"战略。从这些情况来看，只有中国对途经印度洋至西太平洋的海上通道的依赖程度达到最小的时候，或通过陆上完整的替代性方案，或者中国拥有制海权并能达成控制这片海域的战术目标，这样破解"马六甲困境"才基本成立。很明显，陆上替代性方案成本高昂，而且并没有真正有效的替代途径。

根据 2019 年马来西亚、菲律宾、新加坡领导人的谈话和表态，这些国家并不希望一味追随美国遏制中国，也不希望被迫在中美之间选边站。❷ 这是一种好的迹象。这说明中国的和平发展产生的外溢效应使邻国也受益。随着"21 世纪海上丝绸之路"愿景与行动的顺利进行，中国与相关国家在经济上联系更加紧密，持类似立场的国家或越来越多。在中美关系极度恶化乃至发生军事冲突时，如果这些国家能至少保持中立，它们的领海、群岛水域、海峡水域就是中立水域，这就限制了美国可以行使交战权的范围。

3. 所谓的"交战区效应"

2016 年美国兰德公司的《与中国开战：不可思议之议》报告设想，在可能爆发的中美战争中，尽管可以诉诸封锁、捕获等作战手段，但仅仅使用"交战区效应"（war – zone effect）就可以使中国遭受远比美国惨重的经济损失，❸ 不必实际行使其捕获敌方船舶及货物的交战权。该报告没有明

---

❶ Mirski，"Stranglehold：The Context，Conduct and Consequences of an American Naval Blockade of China"，p. 10. See also Gabriel Collins，"A Maritime Oil Blockade Against China：Tactically Tempting but Strategically Flawed"，*Naval War College Review*：Spring 2018，Vol. 71，No. 2，pp. 61 – 62.

❷ 《马哈蒂尔：若被逼选边站，我选中国而不是美国》，中华新闻网，https：//news. china. com/international/1000/20190309/35395977. html，访问时间：2019 年 10 月 10 日；《李显龙提醒美国：亚洲盟友视中国为最大贸易伙伴，不乐意站队》，观察者网，https：//www. guancha. cn/internation/2019_10_07_520469. shtml，访问时间：2019 年 10 月 10 日；《杜特尔特：美国老在南海问题上怂恿菲律宾，当我们是蚯蚓吗？》，凤凰网，https：//mil. ifeng. com/c/7o6zX6PHiE2，访问时间：2019 年 10 月 10 日。

❸ David C. Gompert，et al.，*War with China：Thinking Through the Unthinkable*，2016，pp. 43 – 46.

确"交战区效应"的具体意义，但完全可以设想。根据海战的习惯规则，交战方可以宣布特定海域为交战区、"军事行动区"（military operation zone），《圣雷国际海上武装冲突法手册》《美国海军指挥官海上军事行动手册》都反映出在发生海上武装冲突时交战方有权宣布这类区域。❶ 设立这类区域的目的不是禁止中立船舶、飞机航行和飞越，但产生的实际效果是警告中立船舶和飞机远离交战区。从航运企业规避海上风险的动机来看，它们可能也会主动远离交战区，而海运保险商大概也会拒绝提供保险，❷ 这更使得海运商不情愿冒战争风险。这样，美国不用通过明确宣布封锁、诉诸捕获中国船舶、飞机的作战手段，间接达到打击中国海上贸易的效果。这应该就是所谓的"交战区效应"。那么这种拟定的交战区最可能在何处？兰德公司报告将其设定在西太平洋地区，柯林斯、莫瑞设想的狙击中国石油供应线的关键区域是马六甲海峡、巽他海峡、龙目海峡。❸ 后者不能理解为仅仅在这些海峡内部短促或狭窄的海域实施封锁，极有可能是在这些海峡外部进出口的海域。因此，如果兰德公司的交战区策略要发挥作用，同时又不会侵犯海峡水域的中立地位（如果这种中立地位在战时存在的话），那么美国宣布的交战区最可能也是在上述海峡的出入口处而非在海峡内部的水域。仅就本章所关心的海上经济战而言，孟加拉湾、安达曼海，以及印度洋进出巽他海峡和龙目海峡附近海域、南海西南部海域，西太平洋"第一岛链"以外的海域，就是美国可能宣布的交战区，美国期待能够起到打击中国经济的交战区就是这些海域。不过宣布交战区对美国而言也是双刃剑，因为这些海域同时也是整个东南亚、西部太平洋所有国家的交通枢纽，给海运商带来战争风险的效应固然可以打击中国经济，但美国的盟国、中立国无疑会受到影响。另一方面，即便中国海上能源供应线受阻，但如果没有更进一步的限制，中国与中立的贸易可以减轻不利状况。不过战时禁制品就是专门针对这种情况的。

---

❶ 《圣雷国际海上武装冲突法手册》，1987 年，第 106 段；US Navy Department, *Commander's Handbook on the Law of Naval Operations*, § 7. 9 Exclusion Zones and War Zones.

❷ L. Kilpatrick, Jr., "Marine Insurance Prohibitions in Contemporary Economic WarfareRichard", *International Law Studies*, Navy War College, 2019, pp. 273 – 301.

❸ David C. Gompert, et al., *War with China: Thinking Through the Unthinkable*, pp. 31, 43; Gabriel B. Collins, and William S. Murray, "No Oil for the Lamps of China?", *Naval War College Review*, 2008, Vol. 61, No. 2, pp. 81 – 86.

第四节　海上经济战中的战时禁制品

一般而言，中立国贸易、海上航行应予以保护。❶ 然而，海战特点是总体战，要尽力阻断敌国的对外经济联系，以此打击敌国的经济。因此，除了捕获、摧毁交战国军用船舶、商船之外，力度更广的海上经济战是控制交战国与中立国之间的贸易，即对中立国船舶进行登临、搜查，看中立国是否破坏封锁、运载禁制品前往对方交战国。❷ 这就是战争法中的战时禁制品法。在 19 世纪初的拿破仑战争、1853—1856 年的克里米亚战争、20 世纪的第一次世界大战和第二次世界大战中都曾公布战时禁制品清单，打击敌方的海外贸易。❸ 20 世纪 50 年代的阿拉伯国家与以色列战争、1971 年的印度与巴基斯坦战争中均曾宣布过禁制品清单，这两场战争规模有限，关于禁制品的战争法规则并没有发生重大改变。从一些国家现有军事手册内容来看，拦截、登临、搜查乃至拿捕运载禁制品的中立国船舶仍然被视为交战方的权利。❹ 应该说这是海权国家不愿意放弃的一项优势。

一、控制中立国贸易的禁制品概念

并没有国际条约对禁制品的概念、内容进行立法，它完全是海军大国单方在战时适用。❺《圣雷国际海上武装冲突法手册》第 148 段将"禁制

---

❶　Wolff Heinstschel von Heinegg, "The Protection of Navigation in Case of Armed Conflict", *International Journal of Marine and Coastal Law*, 2003, Vol. 18, No. 3, p. 411.

❷　Maja Seršič, "Neutrality In International Armed Conflicts At Sea", in Budislav Vukas and Trpimir Sosic, ed., *International Law: New Actors, New Concepts – Continuing Dilemmas*, Koninklijke Brill NV., 2010, pp. 586 –588; Marcel Schulz, "Prize Law and Contraband in Modern Naval Warfare", J. Schildknecht et al. (eds.), *Operational Law in International Straits and Current Maritime Security Challenges*, Springer, 2018.

❸　Neil H. Alford, Jr., *Modern Economic Warfare*, 1967, pp. 368 –370.

❹　Wolff Heintschel von Heinegg, "Visit, Search, Diversion, and Capture in Naval Warfare: Part Ⅱ, Developments since 1945", p. 120.

❺　Marjorie M. Whiteman, *Digest of International Law*, Vol. 10, Washington: U. S. Department of State, pp. 797 –798.

品"界定为"将最终被运往敌国控制的领土并可能用于武装冲突的货物"。禁制品概念主要是同中立法律相关：根据关于中立的国际法，中立国不能支持任一交战国。在以往的战争实践中，交战方宣布禁制品清单，如果中立国船舶运输禁制品清单中的货物前往另一交战方，则该行为被视为破坏封锁的行为，交战方则有权攻击、捕获运送禁制品的中立商船。❶ 从军事角度而言，交战方都不希望敌对一方从中立国获取战争资源，因此交战方希望控制海上（现在则包括空中）贸易交通路线，捕获可用于资敌的物品。

　　战时禁制品概念有两个构成要素。第一个要素是货物的性质。根据传统实践，海战交战一方在宣布封锁的同时就会宣布禁制品清单，这完全是交战方的一种单方行为，更确切地说，"战时禁制品是最强大一方规定的。"❷ 宣布禁制品的目的在于从经济上打击敌方，所以交战方只要认定某些货物"最终被运往敌国控制的领土并可能用于武装冲突"，就可能被列入禁制品清单。至于哪些货物"可能用于武装冲突"，这完全是交战一方根据武装冲突的特殊情势来决定。如第一次巴以战争期间，埃及颁布了"搜索与巴勒斯坦战争有关的船舶与飞机及截留违禁货物之执行法令"，规定了六大类禁制品，包括军火和武器、可供化学战争之化学品、药物、各种燃料、航空器及配件、船舶及配件等。❸ 甚至随着战争的技术手段的不断变化，禁制品的内容也可能不同。历史上存在绝对禁制品和有条件禁制品的区分，主要涉及军民双重用途货物问题，但国际法中并不存在禁止将某类货物列入禁制品的明确规则，哪些货物可能被纳入清单完全依据战争发生的时代背景而定，所以今天这种区分失去了重要性。❹

　　第二个要素是作为禁制品的货物的敌方目的地证明，捕获国家有义务

---

❶　《圣雷国际海上武装冲突法手册》，1987 年，第 67、146 段。

❷　Nicholas A. Lambert, *Planning Armageddon: British Economic Warfare and the First World War*, Harvard University Press, 2012, p. 65.

❸　参见联合国大会文件第 S/3179 号。

❹　[法] 夏尔·卢梭：《武装冲突法》，张凝，等译，北京：中国对外翻译出版公司，1987 年，第 358 - 362 页；Christian Schaller, "Contraband", in R. Wolfrum (ed.) *The Max Planck Encyclopedia of Public International Law*, Vol. Ⅱ, Oxford University Press, 2012, p. 751；James Kraska, "Prize Law", in R. Wolfrum (ed.) *The Max Planck Encyclopedia of Public International Law*, Vol. Ⅷ, Oxford University Press, 2012, p. 483；James Farrant, "Modern Maritime Neutrality Law", *International Law Studies*, Newport: Navy War College, 2014, Vol. 90, p. 235.

证明禁制品的目的地为敌国。《圣雷国际海上武装冲突法手册》第 148 段中"最终被运往敌国控制的领土"的措辞意味着适用了连续航程主义（doctrine of continuous voyage）。❶ 根据连续航程主义，"如果禁制品货物的最终目的地是敌国领土，运载战时禁制品去敌方目的地的中立船只，尽管在途中停靠一中立港口，却从其一出发就可被拿捕。"❷ 历史上一些海军强国在海战实践中常常用"连续航程主义"来确定运载禁制品的中立国船只的目的地是否为另一交战方。❸《美国海军指挥官海上军事行动手册》第 7.4.1.2 规定了三种可以推定禁制品目的地为敌国的情形：一是中立船只达到货物单证所指定的中立港口之前停靠于敌国港口；二是货物单证指定用于向敌方转运货物的中立港口，即使该货物的受让人为中立方；三是货物凭指示转让（consigned "to order"）或转让给不记名受让人，但目的地为与敌国领土相邻的中立国。❹ 此种方法贯穿了"连续航程主义"精神。对于目的地的具体识别方法，英国在第二次世界大战中首先发展了航行认证（navigation certificate），后来美国、加拿大、德国的海战作战手册采用了该方法。航行认证指中立国船舶在离开中立港之前就接受交战一方的检查，被证明没有运载禁制品的船舶可获得航行自由的保证。❺

二、经济战中的禁制品

在今天的全球经济状况及战争形态下，禁制品仍然是一种重要的经济战手段。禁制品完全是由宣布清单的国家决定其内容，除了从军事角度考虑禁制品内容，也在经济战背景下来考虑禁制品的内容，例如，殖

---

❶ Louise Doswald - Beck, ed., *San Remo Mannual on the International Law Applicable to Armed Conflicts at Sea*, 1995, p. 216。航程连续主义首次为英国采用，后来为各海军大国采用，成为海战习惯国际法。参见 O. H. Mootham, "The Doctrine of Continuous Voyage, 1756 –1815", *British Yearbook of International Law*, 1927, Vol. 8, p. 66；James Farrant, "Modern Maritime Neutrality Law", 2014, pp. 236 –237.

❷ ［法］夏尔·卢梭：《武装冲突法》，张凝，等译，北京：中国对外翻译出版公司，1987 年，第 376 页。

❸ Nicholas A. Lambert, *Planning Armageddon: British Economic Warfare and the First World War*, 2012, p. 44；James Farrant, "Modern Maritime Neutrality Law", pp. 236 –237.

❹ US Navy Department, *Commander's Handbook on the Law of Naval Operations*, §7.4.1.2.

❺ James Farrant, "Modern Maritime Neutrality Law", 2014, p. 243；*British Blockade Announcement*, International Law Studies Serials, Newport: U. S. Navy War College, 1940, p. 45.

民历史的早期，英国攻击西班牙高价值的目标，如其运载珍宝的船舶。❶
粮食（如 1885 年中法战争期间法国宣布大米为禁制品）、燃料（如煤）、
棉花、橡胶等物品，在第一次世界大战期间被列入禁制品，而在战争的后
期，"交战国都趋向于全面禁止所有中立贸易"。❷ 如果从当代及未来战争
的技术层面来看，像马匹一类的军需物资不大可能成为禁制品，然而燃
料、各种武器会继续留在清单上。禁制品清单可能新增加的内容或许包括
各种计算机设备（含关键的计算机芯片）和软件、通信器材等。例如 1971
年印度与巴基斯坦发生战争后，巴基斯坦公布的禁制品清单含有电子和通
信设备、军用光学设备。❸ 生产和供应这些货物当然是以美国为首的西方
国家的优势，将这些物品列入禁制品清单是完全可以预料的。

　　当然，放在中美之间可能的海上经济战的背景来看，中国的经济生活
等方方面面依赖于能源和原材料供应，而中国在这方面的脆弱性是明显
的。通过限制这方面的供应来削弱中国的战争潜力是美国军方人士的首要
策略。❹届时，各种军民两用的燃料可能会成为美国封锁的政策的目标。
一方面，截断原油、天然气的海上供应通道也是可预见的，若中国用自
己的船舶运输原油和天然气，那就成为捕获的对象。另一方面，油、气
资源被宣布为战时禁制品的可能性极大，若由第三方中立国商船进行运
输，只要禁制品清单约束石油、天然气，那中立国商船就会因破坏中立
而被攻击、捕获。1996 年国际法协会（International Law Association）"海
上中立委员会"拟定的海上中立规则（赫尔辛基规则）对于燃料一类的
物品清楚地规定："可用于能源生产的燃料或其他物质，若其目的地为交
战方，则构成禁制品，除非明确肯定其前往非军事目的地。"❺ 尽管该规定
只能算国际公法家学说，但表明能源基本被推定为属于禁制品，被纳入
清单的可能性极大。根据贸易形态及价值的变化，数据库交易也可能作

　　❶ Nicholas Tracy, ed., *Sea Power and the Control of Trade*, p. xv.

　　❷ [法] 夏尔·卢梭：《武装冲突法》，张凝，等译，北京：中国对外翻译出版公司，1987年，第 362 页。

　　❸ "Contemporary Practice of the United States Relating to International Law", *The American Journal of International Law*, 1972, Vol. 66, No. 2, p. 386.

　　❹ Gabriel B. Collins and William S. Murray, "No Oil for the Lamps of China?", 2008, pp. 79–95.

　　❺ "Committee on Maritime Neutrality", 5.2.4 "Enemy destination", *International Law Association Reports of Conferences*, 1996, Vol. 67, p. 385.

为禁制品。

不过，即使石油、天然气禁运对美国是一项颇具诱惑的策略，但像中美两国如此大的经济总量并都深深地融入全球经济，而且两国经济相互依存程度如此之高，对中国这样规模的经济大国实施经济战在历史上没有先例，对中国进行能源（主要为油气资源）禁运无疑会对全球政治和经济产生影响。像兰德公司《与中国开战：不可思议之议》报告出于在战争中取胜的目的，主要考虑中美哪个国家谁更为脆弱、更不能接受经济损害的代价从而先行退让。

三、网络战与控制禁制品贸易

要通过控制禁制品流向的方式控制中立国与交战方贸易，一般由捕获国家来证明中立船舶货物目的地。❶ 这种举证责任的方式实际上赋予捕获国家以极大的便利来确定中立船只的目的地。该规则的后果是几乎所有目的地为交战方的货物、许多目的地为中立邻国的货物，都可能被作为禁制品予以没收。禁制品原本是"自由船、自由货"规则的例外，由捕获国承担举证责任就使这种例外成为主导性规则。❷

要严格控制禁制品被运往交战方，传统的手段是由军舰在海上对中立国船舶进行临检、搜查，完成甄别需要大量的海上武装力量。今后像美国这样的大国可能更依赖现代网络战手段来控制禁制品贸易。例如，所有中国周边的中立国家（假设存在中立国，具体情形见上面的分析），根据持续航程原则，只要它们的港口与中国有海上贸易往来，则进入这些中立国家港口的第三方船舶就可能接受美国的临检、搜查，确保没有美国公布的禁制品（可以肯定主要是能源物质、关键原材料和设备）被运往中国。为了省力、高效率地完成这项任务，可以提前通过航运数据库系统等网络手段来确定有关船舶及货物的数据，如提单上记载的承运人、收货人、目的港等信息。调动这方面网络资源可能需要其他国家的配合，如给予美国访问数据库的权限，至于哪些国家自愿配合，这又与中美冲突所涉及的国际关系有关。此外，在使用电子提单情况下，网络战可能有助于甄别运载禁

---

❶ "Committee on Maritime Neutrality", 5.2.4 "Enemy destination", *International Law Association Reports of Conferences*, 1996, Vol. 67, p. 385.

❷ James Farrant, "Modern Maritime Neutrality Law", 2014, p. 240.

制品的船舶的目的地。《塔林网络战手册》规则第 67 条规定了网络手段可以用于实施海上封锁。❶

第五节　交战权与权力的辩证法

也许，本章所描述的海上风险以及实际可能发生的海上经济战有些危言耸听。这不禁使人去思考，到底在何种情况下中美两国会发生海上武装冲突，其激烈程度能导致经济战的程度如何？一种情形是当台海局势出现变化时，美国不管出于何种动机、目的来干涉，如果美国确信不能通过非常有限的军事手段来实现其目标，那么诉诸海上经济战的可能性就比较大，而一旦发动经济战，则在何时、何地停止就不是一个可能预见的问题了。另一种情形是争霸范式所设想的，也是依据历史经验的推演，即戈德史密斯、波斯纳所提模型的一个逻辑后果：如果守成大国与新兴大国之间的权利分配是由权力关系决定的，且假定双方对于权力与权利之间的定量关系有明确的意识，特意要追求那种成比例的权利份额，那么一旦越过某个临界点，双方如何确定这种权利分配，其过程如何，到底是和平性地还是通过战争达到目的，这其中蕴藏风险。这个时间节点，类似于莫德尔斯基、汤普森观察世界历史长周期过渡的时间节点。世界历史的长周期性与海权大国的兴衰存在相关关系，周期的过渡是通过海权争霸战争完成的，❷如在拿破仑战争、第一次世界大战和第二次世界大战中都发生了决定性的海战，期间海权大国都诉诸了规模巨大的海上经济战。鉴于此，很容易将中美两国发生经济战的情景类比为霸权战争中的作战方案。

然而，第二种情形更多的是一种历史现象的移植，方法上属于类比，逻辑与现实的关联性很可能是一种心里暗示。首先，权力分布与权利之间

---

❶　Michael N. Schmitt ed., *Tallinn Manual on the International Law Applicable to Cyber Warfare*, 2013, p. 200；James Farrant, "Modern Maritime Neutrality Law", 2014, p. 248. 美国军方甚至设想了数字导航证书（digital navicerts）来进行远洋封锁的可能性，参见 Gabriel Collins, "A Maritime Oil Blockade Against China：Tactically Tempting but Strategically Flawed", *Naval War College Review*：Spring 2018, Vol. 71, No. 2.

❷　George Modelski and William R. Thompson, *Seapower in Global Politics*, 1494 – 1993, London：Macmillan Press, 1988, pp. 14 – 16.

的关系固然是一个较好的解释和预测国家行为变化的框架，但它背后的预设是权力的此消彼长所影响的利益分配，这必然是一个零和游戏。这种方法的问题在于它所暗示的因权力对比变化引起战争的必然性。权力和利益份额多少主要体现在殖民地多寡的时代，拥有军事力量意味着拥有更多殖民地的可能，为争夺殖民地、势力范围而发动的争霸战争确实是零和游戏，但当今世界为此发动这种战争几无可能。而且，零和游戏的假定在当代世界是一种有意识的选择，据经验可知合作比冲突更能促进各方收益的最大化。其次，第二种情形太过简单地将权力的大小与权利的量化之间建立比例关系。虽然二者的关系表面上似乎如此，但如果我们将权利概念的内核集中在应享权（entitlement）上，那么权力与权利的关系就不是简单的比例关系。权力如何影响应享权是一个权力如何影响国际法立法的问题，如经济实力如何体现国际货币基金组织中的份额，进出口贸易总量如何影响国际贸易规则，海上力量如何影响海洋法规则等。这些过程表明权力并不能自动转化为应享权利，而是通过复杂的讨价还价，最终体现国际法规则，这个过程是一个和平过程。战争并不能直接将权力转化为权利，在当代国际社会也没有这样做的空间。最近国际货币基金组织调整了中国的份额，上升至第三位，这就是权力（体现为中国的经济实力）如何转变为权利的较好例子，该过程就是一个充满协商、妥协的和平过程。

对于第二种情况带来的危险，其实中国已经清醒地意识到了。中国不会为了追求与所谓权力相称的利益而发动战争，同时有意志与动机来协调与美国的关系。

顺着这个逻辑往下走，一个使人担心的后果是总体战性质的武装冲突会爆发，本章所述的经济战也会爆发。不过这种不确定的前景用辩证法角度看其实体现了中国力量的增长。一方面，中国变得强大使美国与中国发生战争的成本太高，因此激发了美国诉诸封锁等经济战手段，试图不战而屈人之兵。另一方面，假设中国力量弱小，反而有可能不会触发中美之间的海上经济战，因为根据力量对比的理性计算，美国或许可以凭优势军事力量直接打击中国而不用诉诸经济战。因此，封锁、拿捕中国船舶、打击中国与第三国贸易这些经济战手段是中国力量增长后迫使美国寻求补充或替代手段的产物，因为单纯使用武力对美国而言代价太高。

小　结

中国海上军事力量的增长能够应对美国的封锁战略，或者中国国际地位的上升、实力的提高可以促成国际关系的重组，这些都会限制美国的战时选择。就此来看，中国对海上风险的管理和控制与中国总体国家战略、能力体现的权力大小高度相关。为此，中国应当以海上力量建设和国际关系管理为核心强化应对海上经济战的能力。

一是加强制海权与制空权一体化建设，提升中国军事反制能力。如果中国海军能有效地完成护航任务，则美国的封锁计划就无法得逞。如果中国军事反制力量能够给美国执行封锁任务的军舰造成其无法承受的损害风险，则中国能够有效突破封锁。护航任务是否有效完成又取决于中国海军是否有能力抵御住美国军舰的攻击。这个问题又回到制海权的起点。

二是高度重视巴基斯坦、缅甸等地缘战略支点国家的安全防御，维护中国能源与贸易通道安全。经过这两国通往中国的能源运输线、贸易通道遭受攻击的可能性最大。这两国是中国从西南方进入印度洋的通道，在战时也可能是美国从空中攻击中国腹地的通道，同时这两国自身防御能力有限，是中国西部安全战略的软肋，因此中国应在这两个方向重点防御。

三是在中国与菲律宾关系上，力争促成有利于缓解中国压力的地缘格局变化。美国在菲律宾的军事存在是其发动海上经济战的重要力量，中国若能够促使菲律宾在战时与美国保持距离，则可较大程度上缓解来自美国的压力。2016年7月，"南海仲裁案"裁决出台后，菲律宾总统杜特尔特调整外交政策缓解了南海局势。2020年2月8日，菲律宾总统杜特尔特宣布终止美菲《军队互访协议》。中国需要积极跟进这些动态，力争促成地缘格局的变化。另外，鉴于美国对菲律宾长久以来的影响，不排除菲律宾政府领导人的变更可能导致菲律宾对华政策发生变化，再度出现配合美国战略需要的情况。中国应当考虑选定一些领域进行深度合作，成为中菲关系的稳定之锚。

四是加强与印度尼西亚、马来西亚两国的关系，预防其在美国的压力下配合其遏制战略。虽然美国与印度尼西亚、马来西亚签订了军事援助、训练之类的协议，但不属于军事同盟，美国也未在两国驻军，美国利用印度尼西亚、马来西亚两国及其附近的海上通道发动经济战的空间很小。中国应高度重视维持与印度尼西亚、马来西亚两国双边关系的稳定。

五是警惕美国、印度在"印太战略"框架下的合作对中国海上交通造成更严重的威胁。近年来印度强化了在印度洋的军事部署，尤其是战略地位十分重要的安达曼群岛和尼科巴群岛，这是往来于马六甲海峡的必经之地，距离始于缅甸皎漂港的中国石油管道很近。印度重视安达曼群岛和尼科巴群岛军事基地建设，在此设立了安达曼和尼科巴司令部。印度与美国还签署了《后勤交流谅解备忘录》（LEMOA）、《通讯、兼容性和安全协议》（COMCASA），美国空军和海军可以定期使用印度海军和空军基地，而印度则可以访问美国"联合企业化区域信息交换系统"（CENTRIXS），进行情报和数据交换。这种态势除了要求中国加强印度洋的海上力量外，也更进一步凸显了中国维持与巴基斯坦、缅甸良好的双边关系是中国的关键战略利益。

第六章　结束语

一、海权对国际法的影响及对中国的启示

中国海洋强国建设的顺利推进将使中国成为世界上主要的海权国家之一。中国海上力量缺席的两个世纪也是现代海洋法、海战法形成与发展的时期。东亚的国际关系在这两个多世纪也发生了巨大的变化，当中国回归应有的海上地位时，需要面对的就是这种复杂的法律与地缘政治局面。本书第二章指出，建设有形的军事力量相对容易，但与之配套的软件建设很难，后者既包括支持海上力量发展的各种相关制度，也包括要适应和应对相关的国际法规则。关于海军行动的国际法，既涉及和平时期海上活动的相关规则，也涉及武装冲突时的相关国际法。从国际法发展的历史来看，这二者在很大程度上由海权国家的实践所塑造，这对中国的启示在于，中国的海洋强国建设必须在实践中处理海权如何影响相关国际法，国际法在何种程度上支持或限制海上力量这类问题。

建设海洋强国是中国和平发展的重要保障，关注和平时期海上力量建设以及相关的国际法是中国建设海洋强国的应有之义。因此本书重点考察和平时期有利于中国建设海洋强国的国际法问题，即有利于中国海军在复杂的东亚地缘政治条件下开展海上军事活动所需要的法律框架。这是一个与海洋法密切相关的领域。本书第一章至第四章指出：①近现代海洋秩序本质上由海权国家所塑造，是一个深受权力影响的国际法领域；②中国海权观念的获得有外部压力的因素，但更主要的是，它是中国自身发展的内在需求；③关于专属经济区内军事活动的政策选择，应根据相关收益来评估中国的国家利益，而中国对专属经济区内航行自由持兼容性的解释立场更有利于发展远洋力量；④中国对在周边国家的领海、海峡、群岛水域中的航行权立场应有利于发展远洋力量，尤其是涉及航母、飞机、核动力船

舶在这些海域中的航行权问题。

发展海权应着眼于应对潜在的海上冲突。历史上关于海上武装冲突的国际法，此类交战规则的发展并非由国家之间通过协商、谈判达成，而是由少数海权国家在战时的作战行为本身（构成了所谓习惯国际法规则中的国家实践）所塑造。❶ 近代史中历次海战实践影响了海战规则的形成，这无疑是权力影响国际法的又一典型事件。本书第五章考察了海上经济战的相关国际法，海上经济战是海战的一个重要组成部分，其目的是在经济上打击敌方。该章指出，美国一些"战略人士"针对中国做了相关策划，而中国建设强大的海军力量是应对海上经济战的关键。

二、地缘政治冲突中的国际法及其局限性

海洋法是本书论述海洋强国建设相关问题的要点，但 1982 年《联合国海洋法公约》及相关条约并不能覆盖所有问题。正如本书第一章所揭示的那样，一方面，与海权高度相关的那部分国际法深受海权国家的实践影响；另一方面，美国拒绝加入 1982 年《联合国海洋法公约》，长期游离在该公约外，根据自己的国家利益去援引公约部分条款并做单方面的解释。这两种情况在历史中并非罕见，其实也体现了规则产生的两种历史模式：力量相当的数个海权国家之间的互动和协调、单个优势海权国家的单方主张和行为。随着中国海洋强国建设的顺利推进，中国可望成为与美国相当的海权国家，中国和美国之间的互动和协调对相关国际法规则有重要影响。

这说明，本书所关注的国际法领域与国家之国际社会的共同同意的相关性不强。"国际社会"并不像主权国家内部那样是一个高度一体化、有共同意志的同质化共同体，国家之间在一些问题上是分裂的，如领海内军舰的无害通过权、专属经济区内军事活动。鉴于相当一部分国家在这方面的立场差异很大，未来状况要根据国家后续实践的发展来评估。❷ 这进一

---

❶ 例如，1907 年《海牙公约》中关于陆战、海战的规则就以惯例的形式出现。

❷ K. H. Kaikobad, "Non – Consensual Aerial Surveillance in the Airspace over the Exclusive Economic Zone for Military and Defence Purposes", in Kaiyan Homi Kaikobad and Michael Bohlander, eds., *International Law and Power Perspectives on Legal Order and Justice – Essays in Honour of Colin Warbrick*, Martinus Nijhoff Publishers, 2009, pp. 513 – 572.

步意味着真正发挥作用的将是国家行为。习惯国际法的核心构成要件是国家实践和法律确信，后者指国家如此行事的法律义务感。戈德史密斯和波斯纳非常怀疑国家行为中"法律义务感"的存在，他们认为国家行为的一致性乃是相关国家之间博弈过程中利益耦合、胁迫、合作、协调的结果，借助若干历史经验可以证实这些模式。[1] 以 3 海里领海宽度的规则为例，戈德史密斯和波斯纳认为，该规则在 19 世纪和 20 世纪上半叶基本得以维持，乃是海洋强国英国以及后来的美国凭借强力维持的结果，大多数情况体现了一种"胁迫"的结果，少数情况表现为"利益耦合"。结果是"拥有强大海军的国家倾向于尽可能缩小领海的范围并且经常得偿所愿"。[2] "利益耦合"可以解释 1989 年美苏两国联合发布的《关于无害通过的统一解释规则》声明。[3] 该解释规则出台之时，美苏两个超级大国拥有全球性海军，拥有全球性利益和全球性海军作战能力，[4] 因此本来相互敌对的两大超级大国对"无害通过"的内容也罕见地保持一致，利益耦合是一个颇具说服力的解释。

但以上这种利益耦合只能解决特定时空中对法律理解的冲突问题，不能解决现实中的权力冲突问题。例如，假设在中美两国都对"航行自由"持宽泛的立场，双方都到对方专属经济区从事最大限度的军事活动，基于其所持立场，双方都不宣称对方行为非法，但也仅此而已。一个可以想象到的实际情况是，各方仍然都会在自己专属经济区内进行监视、警戒，甚至驱赶对方船只、飞机。更重要的是，如果双方到对方专属经济区频繁从事军事活动，背后的动机无疑是出于战略部署的需要，这本身就是一种高强度对抗的表现。

中美两国在地缘政治上的差异决定了中国难以从兼容性解释立场中获得对等的收益。由于所谓的"第一岛链"的存在，中国行使无害通过权、

---

[1] ［美］杰克·戈德史密斯、埃里克·波斯纳：《国际法的局限性》，龚宇译，北京：法律出版社，2010 年，第 19 –39 页。

[2] 同上，第 54 –62 页。

[3] *Digest of United States Practice in International Law*, 1989 -1990, pp. 437 –438.

[4] Dupuy – Vignes, *A Handbook on the New Law of the Sea*, 1991, Vol. 2, pp. 1245 – 1246; Mark W. Janis, *The Soviet Navy and Ocean Law*, International Law Studies, 1980, Vol. 61, pp. 609 – 615; Mark W. Janis, *Naval Missions and the Law of the Sea*, 13 San Diego Law Review, 1976, Vol. 13, pp. 583 –593.

在专属经济区内从事军事活动，所涉及的对象国家主要是东亚、东南亚国家。至于美国的领海、专属经济区，中国既缺乏必要的实力，更缺乏军事上的必要性和激励去从事军事活动。因此中国持兼容解释立场获取的相关收益主要是从周边国家中获取的，而美国正好在周边国家有大量的军事基地，也同一部分国家有军事同盟关系，这些军事部署和战略安排都是针对中国的。从中国与周边国家双边关系来看，这也是一种困境，因为这可能给双边关系带来负面影响。无论是在和平时期还是战时，这些部署往往成了干扰中国在更广阔的视野中思考海洋秩序的因素，迫使中国更倾向于从陆地防御思维看待问题，使中国的大陆性思维延续下去。可能的变化就是中国持续发展海军力量，对西太平洋关键海域的制海权有充分的信心之后，中国更能以海洋强国的思路处理相关问题。

三、海权所体现的权力与权利

1982 年《联合国海洋法公约》所塑造的海洋法律秩序主要体现了一种和平利用海洋的权利分配安排，如对海洋空间、海洋资源以及航行权的分配，尽管在这种分配过程中权力实际发挥了影响，但一旦分配完成之后就呈现一种静态的权利关系。但是在海洋作为战场的情形下，交战国权利（合法行使武力的权利、捕获敌方商船及货物的权利、拦截运载禁制品之中立船舶的权利）在根本上体现为一种权力关系。第五章所设想的海上武装冲突中交战方行使交战权即是如此。

美国从事海上捕获、控制战时禁制品贸易的能力取决于中国的海上军事力量在多大程度上能够对美国的封锁战略进行有效的军事应对。换言之，如果中国海军能有效地完成护航任务，则美国的封锁计划不会成功。这个问题又回到海战、海上经济战的起点——制海权问题。在此意义上，攻击、捕获敌国商船、运送禁制品的中立国商船的所谓交战国权利是由军事优势所带来的权力支撑的。尽管交战国权利的分配表面上是平等的，但实际行使权利却是依照权力的大小来决定的。所以在海上武装冲突中体现的权力—权利关系是一种正相关关系。20 世纪初，英国海军将领约翰·费舍尔（John Fisher）相信，阻挠国际商业乃是至关重要的国家武器。在第一次世界大战前夕，英国策划对德国发动经济战，主张自己在海上战争中享有广泛的交战权利（belligerent rights），其基础就是当时英国拥有最强大

的海军力量，是海上霸主。❶

戈德史密斯、波斯纳两人提出了一种国家行为变化的理论：国家的实力（capacities）与利益（interests）之间存在相关关系，在某个时刻的利益分配受到国家之间实力分布的影响。在另一时刻，相关国家的实力出现了消长，实力增长的国家会要求获得与实力相应的利益，这就涉及在此后的某个时刻相关国家会调整它们之间的关系。这个过程可被描述为"现状—调整过程的不稳定—稳定情势"的动态变化过程。❷

戈德史密斯、波斯纳的分析模型在一定程度上也可以解释权力分布导致实际行使权利方面的变化，如海上权力变化会影响实际权利的行使效果，现实中可能的情况是中国海上力量增长到一定程度可以对商船进行有效的护航，美国无法随意地捕获中国船舶，则可以视为美国实际能够行使的交战权减少。又如，中国国际地位的上升、实力的提高，可以在武装冲突发生时促成国际关系的重组——让美国盟国变为事实上的中立国，或者在一些国际关系紧张的时候，与美国外交政策捆绑的国家不再随美国起舞。中国力量的上升可能导致某种现状的改变，至少在权力—权利关系构建的国际现状的意义上是如此，因为美国想随心所欲在南海甚至西太平洋达到其目的，逐渐变得不大可能。因此，中国对海上风险的管理和控制与中国在国家战略、能力上所体现的权力相关。

四、展望未来

如前所述，中国有望成为与美国力量相当的海权国家，届时，作为一支维护世界和平与安全的重要力量，中国必须思考相关的世界秩序，据此思考相关国际法的发展。根据"政策定向法学"理论，国际法最好被视为"权威决策过程"而非单纯的规则。❸"政策定向法学"较有价值的地方在于它将决策过程视为一个有效的权力过程（effective power process），并在此概念框架中看待国际法立法、适用、实施过程中的权力因素。"政策定

---

❶ Nicholas A. Lambert, *Planning Armageddon: British Economic Warfare and the First World War*, 2012, p. 67.

❷ ［美］杰克·戈德史密斯、埃里克·波斯纳：《国际法的局限性》，龚宇译，北京：法律出版社，2010 年，第 9 页。

❸ Rosalyn Higgins, *Problem and Process: International Law and How We Use It*, Oxford: Clarendon Press, 1994, pp. 2–3.

向法学"对中国的启示在于中国必须深度地介入有关国际法的决策。如果中国的国家利益被忽视，那么未来有关法律框架就不会是有效的决策过程。在这个过程中，中国的国家行为以及此行为所蕴含的法律意义必须昭示，并且尽量去影响国际法的发展进程。

国际法不仅仅体现在国际条约、公认的习惯国际法规则上。中国理解、接受国际法的这两种渊源可能存在的盲点是中国没有特别关注国家（尤其是大国）的实际行为对国际法的塑造。这里指国家的单方法律行为（unilateral juridical acts）对塑造国际法的意义。在国际法的发展过程中，单方行为的贡献体现在以下三个方面：

（1）国际法存在空白，一国单方行为成为国际法立法的起点；

（2）国际法已经有规则，一国的行为偏离它们，与既有国际法冲突，但促进了国际法新规则的产生进程；

（3）国际法已经有规则，一国行为促进对该规则的修正、发展。

当然，这里并非宣扬肆无忌惮的单边主义，而是指国家行为往往促成国际法的发展。勒内·让·杜佩（René Jean Dupuy）、丹尼尔·维格尼斯（Daniel Vignes）主编的《新海洋法手册》总结单方行为在两个方面对习惯国际法的形成有巨大的影响：第一，单方行为起到了实在习惯法（positive customary law）的作用，给这类行为提出了合法性问题，无论该行为是否符合现有法律；第二，单方行为起到了前瞻性习惯法（prospective customary law）的作用，前者有助于后者的形成，而且有理由将前瞻性习惯法本身称为单方国家行为或进化中的习惯。重复的单方行为、其他国家的抗议，最后构造了国际习惯的外部因素（external element of international custom）。单方行为的这种影响在海洋法的发展中比较显著，如1945年的《美国关于大陆架的底土和海床的天然资源的政策》（简称《杜鲁门公告》）最终成了新国际习惯形成的起点，影响了后来海洋法的编纂。❶ 到1969年"北海大陆架案"（德国与丹麦、德国与荷兰）做出判决时，国际法院就强调《杜鲁门公告》"占有特殊地位"，"它所阐明的主要学说……逐渐压倒其他任何学说"。"大陆架一般法律制度……提供了一种法律理论的实例，而

---

❶ René Jean Dupuy and Daniel Vignes, *A Handbook on the New Law of the Sea*, Vol. I, pp. 37–38.

这种理论则导源于已经得到普遍承认的特殊渊源"。❶ 这是对《杜鲁门公告》这类单方行为影响国际法的最好诠释。

这对中国最有价值的启示是，中国应该通过国家行为、所蕴含的法律确信（opinion juris）能明白无误地表达符合中国国家利益的法律立场，通过这些法律立场的宣示，能为相关国际法规则的发展做贡献。

❶ North Sea Continental Shelf（Federal Republic of Germany/Netherlands, Federal Republic of Germany/Netherlands），judgment, *I. C. J. Report*, 1969, pp. 33, 53.

附录一　中国周边部分海峡地理数据

　　本书所涉及有关海峡的部分数据来自安娜·洛佩兹·G. 马丹（Ana G. López Martín）于 2010 年的专著《国际海峡：概念、分类与通行规则》中，这些数据相对较新。❶

　　1986 年，美国海洋地理学家路易斯·亚历山大（Lewis M. Alexander）向美国国防部提交了名为《〈海洋法公约〉中的航行限制：地理对美国的影响》的报告，后经过美国海军退役法律专家 J. 阿什利·洛奇（J. Ashley Roach）整理，于 2017 年出版。❷ 该报告整理了全球 265 个海峡的数据，包括每个海峡的名称、最窄处宽度、最浅处深度、估计长度、沿岸国、具体位置、坐标等。❸ 海峡的深度数据一般不容易获得，而且往往被人忽视。实际上，深度数据对于海峡的适航性判断非常重要，尤其是潜艇是否适合在水下航行。供潜艇所能水下航行的深度至少需要 50 米，即约 165 英尺，❹ 这可以解释为什么亚历山大比较关注各个海峡的深度是否大于 165 英尺这个数据。安娜·洛佩兹·G. 马丹整理的数据与路易斯·亚历山大整理的数据相比，二者之间有些差异，海峡的名称也有很大不同，这可能是因为关注点不一样。

　　值得注意的是，路易斯·亚历山大对每个海峡的法律地位有一个分类。对于那些海峡内水域完全被领海或者群岛水域所覆盖的海峡，他称之为"法律上的海峡"（legal strait），意思是适用过境通行制度的海峡。其他不适用过境通行制度的海峡又分为"最窄处超过 24 海里但存在公海/

---

　　❶　Ana G. López Martín, *International Straits: Concept, Classification and Rules of Passage*, Springer, 2010, pp. 203 – 210.

　　❷　Lewis M. Alexander, *Navigational Restriction within UNCLOS: Geographical Implications for the United States*, ed. By J. Ashley Roach, Leiden: Brill Nijhoff, 2017.

　　❸　同上，pp. 83 – 99.

　　❹　同上，p. 54.

EEZ 中的便利水道""最窄处不足 24 海里但存在公海/EEZ 中的便利水道""因其他原因不适用过境通行制度的海峡"。❶ 根据所整理数据来看，路易斯·亚历山大并没有区分《联合国海洋法公约》第三部分适用于过境通行制度的海峡与第四部分群岛水域中的海峡，后者并不是一个独立的法律类别，因为第四部分并没有将群岛水域中的海峡分离出来单独考虑。其实两类海峡属于不同的法律类别。在印度尼西亚、菲律宾这类群岛水域中，海峡一般属于群岛水域的一部分，或者属于群岛海道的一部分，适用的是《联合国海洋法公约》第四部分的群岛水域无害通过权、群岛海道通过权的相关规定。当然，路易斯·亚历山大对《联合国海洋法公约》第三部分中各类海峡的法律地位的规定是非常清楚的。❷

下面主要将中国周边的海峡数据译出（附表 1），其中中文名称参照《世界地名录》（中国大百科全书出版社，1984 年版），供读者参考。其余地区如美洲、欧洲、中东地区的重要海峡，并非本书所关注的重点，略去不译。

附表 1 中国周边部分海峡数据

英文海峡名称	中文海峡名称	最窄处宽度（海里）	最浅处深度（英尺）	估计长度（海里）	地理位置
Malacca Strait	马六甲海峡	8	84	520	马来西亚、印度尼西亚
Singapore Strait	新加坡海峡	2	72	43	新加坡、马来西亚、印度尼西亚
Durian Strait	榴梿海峡	3	90	17	印度尼西亚
Berhala Strait	贝哈拉海峡	10	66	7	印度尼西亚
Bangka Strait	邦加海峡	8	36	117	印度尼西亚
Gaspar Strait	加斯帕尔海峡	4	132	31	印度尼西亚
Karimata Strait	卡里马塔海峡	112	96	45	印度尼西亚

❶ Lewis M. Alexander, *Navigational Restriction within UNCLOS*: *Geographical Implications for the United States*, ed. By J. Ashley Roach, Leiden: Brill Nijhoff, 2017, p. 99.
❷ 同上，p. 62.

英文海峡名称	中文海峡名称	最窄处宽度（海里）	最浅处深度（英尺）	估计长度（海里）	地理位置
Sunda Strait	巽他海峡	4	165	38	印度尼西亚
Sapudi Strait	萨普迪海峡	7	150	9	印度尼西亚
Bali Strait	巴厘海峡	2	165	20	印度尼西亚
Lombok Strait	龙目海峡	11	1000 +	25	印度尼西亚
Alas Strait	阿拉斯海峡	6	165	24	印度尼西亚
Sape Strait	萨佩海峡	5	165	12	印度尼西亚
Sumba Strait	松巴海峡	25	1000 +	60	印度尼西亚
Roti Strait	罗地海峡	5	165 +	9	印度尼西亚
Ombai Strait	翁拜海峡	17	1000 +	72	印度尼西亚
Wetar Strait	韦塔海峡	13	1000 +	85	印度尼西亚
Boeton Passage	布敦海道	14	1000 +	17	印度尼西亚
Manipa Strait	马尼帕海峡	13	1000 +	17	印度尼西亚
Api Passage	亚比海道	16	78	1	印度尼西亚
Serasan Passage	塞拉桑海道	9	102	8	印度尼西亚
Koti Passage	科悌水道	10	102	5	印度尼西亚
Makassar Strait	望加锡海峡	54	1000 +	285	印度尼西亚
Bangka Passage	邦加海道	18	1000 +	3	印度尼西亚
Greyhound Strait	灵缇海峡	10	1000 +	17	印度尼西亚
Balut Channel	巴鲁特海道	37	1000 +	5	印度尼西亚
Obi Strait	奥比海峡	21	1000 +	77	印度尼西亚
Jailolo Passage	贾伊洛洛水道	19	1000 +	2	印度尼西亚
Balabac Strait	巴拉巴克海峡	6.5	138	35	马来西亚、菲律宾
Sibutu Passage	锡布图水道	17	165	18	菲律宾
Mindoro Strait	民都洛海峡	15	1000 +	67	菲律宾
Verde Island Passage	佛得岛水道	4	1000 +	14	菲律宾
Maqueda Channel	马克达水道	3	165	12	菲律宾
Polillo Strait	波利略海峡	10	165	21	菲律宾
San Bernardino Strait	圣贝纳迪诺海峡	4	165	20	菲律宾
Surigao Strait	苏里高海峡	8	165 +	53	菲律宾

续表

英文海峡名称	中文海峡名称	最窄处宽度（海里）	最浅处深度（英尺）	估计长度（海里）	地理位置
Basilan Strait	巴西兰水道	6.4	165 +	21	菲律宾
Babuyan Channel	巴布延海峡	15	1000 +	25	菲律宾
Balintang Channel	巴林塘海峡	23.7	1000 +	30	菲律宾
Bashi Channel	巴士海峡	53	1000 +	15	中国、菲律宾
Amami Passage	奄美海峡	31	1000 +	25	日本
Suwanose – suido	诹访之濑岛水道	9	1000 +	2	日本
Nakanoshima – suido	中之岛水道	11	1000 +	4	日本
Kuchinoshima – suido	口之岛水道	5	1000 +	5	日本
Tokara – kaikyō	吐噶喇海峡	22	1000 +	5	日本
Yakushima – kaikyō	屋久岛海峡	7	1000 +	4	日本
Tanegashima – kaikyō	种子岛海峡	10	165 +	6	日本
Ōsumi – kaikyō	大隅海峡	17	165 +	27	日本
Cheju Strait	济州海峡	8	165 +	33	韩国
Korea Strait, West	朝鲜海峡，西部水道	22	165 +	41	韩国、日本
Korea Strait, East	朝鲜海峡，东部水道	25	165 +	12	日本
Sado – kaikyō	佐渡海峡	17	165 +	27	日本
Tsugaru – kaikyō	津轻海峡	10	165 +	60	日本
Okushiri – kaikyō	奥尻海峡	10	1000 +	11	日本
Nemuro – kaikyō	根室海峡	13	18	38	日本、俄罗斯
Notsuke – suido	野付水道	9	24	4	日本、俄罗斯
Taraku – suido	多乐水道	6	21	4	俄罗斯
Shikotan – suido	色丹水道	12	108	7	俄罗斯
Kunashiri – suido	国后水道	12	165 +	无	俄罗斯
Rishiri – suido	利尻水道	10	165 +	10	日本

续表

英文海峡名称	中文海峡名称	最窄处宽度（海里）	最浅处深度（英尺）	估计长度（海里）	地理位置
Soya – kaikyō	宗谷海峡	21	165 +	6	日本、俄罗斯
Provliv Tatarskiy	鞑靼海峡	58	33	360	俄罗斯
Provliv Nevel'skogo	涅韦利斯科伊海峡	4	24	30	俄罗斯
Etorofu – kaikyō	择捉海峡	22	1000 +	7	俄罗斯
Provliv Urup	得抚海峡	15	165 +	4	俄罗斯
Provliv Bussol	罗盘海峡	37	1000 +	12	俄罗斯
Provliv Diany	季阿娜海峡	11	1000 +	5	俄罗斯
Provliv Rikorda	里科尔德海峡	14	1000 +	3	俄罗斯

注：① 资料来源：Lewis M. Alexander：*Navigational Restriction within UNCLO*，2017。

② 1 英尺 = 0.3048 米。

附录二 《美国、澳大利亚、印度尼西亚关于行使群岛海道航行权的 19 条规则》及评注

　　印度尼西亚在正式将指定的群岛海道方案提交给国际海事组织之前，其咨询了美国、澳大利亚、日本、英国，但日本、英国没有提出意见。美国、澳大利亚意识到其战略和经济利益依赖于穿过印度尼西亚群岛水域的群岛海道，两国在国际海事组织采纳印度尼西亚对群岛海道的指定中起关键作用。三国于 1996 年就适用于印度尼西亚群岛海道的规则进行了磋商，这个过程产生了《美国、澳大利亚、印度尼西亚关于行使群岛海道航行权的 19 条规则》（以下简称《19 条规则》）。印度尼西亚同马来西亚、新加坡和泰国也有过磋商。❶《19 条规则》最早由印度尼西亚在 1995 年同美国的非正式磋商中提出，供此后非正式协商使用，最终也是一个非正式的文件。❷ 印度尼西亚是唯一指定了群岛海道的国家（虽然是部分指定），《19 条规则》也是唯一一部关于群岛海道通过的规则，更重要的是美国这个超级海军强国对通过印度尼西亚群岛水域有重要的战略利益，在它的参与下达成的这些规则能够满足它的需求。对于其他国家来说毫无疑问也有巨大的参考价值。

　　《19 条规则》没有作为正式协议或者谅解之类的文书公开过。布劳爪哇大学副教授普斯皮塔瓦提（Dhiana Puspitawati）在其早年发表的一篇论文的附录中收录了它。❸ 下文的中文译文据此译出。

　　在对《19 条规则》进行分析前，有必要对"通过""通过权"两个概

---

❶ Dhiana Puspitawati，"The East/West Archipelagic Sea Lanes Passage Through the Indonesian Archipelago"，*Maritime Studies*，2005，Vol. 140，pp. 5，9 – 11.

❷ Dhiana Puspitawati，"The East/West Archipelagic Sea Lanes Passage Through the Indonesian Archipelago"，*Maritime Studies*，2005，Vol. 140，endnote 56，p. 12.

❸ 经本书作者于 2019 年 11 月 15 日通过电子邮件与普斯皮塔瓦提（Dhiana Puspitawati）副教授交流，从她处得知《19 条规则》并没有其他最终的正式文本，一直停留在非正式状态。

念做澄清。《联合国海洋法公约》对领海"无害通过权"中的通过做了界定，涉及群岛水域中无害通过的第 52 条第 1 款援引了公约第二部分第三节关于领海无害通过的规定。第 53 条第 3 款对群岛海道通过的定义是："群岛海道通过是指按照本公约规定，专为在公海或专属经济区的一部分和公海或专属经济区的另一部分之间继续不停、迅速和无障碍地过境的目的，行使正常方式的航行和飞越的权利。"❶ 印度尼西亚国内立法自然采用了公约定义的用语。印度尼西亚《关于外国船舶和飞机行使 2002 年 6 月 28 日指定的群岛海道通过权之权利义务的第 37 号政府规章》（第 37 号政府规章，2002 年 6 月 28 日）（以下简称《2002 年群岛海道通过权规章》）第 3 条对群岛海道通过权做了定义："为通过的目的穿过被指定为群岛海道的海道或其上的空中航道。"❷《19 条规则》主要涉及群岛海道通过权，但第 19 条还提到了其他群岛水域的无害通过权，表明两种通过权是并存的。《2002 年群岛海道通过权规章》第 13 条特别规定"本政府规章的规定不应减损外国船舶在群岛海道中行使无害通过的权利"。

（1）海道中的船舶不得干涉、威胁印度尼西亚的主权、领土完整、独立及统一。不得从事任何违反《联合国宪章》之原则的行动。

【评注】本条规定了行使群岛海道通过权的一般原则，直接来源于《联合国海洋法公约》第 54 条所援引的第 39 条第 2 款的规定。群岛海道位于群岛水域之中，构成群岛水域之水体的一部分，根据《联合国海洋法公约》第 49 条，群岛国的主权及于群岛海道。1996 年的《印度尼西亚水域法》第 3 条第 1 款重申了这一点："印度尼西亚水域的领土包括印度尼西亚领海、群岛水域和内陆水域"。❸ 海道中的船舶有义务尊重印度尼西亚的主权、领土完整、独立及统一，这是基本的国际法原则。"不得从事任

---

❶ 《联合国海洋法公约》第 53 条第 3 款。

❷ 《关于外国船舶和飞机行使群岛海道通过权通过指定的群岛海道的权利和义务的政府规章》（第 37 号政府规章，2002 年 6 月 28 日），张海文、李红云：《世界海洋法译丛·亚洲卷》，青岛：青岛出版社，2017 年，第 63 - 69 页。该规章的英文文本 "Indonesian Government Regulation No. 37 on the Rights and Obligations of Foreign Shipsand Aircraft Exercising the Right of Archipelagic Sea Lane Passage through Designated Archipelagic Sea Lanes28 June 2002"，载于联合国出版物 "Law of the Sea Bulletins No. 52" 第 20 - 25 页。

❸ 《印度尼西亚水域法》（第 6 号法定，1996 年 8 月 8 日），《世界海洋法译丛·亚洲卷》，青岛：青岛出版社，2017 年，第 48 - 55 页。

何违反《联合国宪章》原则的行动"所包含的内容非常广泛，但《19 条
规则》的本义应该与《联合国宪章》第 2 条第 4 款关系最密切，这无疑是
印度尼西亚最关心的。因此《2002 年群岛海道通过权规章》第 4 条第 3 款
又重申了相同的原则："外国船舶和飞机行使群岛海道通过权，必须不对
印度尼西亚的主权、领土完整或政治独立进行任何武力威胁或使用武力，
或以任何其他违反《联合国宪章》所体现的国际法原则的方式进行威胁或
使用武力。"❶

然而，在群岛水域、群岛海道的通过行为往往涉及军用船舶、飞机，
尤其是像美国那样规模的航母集群，其在群岛水域、群岛海道中的举措可
能会触及群岛国主权。尤其是在海上武装冲突时印度尼西亚作为非交战
国，其群岛水域可能具有中立水域的事实地位，交战方的船舶和飞机在行
使群岛海道通过权时很易诱发和平与安全问题。故本条规定无疑触及印度
尼西亚顾虑的核心。

（2）除不可抗力（force majeure）或危难情形（distress）之外，群岛
海道中的飞机不得在印度尼西亚领土上降落、包括海道中的陆地领土；在
海道航行过程中偏离海道中心线两侧不得超过 25 海里，但该飞机在航行时
与海岸的距离不应小于海道边缘各岛最近点之间的距离的百分之十。

【评注】该条主要涉及行使通过权时的地理空间范围。本条来源于
《联合国海洋法公约》第 54 条所援引的第 39 条第 1 款（c）的规定："除
因不可抗力或遇难而有必要外，不从事其继续不停和迅速过境的通常方式
所附带发生的活动以外的任何活动"。❷ 诉诸不可抗力可以排除一国行为的
不法性。作为一项一般法律原则，《19 条规则》中不可抗力条款应该放在
联合国国际法委员会 2001 年通过《国家责任法草案》第 23 条的规定中来
理解："一国不遵守其国际义务的行为如起因于不可抗力，即有不可抗拒
的力量或该国无力控制、无法预料的事件发生，以致该国在这种情况下实
际上不可能履行义务，则该行为的不法性即告解除。"❸ 联合国国际法委员
会的评注进一步规定了诉诸不可抗力的条件："只有在符合三种因素的情
况下才能解除行为的不法性：（a）有关行为必须为不可抗拒的力量或无法

❶ 张海文、李红云：《世界海洋法译丛·亚洲卷》，青岛：青岛出版社，2017 年，第 65 页。
❷ 《联合国海洋法公约》第 39 条第 1 款（c）。
❸ 《国际法委员会报告·第五十三届会议》（A/56/10），第 142 页。

预料的事件所造成；（b）该行为超越有关国家的控制范围，以及（c）该行为使该国在这种情况下实际上不可能履行义务。"不可抗力的核心是不可能履行义务。❶ 联合国国际法委员会特别设想了这样的情况："不可抗力可能起因于自然或环境的事件（例如，可能使一国的飞机改变航向进入另一国领空的恶劣天气以及地震、水灾或旱灾）"。❷ 在实践中这样的情形下，"如一国的飞机由于天气造成了损伤或失去控制，未经另一国许可而飞入后者领空"，❸ 不可抗力抗辩被接受。

危难情形也是解除行为不法性的理由，这同样应该放在《国家责任法草案》第24条"危难"中来理解："一国不遵守其国际义务的行为，如有关行为人合理地在遭遇危难的情况下为了挽救其生命或受其监护的其他人的生命，除此行为之外，别无其他合理方法，则该行为的不法性即告解除。"❹ 与不可抗力涉及的行为主体是国家不同，危难涉及"其行为可归属于国家的某个人本人或受其监护的其他人处于险境的具体情况"，❺ 强调的是行为人的生命处于险境。联合国国际法委员会发现，"在实践中，危难案件主要涉及飞机或船只在恶劣天气条件下或在发生机械或航行故障后进入国家领地的情况"，"在侵犯海洋边界的案件中也提出了以危难为由的申诉"。❻ 但是，"如果试图为其找到理由的行为危及的生命多于其可能拯救的生命，或可能以其他方式造成更大的灾难，则不能要求以危难作为其理由。例如，运载炸药的军用飞机在紧急降落时可能造成灾难，严重故障的核潜艇可能在其谋求收容的港口造成核辐射污染。"❼

本条关于飞机、船舶在群岛海道飞越、航行时所能偏离的最大距离来自《联合国海洋法公约》第53条第5款规定，"这种海道和空中航道应以通道进出点之间的一系列连续不断的中心线划定，通过群岛海道和空中航道的船舶和飞机在通过时不应偏离这种中心线25海里以外，但这种船舶和

---

❶ Federica I Paddeu，"A Genealogy of Force Majeure in International Law"，*British Yearbook of International Law*，2012，Vol. 82，pp. 437 – 443.
❷ 《国际法委员会报告·第五十三届会议》（A/56/10），第143页。
❸ 同上，第144页。
❹ 同上，第147页。
❺ 同上。
❻ 同上，第147 – 148页。
❼ 同上，第151页。

飞机在航行时与海岸的距离不应小于海道边缘各岛最近各点之间的距离的
百分之十。"❶ 该规定中"百分之十"这个数据应该是为了防止船舶、飞机
进入群岛水域中的内水部分。本条完全采用了公约的规定。《2002 年群岛
海道通过权规章》第 4 条第 2、5 两款也做了同样的规定。❷

（3）外国民用飞机通过海道时必须遵守 ICAO 制定的民航飞行之国际
规则。

【评注】本条涉及国际民航飞行的问题。该条本身并没有对外国民用
飞机的飞行做出特别规定，这类事项应该适用印度尼西亚所缔结的其他国
际条约来规制，尤其是其参加的国际民航组织所制定的一系列飞行规则。
本条的目的是排除了将《19 条规则》适用于外国民用飞机，后者优先适用
其他的国际公约。

（4）外国军舰和军用飞机在行使群岛海道通过全时不得从事战争演习
或实弹射击，亦不得进行战争推演（war game）。它们必须仅为了继续不
停、迅速和无障碍地通过为目的毫无延迟地以通常方式通过或飞越海道。

【评注】本条涉及对通过船舶、飞机的禁止性行为。"不得从事战争演
习或实弹射击，亦不得进行战争推演"用语是第一条逻辑的自然延伸。既
然群岛海道属于印度尼西亚的主权，那么禁止这些行为很正常。1996 年的
《印度尼西亚水域法》第三章第一节"和平通过权"第 12 条第 1 款规定
"通过只要不损害印度尼西亚的和平、良好秩序或安全就是和平的"，第 3
款同时有"和平通过的进一步规定应由政府规则规定"。❸《2002 年群岛海
道通过权规章》第 4 条第 4 款的规定内容相同："不得进行军事演习或以
任何种类的武器开火演习"。❹ "继续不停、迅速和无障碍地通过为目的毫
无延迟地以通常方式通过或飞越海道"这段用语来源于《联合国海洋法公
约》第 53 条第 3 款。

战争推演是一种模拟性战争演习，根据未来实战需要模拟敌对双方的
作战形势进行桌面演习，现在战争推演已经用计算机系统进行，当代的战
争推演系统已经嵌入作战决策系统之中。兵棋推演原本是室内进行的作战

---

❶ 《联合国海洋法公约》第 53 条第 5 款。
❷ 《世界海洋法译丛·亚洲卷》，第 65 页。
❸ 同上，第 51 页。
❹ 同上。

模拟，但在现代计算机仿真计算、通信加入之后，可以设想，现在完全可以在计算机系统上完成，所以完全可以在军舰的指挥室进行战争推演，航行中的军舰、飞机通过数据链完成演习。在群岛水域中进行这种演习无疑是有针对的训练，无论印度尼西亚在战争推演中具有何种地位，总体说来会被认为是一种对国家安全的威胁。

"仅为了继续不停、迅速和无障碍地通过为目的毫无延迟地以通常方式通过或飞越海道"，这些用语来源于《联合国海洋法公约》第 53 条第 3 款中"继续不停、迅速和无障碍地过境的目的，行使正常方式的航行和飞越"的措辞。1996 年《印度尼西亚水域法》第 11 条第 3 款、《2002 年群岛海道通过权规章》第 4 条第 1 款也有类似规定。《19 条规则》将其纳入是印度尼西亚的权利。

"正常方式"这个用语，无论是在《联合国海洋法公约》中还是印度尼西亚的国内法都没有定义。这给美国这样的海军大国留下了解释的空间。美国拥有庞大的航母舰队，其关心的是航母舰队在群岛海道中通过时的"正常方式"所能容纳的行为。它长期以来一直主张这些行为属于通过的正常方式：潜艇潜航，起降舰载飞机，开启雷达、声呐和深度回声探测仪。❶ 1999 年国际海事组织发布的《船舶通过群岛水域指南》第 4.1 条这样规定："船舶可以在按照正常操作方式在群岛海道行驶通过权。这意味着，例如，潜艇可以在水面下潜行，水面舰船可以进行正常操作，包括海上补给、回收飞机，只要符合航行安全。"❷ 这个指南符合美国的一向主张，当然，这未尝不是在美国的影响下做出了这样的决议。

（5）出于安全航行、采取预备措施防止事故发生之目的，建议外国军舰以及核动力船舶在通过海道时提前告知印度尼西亚政府（即印度尼西亚武装部队总司令）。

【评注】本条涉及在群岛海道通过时的通知问题。在行使群岛水域中的无害通过权、群岛海道中的通过权时是否附随条件属于长期争议问题。据统计，安提瓜和巴布达、马尔代夫、塞舌尔、圣文森特和格林纳丁斯、

---

❶ Alexander Proelß, ed., *The United Nations Convention on the Law of the Sea: A Commentary*, Beck/Hart, Publishing, 2017, p. 400.

❷ *Guidance for Ships Transiting Archipelagic Waters*, https://www.mardep.gov.hk/en/msnote/pdf/msin1266anx1.pdf, 访问时间：2019 年 11 月 21 日。

瓦努阿图等群岛国主张军舰通过其群岛水域时需预先获得批准。20 世纪
50—60 年代的菲律宾与印度尼西亚也曾一度主张提前批准。该主张合理与
否尚无定论。❶ 而美国一直坚持认为，行使群岛水域的无害通过权、群岛
海道通过权并不以事先通知为前提。

本条当然不可能出现与美国固有立场相反的规定。该处用语属非强制
性的"建议……提前告知"（are recommended to inform…in advance），且用
语为告知（inform），而非具有正式程序意味的"通知"（notify）。❷ 告知的
途径与形式也没有做要求，通过非正式的，包括口头方式，应视为满足了
本条规定。如果外国军舰和核动力船舶在没有提前告知的情况下通过印度
尼西亚群岛海道，仅就本条规定的内容而论，印度尼西亚政府不能拒绝通
过。事实上，《2002 年群岛海道通过权规章》在《19 条规则》之后颁布，
前者并不含有任何暗示提前通知、批准的条款。

涉及的船舶包括外国军舰和所有的核动力船舶。前者没有什么疑问，
所有核动力船舶，以现实中实际运行的核动力船舶来看，几乎指核动力航
空母舰、核动力潜艇、核动力破冰船。而核动力航空母舰、核动力潜艇占
了绝大多数，这正好是美国海上力量的体现。而核动力潜艇在于其隐秘
性，提前告知或通知可能都不符合军事行动上的需要。

尽管如此，考虑到印度尼西亚群岛水域的一些航道属于十分繁忙的国
际贸易航线，往来船舶很多，一支航空母舰混合舰队进入一条拥挤的航道
上，从航行安全上看，提前告知会有助于舰队顺利完成航行任务。在和平
时期，在群岛海道通过时告知印度尼西亚，只要不是为了履行义务，则未
尝不可。但在战时，根据印度尼西亚是否是交战方、是否具有中立地位的
不同情况，可能需要从军事需要出发，视情况而定。

2016 年 3 月，美国与印度尼西亚在华盛顿就印度尼西亚的海洋政策和

---

❶ Alexander Proelß, ed. , *The United Nations Convention on the Law of the Sea: A Commentary*,
Beck/hart, Publishing, 2017, p. 400; Kevin Baumert and Brian Melchior, The Practice of Archipelagic
States, *Ocean Development and International Law*, 2014, Vol. 46, p. 73; D. P. O'Connell, "Mid – Ocean
Archipelagos in International Law," *British Yearbook of International Law*, 1971, Vol. 45, 33 – 36, 40.

❷ 《韦氏第三版新国际英语大辞典》对 inform 和 notify 这两个词的辨析如下：INFORM implies
the imparting of knowledge, especially of facts or events necessary to the understanding of a pertinent mat-
ter; To NOTIFY is to send a notice or make a usually formal communication generally about something re-
quiring or worthy of attention.

法律进行了一次对话，其间印度尼西亚反对美国 2015 年度 "航行自由计划" 将印度尼西亚列入其中。同年 10 月美国向印度尼西亚提交了一份外交照会，表示 "美国的理解是印度尼西亚并未要求外国军舰行使无害通过或群岛海道通过权时提供提前通知"。[1]鉴于《19 条规则》颁布在前，因此可以看到，即使双方有本条中 "建议……提前告知" 这样的理解，美国对于提前通知的要求充满戒心，也通过外交照会一再强调不接受提前通知的要求。

（6）根据规则第 18 条，除军舰和其他从事非商业活动的政府船舶之外，要求携带核原料的船舶依照《核材料实物保护公约》规定提前通知印度尼西亚武装部队总司令，要求遵守载运放射性核燃料、钚和高放射性废物的容器的船舶遵守安全运输守则（INF code）；要求遵守其他有关运输危险货物、有害原料、有毒物资的国际公约，包括《国际海运危险货物规则》（IMDG codes）、《有害物质编码》（HNS codes）。

【评注】本条规定了在群岛海道实施的一些国际条约，包括《船上安全运输包装乏放射性核燃料、钚和高放射性废料国际规则》《国际海运危险货物规则》《有害物质编码》。作为印度尼西亚主权管辖之下的群岛水域，印度尼西亚有权决定在其中实施国际条约的方式。

《联合国海洋法公约》第 54 条援引第 42 条第 2 款规定 "海峡沿岸国可对下列各项或任何一项制定关于通过海峡的过境通行的法律和规定：（b）使有关在海峡内排放油类、油污废物和其他有毒物质的适用的国际规章有效，以防止、减少和控制污染。"[2] 该条也赋予印度尼西亚制定环保法律的权力。1996 年的《印度尼西亚水域法》第 23 条第 1 款规定 "印度尼西亚水域环境的利用、管理和保全依照有效的国家立法规定和国际法进行"。1996 年的《印度尼西亚水域法》第 16 条、《2002 年群岛海道通过权规章》第 9 条第 3 款做了相同规定："外国核动力船舶或运载核物质或其他本质上危险或有毒物质或材料的船舶行使群岛海道通过权，必须持有国际协定为这种船舶所规定的证书并遵守国际协定所规定的特别预防措

---

[1] CarrieLyn D. Guymon, ed., *Digest of United States Practice in International Law* (2016), Office of the Legal Adviser United States Department of State, p. 523.

[2] 《联合国海洋法公约》第 42 条第 2 款。

施。"❶ 然而，这些规定似乎与《19 条规则》下本条不完全相符，因为
"外国核动力船"并没有排除外国军用船舶，要求核动力航空母舰、核动
力潜艇执行这样的程序有些不现实。

（7）当外国军用飞机飞越海道时必须留意民航安全与紧急监督频率，
要求在管制空域与空中航道管制机构保持联络。

【评注】本条规定外国军用飞机飞越海道时的注意义务。该条直接来
源于《联合国海洋法公约》第 54 条援引第 39 条第 3 款规定："3. 过境通
行的飞机应：（a）遵守国际民用航空组织制定的适用于民用飞机的《航空
规则》；国有飞机通常应遵守这种安全措施，并在操作时随时适当顾及航
行安全；（b）随时监听国际上指定的空中交通管制主管机构所分配的无线
电频率或有关的国际呼救无线电频率。"❷《2002 年群岛海道通过权规章》
第 8 条第 1 款完全采纳了公约规定。本条的渊源是《联合国海洋法公约》
第 39 条第 3 款。公约中的用语是"国有飞机"（state aircraft），本条强调
了军用飞机这个类别。

（8）外国船舶在那些有经济活动（无论是渔业还是采矿）的海道通过
时在限制航行区域应当谨慎行事、禁止进入油气设施 500 米距离之内、应
当谨慎对待海底电缆和管道。

【评注】本条规定了外国船舶在海道通过时的谨慎义务。《联合国海
洋法公约》第 54 条援引第 42 条第 1 款规定，"沿岸国可……制定关于通
过……的法律和规定"，包括航行安全和海上交通管理。《2002 年群岛海
道通过权规章》第 7 条第 3 款、第 4 款分别规定重复了本条的内容："外
国船舶行使群岛海道通过权，不应损害或干扰导航设备和海底电缆和管
道。""外国船舶在为勘探或开发自然资源而安置设施的区域行使群岛海道
通过权，不应该在该设施周围 500 米的禁止性区域内航行。"❸

（9）渔船在通过海道是必须收回捕鱼装置、禁止从事任何捕鱼活动。

【评注】本条是对渔船的禁止性规定。《联合国海洋法公约》第 54 条
援引第 42 条规定，沿岸国可以针对"对于渔船，防止捕鱼，包括渔具的
装载"制定法律和规定。本条就体现了印度尼西亚在这方面制定的规定。

---

❶ 张海文、李红云：《世界海洋法译丛·亚洲卷》，青岛：青岛出版社，2017 年，第 67 页。
❷ 《联合国海洋法公约》第 39 条第 3 款。
❸ 同❶，第 66 页。

《2002 年群岛海道通过权规章》第 6 条第 1、2 款重复了这种规定："1. 外国船舶，包括渔船，行使群岛海道通过权时，禁止进行捕鱼活动。2. 外国渔船行使群岛海道通过权，……必须收起其捕鱼装置。"❶ 同样，本条是行使公约赋予的立法权。

（10）通过海道的船舶必须遵守有关航行安全方面普遍接受的国际航行规则、应谨慎且适当顾及当地航运及渔业活动。

【评注】本条规定船舶应遵守的航行义务和对渔业的注意义务。该条的来源是《联合国海洋法公约》第 54 条援引第 39 条第 2 款规定的"过境通行的船舶应（a）遵守一般接受的关于海上安全的国际规章、程序和惯例，包括《国际海上避碰规则》"。❷"适当顾及"是《联合国海洋法公约》中多次出现的义务，根据情况赋予不同的国家。适当顾及的含义是对于履行义务之对象应当"知道且考虑"（be aware and consider）。这其中含有两个要素，一是主观认知因素，即要知道、明知；二是意志因素，即要采取某种积极或消极的行为，前者如避让，后者如不排污。"适当顾及当地航运"，公认的是避免碰撞。对渔业的适当顾及义务，即船舶在航行时应该了解渔业区的位置，在经过渔业作业区时应该顾及作业的渔船，避免环境污染。对于船舶航行来说，适当顾及是一个充满技术性的操作程序要求。如果违反了这些要求，可能会被推定为没有尽到适当顾及的义务。

（11）在海道通过的船舶必须遵守有关规制船舶对海洋污染的被普遍接受的国际标准，根据此标准不得在印度尼西亚水域中排放有毒及危险物质。使用海道的船舶不得在印度尼西亚水域倾倒废物或其他物质。

【评注】本条规定了船舶在通过时的环保方面的义务。《联合国海洋法公约》第 54 条援引第 42 条第 1 款（b）规定，沿海国有权制定法律、法规"使有关在海峡内排放油类、油污废物和其他有毒物质的适用的国际规章有效，以防止、减少和控制污染"。❸《2002 年群岛海道通过权规章》第 9 条第 1、2 两款规定了同样的内容："1. 外国船舶行使群岛海道通过权时，禁止向海洋排放油类、油污废物和其他危险物质，以及（或）从事违反国际规章的其他活动，以防止、减少和控制来自船舶的海洋污染。2. 外

---

❶ 张海文、李红云：《世界海洋法译丛·亚洲卷》，青岛：青岛出版社，2017 年，第 66 页。
❷《联合国海洋法公约》第 39 条第 2 款。
❸《联合国海洋法公约》第 42 条第 1 款（b）。

国船舶行使群岛海道通过权时，禁止向印度尼西亚水域倾倒废物。"❶

本条所指的"国际标准"，包括《控制危险废料越境转移及其处置巴
塞尔公约》《国际防止船舶造成污染公约》《国际散装运输危险化学品船舶
构造与设备规则》规定的内容。❷

（12）所有船舶在通过时禁止清洗船舱、向外排放废物或污染印度尼
西亚水域。

【评注】本条仍然规定了船舶通过时的环保义务。同上述第 11 条一
样，《联合国海洋法公约》第 54 条援引第 42 条第 1 款（b）规定，沿海国
有权制定法律、法规防止、减少和控制污染。根据《国际防止船舶造成污
染公约》有关规定，这些排放行为受到严格控制。

（13）若无合法理由，所有通过的船舶不得停止、下锚或往复行船，
除非不可抗力或危难情形。出于继续不停、迅速和不受阻碍地通过之目
的，通过的船舶应当以通常方式航行。

【评注】本条强调了船舶以通常方式航行的义务。本条来源于《联合
国海洋法公约》第 53 条第 3 款，其规定了船舶、飞机以通常方式飞越的义
务，本条只涉及了船舶以通常方式航行的义务。《联合国海洋法公约》第
54 条援引第 39 条第 1 款（a）、（c）也强调了毫不迟延地通过、不从事正
常通过之外的活动。这里重点是"继续不停、迅速和无障碍地通过"，这
其实意味着在通过途中不得"停止、下锚或往复行船"，除非是不可抗力
或危难情形。这与飞机只有在不可抗力或危难情形下才可以在印度尼西亚
领土着陆的规定相似，前面已有说明。

根据学者的解释，《联合国海洋法公约》第 53 条第 3 款涉及义务
分配问题。"继续不停、迅速"被认为是施加给通过的船舶的义务，但
"不受阻碍地通过"（unobstructed transit）则是群岛国应承担的义务，
即群岛国不能对行使通过权的船舶设置障碍。❸

（14）通过的船舶不得下载人员或货物，不得将人员或货物转移到其

---

❶ 张海文、李红云：《世界海洋法译丛·亚洲卷》，青岛：青岛出版社，2017 年，第 66 -
67 页。
❷ Alexander Proelß, ed., *The United Nations Convention on the Law of the Sea: A Commentary*,
Beck/Hart, Publishing, 2017, p. 316.
❸ 同❷，p. 400.

他船上，不得违反印度尼西亚的海关、财税、移民或卫生规则接受人员或货物从其他船舶上船，不得从事任何其他违反此类规则的活动。

【评注】本条规定了通过的船舶遵守一些印度尼西亚国内法的义务。《联合国海洋法公约》第 54 条援引第 42 条第 1 款规定，群岛国有权就"违反海峡沿岸国海关、财政、移民或卫生的法律和规章，上下任何商品、货币或人员"事项制定法律和法规。《2002 年群岛海道通过权规章》第 6 条第 3 款也做了相同规定。

（15）船舶以及通过的飞机不得从事测量和海洋科学研究，包括为了航行目的而采集水体样本。它们不得干涉印度尼西亚在其海道或上空从事的测量或海洋科学研究活动。

【评注】本条禁止船舶和通过的飞机从事测量和海洋科学研究，也禁止干涉印度尼西亚自己的科学研究活动。《联合国海洋法公约》第 54 条援引第 40 条规定，"外国船舶，包括海洋科学研究和水文测量的船舶在内，在过境通行时，非经海峡沿岸国事前准许，不得进行任何研究或测量活动。"❶ 当然，第 40 条中的海峡沿岸国在第 54 条语境中就是群岛国。《2002 年群岛海道通过权规章》第 5 条也做了类似的规定。

这里需要强调的是在群岛水域，非经准许，科学研究及测量活动都被禁止。美国严格地将这两类活动分开，它长期主张在专属经济区内禁止的是科学研究，而测量活动不被禁止。本条中的"测量"（survey）所指应为水文测量，具有重要的军事用途。但什么才构成测量活动，应该是专用船舶为了专门水文测量目的而从事的活动，但船舶、潜艇附带的深度回声探测仪在航行时，为了航行安全目的收集数据，不应视为水文调查。

（16）禁止通过的船舶和飞机从事非授权的广播，或发射旨在干扰国内通信系统的电磁信号，禁止同印度尼西亚领土上非授权的个人或团体建立直接的通信联系。

【评注】本条旨在禁止非法广播。本条来源于《联合国海洋法公约》第 54 条援引第 39 条第 1 款（c）的规定："除因不可抗力或遇难而有必要外，不从事其继续不停和迅速过境的通常方式所附带发生的活动以外的任

---

❶ 《联合国海洋法公约》第 40 条。

何活动。"❶ 本条所禁止的广播、发射旨在干扰国内通信系统的电磁信号、同印度尼西亚领土上个人或团体建立通信联系这些行为，都不是通过时的"通常方式所附带发生的活动"。《2002 年群岛海道通过权规章》第 4 条第 7 款做了同样的规定。

（17）通过的船舶应当随时满足安全航行的公认国际要求。

【评注】本条涉及船舶安全航行要求。本条来源于《联合国海洋法公约》第 54 条援引第 39 条第 2 款（a）的规定："过境通行的船舶应：（a）遵守一般接受的关于海上安全的国际规章、程序和惯例，包括《国际海上避碰规则》。"❷ "公认国际要求"旨在表明关于航行的安全要求不是沿海国单方规定。除了《国际海上避碰规则》之外，还包括《国际海上生命安全公约》、国际海事组织制定的《船舶定线制》（Ship's Routering）。❸

（18）在所适用的国际协定所允许的最大范围内，托运人、货主、船舶所有人对其造成的损害应当单独或共同承担责任，而且应当根据这些国际协议的要求投保。托运人、货主及船东应当根据所适用的国际协定规定方式对其造成的损害承担责任，包括向印度尼西亚支付赔偿金，而且根据相应要求投保。享有主权豁免的船旗国对其船舶违反国际法造成的损失承担国际责任。

【评注】本条规定了船舶的损害赔偿责任和船旗国的国家责任。本条来源于《联合国海洋法公约》第 54 条援引第 42 条第 1 款（a）、第 5 款规定。第 1 款（a）赋予群岛国制定有关"在海峡内排放油类、油污废物和其他有毒物质，防止、减少和控制污染"方面的法律和规定，当然也包括损害赔偿责任。第 5 款规定："享有主权豁免的船舶的船旗国或飞机的登记国，在该船舶或飞机不遵守这种法律和规章或本部分的其他规定时，应对海峡沿岸国遭受的任何损失和损害负国际责任。"❹

本条实际上规定了两种责任方式：一般船舶通过投保的方式承担赔偿责任和享有主权豁免的船舶由船旗国承担国家责任。这两类承担责任的方

---

❶ 《联合国海洋法公约》第 39 条第 1 款（c）。

❷ 《联合国海洋法公约》第 39 条第 2 款（a）。

❸ Alexander Proelß, ed., *The United Nations Convention on the Law of the Sea: A Commentary*, Beck/Hart, Publishing, 2017, pp. 303–304.

❹ 《联合国海洋法公约》第 42 条第 1 款（a）、第 5 款。

式所适用的法律不同。

船舶的损害赔偿责任一般根据承担责任以及责任限额原则、购买各种商业性保险来实现的，有相关的国际公约可以适用，如《国际油污损害民事责任公约》《国际燃油污染损害民事责任公约》《海事赔偿责任限制公约》。这类责任的承担人一般是船舶所有人，根据不同公约的要求，责任人享有相应的责任限制的权利。《国际燃油污染损害民事责任公约》第7条还规定了强制保险和经济担保。

第二种责任承担方式与此不同，涉及享有主权豁免的船舶（主要是军舰和其他国家船舶）造成损失的国际责任问题。"国际责任"这个术语，以其英文"international responsibility"所表达的意思涉及国家对其违反国际义务的行为所承担的责任。这类船舶的责任属于国际法中国家责任（state responsibility）的范畴，适用的国际法是2001年联合国国际法委员会通过的《国家责任草案》中所反映的习惯国际法、一般法律原则。根据该草案编纂的一般法律原则，承担国家责任的方式包括：继续履行义务、停止和不重复非法行为、恢复原状、补偿、抵偿、支付利息。❶ 其中恢复原状、补偿、抵偿、支付利息属于广义的赔偿范畴。补偿、支付利息属于经济赔偿性质。一般而言，如果发生了军舰之类的环境污染事件，则需要通过外交途径解决。

（19）出于安全航行及印度尼西亚安全之目的，外国油轮、核动力船舶、运载核材料及其他危险物资的船舶、外国渔船以及外国军舰，从专属经济区或公海的一部分通过印度尼西亚水域航行至专属经济区或公海的另一部分，建议从群岛海道通过。

在某些群岛水域指定群岛海道不影响《联合国海洋法公约》第52条第1款规定的在群岛海道以外的相关群岛水域中的无害通过权。

在完成指定印度尼西亚群岛水域其他部分的群岛海道之前，可以根据1982年《联合国海洋法公约》在相关群岛水域行使群岛海道通过权。

【评注】本条规定群岛海道通过权与群岛水域无害通过权之间的关系。第1款建议从群岛海道通过。《联合国海洋法公约》第53条第2款规定"所有船舶和飞机均享有在这种海道和空中航道内的群岛海道通过权"，其

---

❶ 《国际法委员会报告·第五十三届会议》（A/56/10），《国家责任法草案》第29－38条。

中"享有权利"（enjoy the right）这样的用语并不暗示只能在群岛海道通
过。所以印度尼西亚"建议从群岛海道通过"是合适的。如本条第 2 款所
说，在其他印度尼西亚的群岛水域，根据《联合国海洋法公约》第 52 条，
船舶仍可行使无害通过权。本条第 3 款规定来源于第 53 条第 12 款："如果
群岛国没有指定海道或空中航道，可通过正常用于国际航行的航道，行使
群岛海道通过权。"❶ 这里的"正常用于国际航行的航道"，一般指国际主
要航线所经过的水域。到目前为止，印度尼西亚指定了南北方向的 3 条群
岛海道，没有指定东西方向的群岛海道，但一般认为存在一条东西方向的
"正常用于国际航行的航道"，印度尼西亚没有指定，所以国际海事组织认
定印度尼西亚的指定属于"部分指定"。根据本条第 3 款，船舶与飞机仍
然可以在东西方向的群岛海道中行使通过权。

　　在本条中，印度尼西亚建议从群岛海道通过，不是强制性的，而且不
影响其他群岛水域中的无害通过权。但在《2002 年群岛海道通过权规章》
第 15 条中，印度尼西亚规定："本政府规章生效 6 个月以后外国船舶和飞
机只能通过（only through）本政府规章指定的印度尼西亚群岛海道，行使
群岛海道通过权。"❷《2002 年群岛海道通过权规章》第 15 条就具有强制
从印度尼西亚指定的群岛海道通过的意思，这与本条有很大不同。此外，
根据第 15 条，在正常用于国际航行的东西走向的航道中，船舶与飞机就不
能行使通过权。而且也似乎暗示其他群岛水域中的无害通过权有不确定
性。这引起了美国 2003 年向印度尼西亚提出交涉并强调了公约第 52 条第

---

❶ 《联合国海洋法公约》第 53 条第 12 款。

❷ 《2002 年群岛海道通过权规章》第 15 条的中文译文与联合国 "Law of the Sea Bulletins
No. 52" 第 20－25 页公布的英文文本有出入。《世界海洋法译丛·亚洲卷》所载《关于外国船舶
和飞机行使群岛海道通过权通过指定的群岛海道的权利和义务的政府规章》第 15 条的中文译文为
"本政府规章生效 6 个月以后外国船舶和飞机可以通过本政府规章指定的印度尼西亚群岛海道，行使
群岛海道通过权。"而联合国 "Law of the Sea Bulletins No. 52" 公布的第 15 条的英文文本为：
"Six months after the entry into force of this Government Regulation, foreign ships and aircraft can exercise
the right of archipelagic sea lane passage only through the designated Indonesian archipelagic sea lanes as
stipulated in this Government Regulation." 参见《世界海洋法译丛·亚洲卷》第 66－67 页。英文文
本含有限制选择的意思，即外国船舶和飞机只能通过指定的群岛海道通过。英文和中文译文的意
思并不一致，其中英文的意思与《19 条规则》冲突，因此《2002 年群岛海道通过权规章》引起
抗议就不令人奇怪了。

12 款的规定。❶

美国 2016 年向印度尼西亚提交的照会认为，《2002 年群岛海道通过权规章》所指定的通过印度尼西亚群岛的群岛海道是部分指定，对于《联合国海洋法公约》第 53 条反映的通过印度尼西亚群岛其他部分的用于国际航行的所有正常航道，所有船舶与飞机仍然有权行使群岛海道通过权。

考虑美国并非 1982 年的《联合国海洋法公约》缔约国，《19 条规则》中的多处条款其实来源于《联合国海洋法公约》，这使美国可以借助《19 条规则》来援引在印度尼西亚的群岛水域、群岛海道通过权。当然这不是美国可以行使权利的唯一依据。美国将群岛海道通过权视为习惯国际法下的权利。

《19 条规则》中的几乎所有条款都来自《联合国海洋法公约》第四部分"群岛国"的内容，相当一部分还根据第四部分第 54 条援引第三部分第 30 条、第 40 条、第 42 条、第 44 条关于海峡过境通行权的规定。可以认为，《19 条规则》没有增加明显不同于《联合国海洋法公约》的内容，唯一的例外可能是第 5 条规则关于提前告知的建议。但根据第 5 条的措辞，告知并不具有强制性义务的特征，对美国而言，是否根据第 5 条建议向印度尼西亚政府告知其航行计划，这取决于美国单方选择。鉴于各方最终并没有根据《19 条规则》的内容达成正式协议，《19 条规则》内容的执行也基于自愿，但来源于《联合国海洋法公约》中的相关内容还是具有约束力的。❷

即使《19 条规则》内容主要来自《联合国海洋法公约》，但许多内容仍然有待于嗣后国家实践去澄清。即使美国理解的"通常方式"包括为了安全航行的目的舰载飞机可以起飞和降落，但究竟何谓安全航行，这只有在具体场景中才能澄清。

这些条款对中国思考如何在印度尼西亚群岛水域行使无害通过权、群岛海道通过权有明显的示范作用。

---

❶ Hugo Caminos and Vincent P. Cogliati – Bantz, *Legal Regime of Straits – Contemporary Challenges and Solutions*, 2014, pp. 200 – 201.

❷ 普斯皮塔瓦提在回复本书作者的邮件中提到，虽然《19 条规则》不具有国际协定的法律地位，但印度尼西亚执法官员常常援引它。

主要参考文献

一、中文

（一）论文

[1] 曹群. 中美防空识别区规则是否存在分歧？[J]. 当代亚太, 2014 (2).

[2] 金峰, 陈琪, 管传靖. 崛起国海军建设的战略选择 [J]. 国际政治科学, 2015 (4).

[3] 姜鹏. 海陆复合型大国崛起的"腓力陷阱"与战略透支 [J]. 当代亚太, 2018 (1).

[4] 胡波. 国际海洋政治发展趋势与中国的战略抉择 [J]. 国际问题研究, 2017 (2).

[5] 江河, 洪宽. 专属经济区安全与航行自由的衡平——以美国"航行自由行动"为例 [J]. 太平洋学报, 2018 (2).

[6] 贾宇. 关于海洋强国战略的思考 [J]. 太平洋学报, 2018 (1).

[7] 刘中民. 海权争霸与俄苏的兴衰及其历史反思 [J]. 东北亚论坛, 2004 (6).

[8] 刘中民, 赵成国. 关于中国海权发展战略问题的若干思考 [J]. 中国海洋大学学报（社会科学版）, 2004 (6).

[9] 聂文娟. 中国的身份认同与南海国家利益的认知 [J]. 当代亚太, 2017 (1).

[10] 袁发强. 国家安全视角下的航行自由 [J]. 法学研究, 2015 (3).

[11] 袁发强. 航行自由制度与中国的政策选择 [J]. 国际问题研究, 2016 (2).

[12] 叶自成. 中国的和平发展：陆权的回归与发展 [J]. 世界经济与政治, 2007 (2).

[13] 郑义炜. 陆海复合型大国海洋转型的"危险地带"假说：历史叙说与现实超越 [J]. 国际观察, 2018 (5).

（二）著作

[1] 胡波. 2049 年的中国海上权力：海洋强国崛起之路 [M]. 北京：中国发展出版社, 2015.

[2] 侯昂妤. 海风吹来：中国近代海洋观念研究 [M]. 北京：军事科学出版社, 2014.

[3] 倪乐雄. 文明转型与中国海权：从陆权走向海权的历史必然 [M]. 上海：文汇出版社, 2011.

[4] 朱锋. 21 世纪的海权：历史经验与中国课题 [M]. 北京：世界知识出版社,

2015.

[5] 叶自成. 陆权发展与大国兴衰［M］. 北京：新星出版社，2007.

[6] 杨文鹤，陈伯镛. 海洋与近代中国［M］. 北京：海洋出版社，2014.

[7] 杨瑛.《联合国海洋法公约》与军事活动法律问题的研究［M］. 北京：法律出版社，2018.

[8] 张培忠. 海权战略：郑芝龙、郑成功海商集团纪事［M］. 北京：生活·读书·新知三联书店，2013.

[9] 张文木. 中国海权·第二版［M］. 北京：海洋出版社，2010.

[10] 张文木. 世界地缘政治中的中国国家安全利益分析［M］. 北京：中国社会科学出版社，2012.

（三）译著

[1] ［美］玛莎·芬尼莫尔. 国际社会中的国家利益［M］. 袁正清译，上海：上海世纪出版集团，2012.

[2] ［美］林肯·佩恩. 海洋与文明［M］. 陈建军，罗燚英译，天津：天津人民出版社，2017.

[3] ［美］麻田贞雄. 宿命对决：马汉的幽灵与日美海军大碰撞［M］. 朱任东译，北京：新华出版社，2018.

[4] ［德］卡尔·施米特. 陆地与海洋——古今之“法”变［M］. 林国基，周敏译，上海：华东师范大学出版社，2006.

[5] ［德］卡尔·施米特. 大地的法［M］. 刘毅，张陈果译，上海：上海人民出版社，2017.

[6] ［美］安德鲁·S. 埃里克森，等. 中国走向海洋［M］. 董绍峰，姜代超译，北京：海洋出版社，2015.

二、英文

（一）论文

[1] Astley J Ⅲ, Schmitt M N. The Law of the Sea and Naval Operations［J］. The Air Force Law Review, 1997, 42：119 - 156.

[2] Ballester G R. The Right of Innocent Passage of Warships：A Debated Issue［J］. Revista De Derecho Puertorriqueno, 2014, 54：87 - 118.

[3] Bernhardt J P A. The Right of Archipelagic Sea Lanes Passage：A Primer［J］. Virginia Journal Of International Law, 1995, 35：719 - 776.

[4] Bradford J F. The Maritime Strategy of the United States：Implications for Indo - Pacific Sea Lanes［J］. Contemporary Southeast Asia：A Journal of International and Strategic

Affairs, 2011, 33 (2): 183 – 208.

[5] Brubaker R D. Straits in the Russian Arctic [J]. Ocean Development & International Law, 2001 (3): 263 – 287.

[6] Burke, K M, DeLeo D A. Innocent Passage and Transit Passage in the United Nations Convention on the Law of the Sea [J]. Yale Journal World Public Order, 1983, 9: 389 – 408.

[7] Deddish M R Jr. The Right to Passage by Warships through International Straits [J]. JAG Journal of International Law, 1969, 24: 79 – 86.

[8] Forward C. Archipelagic sea – lanes in Indonesia – their legality in international law [J]. Australian and New Zealand Maritime Law Journal, 2009, 23 (2): 143 – 156.

[9] Gao Z G. China and the LOS convention [J]. Marine Policy, 1991, 15 (3): 199 – 209.

[10] Golitsyn V. Freedom of Navigation: Development of the Law of the Sea and Emerging Challenges [J]. International Law Studies, 2017, 93: 262 – 271.

[11] Guilfoyle D. The *Mavi Marmara* Incident and Blockade in Armed Conflict [J]. *British Yearbook of International Law*, 2011, 81: 171 – 223.

[12] Hailbronner K. Freedom of the Air and the Convention on the Law of the Sea [J]. American Journal of International, 1983, 77 (3): 490 – 520.

[13] von Heinegg W H. Territorial Sovereignty and Neutrality in Cyberspace [J]. International Law Studies, 2013, 89: 123.

[14] James K. International Security and International Law in the Northwest Passage [J]. Vanderbilt Journal of Transnational Law, 2009, 42: 1109 – 1132.

[15] Kilpatrick R L Jr. Marine Insurance Prohibitions in Contemporary Economic Warfare [J]. International Law Studies, 2019, 95: 273 – 301.

[16] Knauss J A, Alexander L M. The Ability and Right of Coastal States to Monitor Ship Movement: A Note [J]. Ocean Development & International Law, 2000, 31 (4): 377 – 381.

[17] Kotkin S. Russia's Perpetual Geopolitics [J]. Foreign Affairs, 2016, 95 (3): 2 – 9.

[18] Kwiatkowska B. The Archipelagic Regime in Practice in the Philippines and Indonesia – Making or Breaking International Law? [J]. International Journal of Estuarine and Coastal Law, 1996, 6 (1): 1 – 32.

[19] Lalonde S. The Right of Overflight above International Straits [J]. Canadian Yearbook of International Law, 2015, 52: 35 – 76.

[20] Larson D L. Innocent, Transit, and Archipelagic Sea Lanes Passage [J]. Ocean Development & International Law, 1987, 18: 411 – 444.

[21] Lowry B. Why Indonesia closed the straits in September 1988? [J]. Studies in Conflict and Terrorism, 1993, 16 (3): 171 –185.

[22] Mayama A. The Influence of the Straits Transit Regime on the Law of Neutrality at Sea [J]. Ocean Development & International Law, 1995, 26 (1): 1 –30.

[23] McMahon C J. Maritime Trade Warfare – A Strategy for the Twenty – First Century? [J]. Naval War College Review, 2017, 70 (3): 15 –35.

[24] Noor S M, Ruslan A, Muchtar S, et al. Passage Rights in Indonesian National Waters: Some Notable Cases [J]. Journal of East Asia and International Law, 2016, 9 (2): 527 –539.

[25] Oxman B H. Transit of Straits and Archipelagic Waters by Military Aircraft [J]. Singapore Journal of International & Comparative Law, 2000, 4: 377 –434.

[26] Papastavridis E. Intelligence Gathering in the Exclusive Economic Zone [J]. International Law Studies, 2017, 93: 447 –475.

[27] Patalano A, Manicom J. Rising Tides: Seapower and Regional Security in Northeast Asia [J]. Journal of Strategic Studies, 2014, 37 (3): 335 –344.

[28] Pharand D. The Arctic Waters and the Northwest Passage: A Final Revisit [J]. Ocean Development & International Law, 2007, 38 (1 –2): 3 –69.

[29] Pirtle C E. Military Uses of Ocean Space and the Law of the Sea in the New Millennium [J]. Ocean Development & International Law, 2006, 31 (1 –2): 7 –45.

[30] Rolph J W. Freedom of Navigation and the Black Sea Bumping Incident: How Innocent Must Innocent Passage Be [J]. Military Law Review, 1992, 135 (winter): 137 –166.

[31] Rothwell D R. The Indonesian Straits Incident [J]. Marine Policy, 1990, 14 (6): 491 –506.

[32] Rothwell D R. The Canadian – U. S. Northwest Passage Dispute: A Reassessment [J]. Cornell International Law Journal, 1993, 26 (2): 331 –372.

[33] Rothwell D R. International Straits and Trans – Arctic Navigation [J]. Ocean Development & International Law, 2012, 43 (3): 267 –282.

[34] Schmitt A J III, Michael N. The Law of the Sea and Naval Operations [J]. The Air Force Law Review, 1997, 42: 119 –155.

[35] Smith G P II. The Politics of Lawmaking: Problems in International Maritime Regulation – Innocent Passage v. Free Transit [J]. University of Pittsburgh Law Review, 1976, 37: 487 –550.

[36] Sodik D M. The Indonesian Legal Framework on Baselines, Archipelagic Passage, and Innocent Passage [J]. Ocean Development & International Law, 2012, 43 (4): 330 –341.

[37] Thomas T V. The Proliferation Security Initiative: Towards Relegation of Navigational Freedoms in UNCLOS: An Indian Perspective [J]. Chinese Journal of International Law, 2009, 8 (3): 657 – 680.

[38] Truver S C. The Law of the Sea and the Military Use of the Oceans in 2010 [J]. Louisiana Law Review, 1985, 45 (6): 1221 – 1248.

[39] Treves T. Military Installations, Structures, and Devices on the Seabed [J]. American Journal of International, 1980, 74 (4): 808 – 857.

[40] Treves T. Reply to Zedalis, Military Installations, Structures and Devices on the Continental Shelf: A Response [J]. American Journal of International Law, 1981, 75 (4): 926 – 933.

[41] Vagts D F. The Traditional Legal Concept of Neutrality in a Changing Environment [J]. American University International Law Review, 1998, 14 (1): 83 – 102.

[42] Wainwright R A. Navigation through Three Straits in the Middle East: Effects on the United States of Being a Nonparty to the 1982 Convention on the Law of the Sea [J]. Case Western Reserve Journal of International Law, 1986, 18 (3): 361 – 414.

[43] Zedalis R J. Military Uses of Ocean Space and the Developing International Law of the Sea: An Analysis in the Context of Peactime ASW [J]. San Diego Law Review, 1979, 16 (3): 575 – 664.

[44] Zedalis R. Military Installations, Structures, and Devices on the Continental Shelf: A Response [J]. American Journal of International, 1981, 75 (4): 926 – 929.

[45] Zedalis R J. Foreign State Military Use of Another State's Continental Shelf and International Law of the Sea [J]. Rutgers Law Journal, 1984, 16 (1): 1 – 117.

[46] Zou K. Innocent Passage for Warships: The Chinese Doctrine and Practice [J]. Ocean Development & International Law, 1998, 29 (3): 195 – 224.

[47] Zou K. Redefining the Legal Status of the Taiwan Strait [J]. The International Journal of Marine and Coastal Law, 2000, 15 (2): 245 – 268.

[48] Zou K. Law of the Sea Issues between the United States and East Asian States [J]. Ocean Development & International Law, 2008, 39 (1): 69 – 93.

(二) 析出英文论文

[1] Althaus U. International Straits: Peacetime Rights and Obligations [M] //Schildknecht J, Dickey R, Fink M, et al. Operational Law in International Straits and Current Maritime Security Challenges. Gewerbestrasse: Springer, 2018.

[2] Brook T. China's Maritime World [M] //Buchet C, Bou? dec G L. The Sea in History – The Early Modern World, New York: Boydell Press, 2017.

[3] Caron D D. The Great Straits Debate: The Conflict, Debate, and Compromise That Shaped the Straits Articles of the 1982 United Nations Convention on the Law of the Sea [M] //Caron D D, Oral Ni. Navigating Straits: Challenges for International Law, Leiden: Brill Nijhoff, 2014.

[4] Dyke J M V. Transit Passage Through International Straits [M] //Chircop A, McDorman T, Rolston S. *The Future of Ocean Regime – Building Essays in Tribute to Douglas M. Johnston*, Leiden: Brill, 2009.

[5] Dyke J M V. Rights and Responsibilities of Strait States [M] //Caron D D, Oral N. Navigating Straits: Challenges for International Law, Leiden: Brill Nijhoff, 2014.

[6] Encomienda A A. Archipelagic Sea Lanes Passage and The Philippines Situation [M] //Nordquist M H, Koh T, Moore J N. Freedom of Seas, Passage Rights and the 1982 Law of the Sea Convention, Leidon: Brill Nijhoff, 2009.

[7] Fink M. The Right of Visit of Foreign – Flagged Vessels on the High Seas in Non – international Armed Conflict [M] //Schildknecht J, Dickey R, Fink M, et al. Operational Law in International Straits and Current Maritime Security Challenges, Gewerbestrasse: Springer, 2018.

[8] Moravcsik A. Liberal Theories of International Law [M] //Dunoff J L, Mark P A. Interdisciplinary Perspectives on International Law and International Relations: The State of the Art, Cambridge: Cambridge University Press, 2013.

[9] Oegroseno A H. Archipelagic Sea Lanes Passage Designation: The Indonesian Experience [M] //Nordquist M H, Koh T, Moore J N. Freedom of Seas, Passage Rights and the 1982 Law of the Sea Convention, Leidon: Brill Nijhoff, 2009.

[10] Özbek D. Article 35 (c) Straits of the UN Law of the Sea Convention [M] //Caron D D, Oral N. Navigating Straits: Challenges for International Law, Leiden: Brill Nijhoff, 2014.

[11] Pedrozo R. Military Activities In and Over the Exclusive Economic Zone [M] //Nordquist M H, Koh T, Moore J N. Freedom of Seas, Passage Rights and the 1982 Law of the Sea Convention, Leidon: Brill Nijhoff, 2009.

[12] Schildknecht J. Belligerent Rights and Obligations in International Straits [M] // Schildknecht J, Dickey R, Fink M, et al. Operational Law in International Straits and Current Maritime Security Challenges. Gewerbestrasse: Springer, 2018.

[13] Schulz M. Prize Law and Contraband in Modern Naval Warfare [M] //Schildknecht J, Dickey R, Fink M, et al. Operational Law in International Straits and Current Maritime Security Challenges. Gewerbestrasse: Springer, 2018.

[14] Treves T. Navigation of Ships with Nuclear Cargoes: Dialogue between Flag and Coastal States as a Method for Managing the Dispute [M] //Caron D D, Scheiber H N. The Oceans in the Nuclear Age – Legacies and Risks, Leiden: Brill Nijhoff, 2014.

（三）著作

[1] Abulafia D. The Great Sea – A Human History of the Mediterranean [M]. Oxford: Oxford University Press, 2011.

[2] Alexander L M. Navigational Restriction within UNCLOS: Geographical Implications for the United States [M]. Leiden: Brill Nijhoff, 2017.

[3] Andreone G. The Future of the Law of the Sea – Bridging Gaps Between National, Individual and Common Interests [M]. Gewerbestrasse: Springer International Publishing, 2017.

[4] Bandeira L A M. The Second Cold War – Geopolitics and the Strategic Dimensions of the USA [M]. Heidelberg: Springer International Publishing, 2017.

[5] Bekkevold J I, Till G. International Order at Sea – How It Is Changed How It Is Maitained [M]. New York: Palgrave Macmillan, 2016.

[6] Bradford J C. America, Sea Power, and the World [M]. West Sussex: John Wiley & Sons, Inc. , 2016.

[7] Caminos H, Cogliati – Bantz V P. Legal Regime of Straits – Contemporary Challenges and Solutions [M]. Cambridge: Cambridge University Press, 2014.

[8] Caron, D D, Scheiber H N. The Oceans in the Nuclear Age – Legacies and Risks [M]. Leidon: Brill Nijhoff, 2014.

[9] Chadwick, E. Traditional Neutrality Revisited: Law, Theory and Case Studies [M]. New York: Kluwer Law International, 2002.

[10] Cobb S, Lambert A. Preparing for Blockade 1885 – 1914 – Naval Contingency for Economic Warfare [M]. Farnham: Ashgate Pub Co. , 2013.

[11] Cole B D. China's Quest for Great Power – Ships, Oil and Foreign Policy [M]. London: Naval Institute Press, 2016.

[12] Dobson A P. U. S. Economic Statecraft for Survival, 1933 – 1991: of Sanctions, Embargoes and Economic Warfare [M]. Routledge, 2002.

[13] Dorman A, Smith M L, Uttly M R H. The Changing Face of Maritime Power [M]. Palgrave Macmillan, 1999.

[14] Drew P. The Law of Maritime Blockade: Past, Present and Future [M]. Oxford University Press, 2017.

[15] Dupuy R – J, Vignes D. A Handbook on the New Law of the Sea [M]. Dordrecht: Nijhoff, 1991.

[16] Gabriel J M. The American Conception of Neutrality After 1941 [M]. New York: Palgrave Macmillan, 2002.

[17] Hang X. Conflict and Commerce in Maritime East Asia – The Zheng Family and the Shaping of the Modern World, c. 1620 – 1720 [M]. Cambridge University Press, 2015.

[18] Jia B B. The Regime of Straits in International Law [M]. Oxford: Clarendon Press, 1998.

[19] Kane T M. Chinese Grand Strategy and Maritime Power [M]. New York: Routledge, 2014.

[20] Kang D C. China Rising – Peace, Power and Order in East Asia [M]. New York: Columbia University Press, 2007.

[21] Kirchberger S. Assessing China's Naval Power – Technological Innovation, Economic Constraints and Strategic Implications [M]. Heidelberg: Springer – Verlag, 2015.

[22] Kong Z G. The Making of a Maritime Power – China's Challenges and Policy Responses [M]. Singapore: Springer, 2017.

[23] Kraska J. International Maritime Security Law [M]. Leiden: Martinus Nijhoff, 2013.

[24] Lo J P, Elleman B A. China as a Sea Power, 1127 – 1368: A Preliminary Survey of the Maritime Expansion and Naval Exploits of the Chinese People During the Southern Song and Yuan Periods [M]. Hong Kong: Hong Kong University Press, 2012.

[25] Martín A G L. International Straits: Concept, Classification and Rules of Passage [M]. Heidelberg: Springer, 2010.

[26] Politakis, George, Modern Aspects of the Laws of Naval Warfare and Maritime Neutralit [M]. London: Kegan Paul International, 1998.

[27] Proelss A. The United Nations Convention on the Law of the Sea: A Commentary [G]. München: Verlag C. H. , 2017.

[28] Upcher J. Neutrality in Contemporary International Law [M]. Oxford: Oxford University Press, 2016.

(四) 互联网资料

[1] Office of Ocean and Polar Affairs, Bureau of Oceans and International Environmental and Scientific Affairs of U. S. State Department, Limits in the Sea (No. 120) – Straight Baseline and Territorial Sea Claims: Japan, https://www. state. gov/documents/organization/57684. pdf.

[2] Proceedings of the Symposium on the Straits Used for International Navigation, http://citeseerx. ist. psu. edu/viewdoc/download? doi = 10. 1. 1. 471. 9673&rep = rep1&type = pdf.

[3] United States Department of State Bureau of Oceans and International Environmental and Sci-

entific Affairs, *Limits in the Seas – No. 141 – Indonesia：Archipelagic and other Maritime Claims and Boundaries*, https：//www. state. gov/documents/organization/231912. pdf.

［4］ Robert S. Ross, "Nationalism, Geopolitics, and Naval Expansionism From the Nineteenth Century to the Rise of China", *Naval War College Review*, Vol. 71, No. 4, 2018, Article 4. Available at：https：//digital – commons. usnwc. edu/nwc – review/vol71/iss4/4.